国家出版基金项目
NATIONAL PUBLICATION FOUNDATION

辛亥著名人物传记丛书

吴先宁 著

秋瑾
徐锡麟

团结出版社
UNITY PRESS

图书在版编目（ＣＩＰ）数据

秋瑾　徐锡麟 / 吴先宁著. -- 北京：团结出版社，
2011.6（2021.3 重印）
　　（辛亥著名人物传记丛书）
　　ISBN 978-7-5126-0359-2

　　Ⅰ. ①秋… Ⅱ. ①吴… Ⅲ. ①秋瑾（1877～1907）—
传记②徐锡麟（1873～1907）—传记 Ⅳ. ①K827=52

中国版本图书馆 CIP 数据核字(2011)第 073752 号

出　版：团结出版社
　　　　（北京市东城区东皇城根南街 84 号　邮编：100006）
电　话：(010) 65228880　65244790　（出版社）
　　　　(010) 65238766　85113874　65133603（发行部）
　　　　(010) 65133603（邮购）
网　址：http://www.tjpress.com
E-mail：zb65244790@vip.163.com
　　　　fx65133603@163.com（发行部邮购）
经　销：全国新华书店
印　装：三河市东方印刷有限公司

开　本：170mm×240mm　　16 开
印　张：18.5
字　数：240 千字
版　次：2011 年 6 月　第 1 版
印　次：2021 年 3 月　第 3 次印刷

书　号：978-7-5126-0359-2
定　价：46.00 元

# 辛亥著名人物传记丛书
# 总序言

　　整整一百年前，在中国处于半殖民地半封建黑暗统治的时代，爆发了一场对中国历史发展进程产生巨大影响的革命，这就是以伟大的革命先行者孙中山为代表的革命党人发动的辛亥革命。这场革命，是中国近代历史上一次比较完全意义的反帝反封建的民族民主革命，它推翻了清朝政府，结束了中国几千年的封建君主专制制度，同时沉重打击了帝国主义在华侵略势力。中华民国的建立，标志着中国历史进步的新纪元。辛亥革命极大地推动了中华民族的思想解放，为中国先进分子探索救国救民的道路打开了新的视野，八年后，五四运动爆发；十年后，中国共产党诞生。辛亥革命开启的革新开放之门，对于推动中国社会的发展与进步具有不可估量的历史功绩和伟大意义。

　　以孙中山为代表的革命党人，在开启思想闸门、传播先进思想、点燃革命火种、推动历史进步的过程中发挥了重要作用。他们站在时代前列，为追求民族独立和民主自由而向反动势力宣战；他们不惜流血牺牲，站在斗争一线浴血奋战；他们具有坚定的信念和坚强的意志，愈挫愈奋，在失败中不断汲取和凝聚新的力量；他们适应历史发展的趋势，与时俱进，不断修正前进的方向和斗争的目标。正是因为有了这样一批革命先驱和仁人志士，才有了辛亥革命的爆发，也才有了以此为开端的中国民族民主革命的不断发展和最终胜利。当然，我们在分析评价历史人物时，既要看到他们有超越时代的进步性，又要看到他们不可避免地受到社会客观条件影响而具有的局限性与片面性，这是我们在看待历史人物时应当坚持的历史唯物主义态度，也就是既不文过饰非，也不苛求前人。

几十年来，关于辛亥革命及其重要人物的研究工作不断深入，也陆续出版了大量的图书、画册等，但仍然不十分系统和完整，有些出版物受到时代因素和其他客观条件的影响，难免有失偏颇和疏漏。在即将迎来辛亥革命100周年的时刻，团结出版社编辑出版了本套《辛亥著名人物传记丛书》，并得到国家出版基金的资助，这充分表明了国家对于辛亥革命历史研究的重视。这套丛书的出版，无疑是一件非常有意义的事，既可以对辛亥革命的研究工作起到重要的填补空白和补充资料的作用，同时也是对立下丰功伟绩的仁人志士的纪念与缅怀。

为了保证本套丛书的编辑质量，编辑委员会在民革中央的领导下，做了大量认真细致的组织工作，特别是邀请了著名专家金冲及先生、章开沅先生、李文海先生担任顾问，他们在百忙之中分别对本套丛书的编辑思想、人物范围、框架体例、写作要求等方面提出了重要的指导性意见，成为本套丛书能够高质量出版的重要保证。此外，参与本套丛书写作的，都是在近代历史和人物的研究方面卓有建树的专家学者，他们既有对辛亥革命历史进行深入研究的学术功底，又有较丰富的写作经验和较高的文字水平，因此，我们可以寄希望于本套丛书的出版，会对推动辛亥革命及其重要人物研究工作的不断深入起到重要作用，对弘扬爱国主义、提高民族凝聚力，实现中华民族的伟大复兴产生积极的影响。

周铁农

2011年3月16日

# 目　录

秋　瑾

3　引　子

7　第一章　书香门第，无忧才女
8　一、在慈母身边读书
14　二、南国海天，浪激水育
24　三、鉴湖：诗情与剑气
38　四、芙蓉国里正无忧

55　第二章　诗酒与闺怨
56　一、夫婿望不要那么懦俗
65　二、向北向北，只是北京
76　三、诗酒寻觅为女权

87　第三章　留学·革命·鉴湖女侠
88　一、要革命，到东京

97　　二、革命是什么：办报、开会、演说

106　　三、女侠与剑

114　　四、初识徐锡麟


125　　**第四章　大通学堂与皖浙起事**

126　　一、部勒会党

138　　二、湖畔白云，萧萧易水

143　　三、箭在弦上光复军


153　　**第五章　从容就义　世纪留香**

154　　一、危急与从容

160　　二、白练垂天轩亭口

169　　三、生死姐妹

176　　四、诗魂永恒


183　　秋瑾年谱简编

# 徐 锡 麟

197     引 子

199     第一章  震撼晚清天下的一枪

211     第二章  青少年：压抑与反抗

231     第三章  反清大志，铁血革命

259     第四章  走向安庆，走向壮烈

278     徐锡麟年谱简编

秋

瑾

# 引 子

　　2011年，改写历史的辛亥革命过去了整整100周年，它自身也成了年代久远的历史。清明节前夕，细雨蒙蒙，枝绽新绿。为了写作《秋瑾传》，我来到江南水乡绍兴，来到了市内解放路上的古轩亭口。这里，就是著名的辛亥英烈、"鉴湖女侠"秋瑾当年的就义处，秋瑾纪念碑的所在地。碑高七米左右，由厚实凝重的大理石筑成，分上下两个部分。上是碑身，下是基座，四周有低低的雕琢简朴的石栏杆围绕。碑身正面，大书"秋瑾烈士纪念碑"七字，下面则是一篇碑记。在熙熙攘攘、车水马龙的闹市，在满目繁华的大街中央，纪念碑端重肃穆地矗立其中，给喧闹的大街平添了一种别样的气氛。我一边绕碑慢行，一边抬着头细细打量，最终在正面停了下来，驻足细读由蔡元培撰文、于右任书写的碑记：

### 秋先烈纪念碑记

　　中华民国十六年春，国民革命军戡定浙江，士庶欢乐。追念成功所自，莫不歌颂诸先烈之首犯大难有以启之。而吾乡先烈，自徐先生锡麟、陶先生成章而后，以秋先生瑾为最著。民国之初，徐先生祠于西部，陶先生祠于东湖，各有瞻仰之所；惟秋先生迄无表彰，隆礼阙然。于是邑人王君世裕等，慨然兴起，议建祠筑亭，永昭功烈。具状政府，言其事，并请款。会中央有不立专祠之决议，旋奉国民政府令，依内政部议，准建风雨亭及纪念碑，其经费由省政府会县估定筹拨。令既下，邑人之心大慰。乃遂相度地势，众意咸谓轩亭口为先生正命之地，宜建纪念碑；卧龙山之巅近西南处，可下瞰先生当年拘系之典史署，宜建风雨亭。鸠工庀材，不日成事。亭取"秋风秋雨"之句以为名。咏其诗，想见其为人，流连凭吊，情不自已。而轩亭口人烟稠密，往来肩摩，睹纪念碑之矗立，犹足以感动群情，廉顽立懦。盖必有后人继起建设，而先烈之勇往牺牲，始不虚。然则是碑与亭，固为革命缔造之光，实以群众兴奋之剂，宜与徐、陶纪念鼎分辉映云。

十九年三月蔡元培记三原于右任书

读完碑记，忽然发现在栏杆的里侧安放着一个朴素的花圈，白色的纸花，白色的带，带上的署名却是"绍兴市民"四个字。眼睛在这四个书写认真但不算漂亮，更谈不上笔法的毛笔字上停留了一会儿，我心里刹那间有一种感动，有一种欣慰，还有一种肃穆。我想，辛亥革命过去100年了，秋瑾就义更是已有105年了，然而，人们从来没有忘记过这位女士。民国十九年即1930年，在秋瑾慷慨捐躯二十三年的时候，人们为她修建了纪念碑；在105年后的今天，人们还不忘在清明时节为她献上一个花圈；尽管一个是撰写碑记的大名鼎鼎的身兼教育家或书法家的高官，一个是敬献花圈的普通得连名字也不想出具的"绍兴市民"。这么说来历史逝去了吗？历史并没有真的逝去，它活在现在；被同乡鲁迅称作"秋瑾姑娘"的烈士也没有逝去，她活在人们的心里。这就是历史，就是一种伟大的献身的价值之所在。

我的脑海里不禁浮现出记录秋瑾一生的那些史料片段，她无忧无虑的少女时代，她令人遗憾的婚姻，她赴日留学的窘迫艰辛和慷慨激昂，特别是徐锡麟起事失败的消息传来后的那几天里，作为起事的共同策划者和组织者，她在安排了别人撤离之后，她脑子里在想些什么呢？她不是完全可以走避、藏匿、逃亡的吗？她为什么要束手就擒、坐以待毙，她难道真如绍兴俗语所说的，是个"呆婆"吗？

蔡元培在碑记中说，纪念秋瑾，人们不禁会"咏其诗，想见其为人，流连凭吊，情不自已"。是的，秋瑾不但是一个革命党人，一个光复会骨干、同盟会浙江分会主盟人，一个为推翻专制、建立共和而牺牲的英烈，她还是近代最为出色的一位抒情诗人。她的诗，像"不惜千金买宝刀，貂裘换酒也堪豪"，多么豪放，像"白云斜挂蔚蓝天，独自登临一怅然"，多么婉约，还有像"诗思一帆海空阔，梦魂三岛月玲珑"，多么的空阔清新。读她的诗，想见秋瑾这个人，真是感觉到她激情万丈，魅力四射，感觉到她超凡脱俗，纯之又纯。她诗中的世界，当然有她的现实世界的折射，但又远远超越她的现实生活，比她的现实生活丰富、高远、绚烂；很多时候，我们感到秋瑾是宁可活在她自己创造的诗的世界里。所以作为革命党人，在危急之时当然要保存自己不要作无谓的牺牲，就像陶成章，闻听徐锡麟起事失败的消息后，急走日本躲避，这是完全正确的。然而秋瑾不是陶成章，作为一位骨子里透着激情浪漫、对生死之界有着独特感悟的诗人，她对"牺牲"二字肯定有自己的理解。我们纪念秋瑾，念念不忘秋瑾，除了感念她对革命的献身，是否也不知不觉为她对死的独特的理解、独特的感悟、独特的举动所深深吸引呢？作为秋瑾的战友，蔡元培"流连凭吊，情不自已"，他肯定早已为秋瑾的这种独特所深深吸引感动了。

那么秋瑾的"独特"究竟是什么？古人云不知生，焉知死。要理解秋瑾的死的独特，我们首先得要去了解她的生，她一生的历程。从头开始，去听她如何牙牙学语，看她如何识文断句；如何幼稚，如何成熟；如何为喜悦和幽怨落泪，如何因困苦和矛盾挣扎；追踪她情感的细微曲折，体验她思绪的感悟升华。对于这样一位独特的女革命党人，一位纯情幽邃的抒情诗人，这一切难道不值得吗？

那么，让我们来阅读秋瑾，阅读这位一百多年来持续激动着我们，也常常困惑着我们的非凡的魅力女性。

第一章

# 书香门第，
# 无忧才女

在慈母身边读书

南国海天，浪激水育

鉴湖：诗情与剑气

芙蓉国里正无忧

## 一、在慈母身边读书

清光绪元年十月十一，岁在乙亥，公历是 1875 年 11 月 8 日，在江南正是黄菊垂金的初冬时节，绍兴府城内，坐落于鲍家弄北头老浒桥边的秋家老宅，新科举人秋寿南的夫人单氏在这天诞育了一个女婴，给她取名叫"秋闺瑾"，小名玉姑。三十多年之后，这个小名玉姑的婴孩把名字中的"闺"字去掉，成为"鉴湖女侠"秋瑾，以自己的诗和剑，慷慨和壮烈，掀起一股狂飙般的旋风，向晚清统治千疮百孔的大厦席卷过去，使其剧烈地震荡摇晃起来，几至欲坠。这可是包括她父母在内的任何人在当时都无法想到的。

秋瑾的同乡兼留日同学周树人即鲁迅曾经说过，即使是天才，他诞生时的第一声啼哭，也绝不会是一首好诗。秋瑾出生时的情形，在现有文献当中没有丝毫的记载，但我们可以想见，她顺顺当当、毫无障碍地来到这个世界上，一定也是跟所有婴儿一样，无甚特别之处。在她之前，夫人单氏已经为这个四世读书做官的家庭诞育了一个长子，即秋瑾的哥哥秋誉章。在那个传宗接代、光宗耀祖的重任寄托在男子，特别是长子身上的时代，这个女婴平安而平常的降生，也应该不会给这个家庭带来多么巨大的惊喜。所以，我们不必因为这个女婴以后惊世骇俗、惊天动地的举措，去煞费苦心推测和虚构她出生时的不同凡响。倒是她的四世读书做官的家庭和知书识礼的单夫人，值得在这儿做一番介绍。

根据秋瑾高祖秋学礼的《家谱叙略》和秋瑾父亲参加科举考试时填写的《乡试录》，我们知道秋瑾的祖先世居绍兴府城西门外，即偏门外二十多里的福船山，从明初以来世世业农，到了高祖秋学礼开始读书做官。那是乾隆年间，高祖秋学礼中乙酉科举人，授秀水县教谕，有点像现在的县教育局局长。自此以后，秋瑾的曾祖家丞、祖父嘉禾都是响当当的举人，各有官职，做官做到了府、县一级。秋瑾出生的前两年，即 1873 年，父亲寿南中举，一举考取同治癸酉科举人。所以福船山秋家，在当地早就奠定了名门望族的地位，是典型的江南书香门第。只是不知道是在秋瑾的曾祖还是祖父的时候，秋家已从福船山祖居迁出，定居于绍兴府城东门内的老浔桥，就是秋瑾的出生地。至于秋家再次搬家，移居于和畅堂的大宅子，也就是现在秋瑾纪念馆的所在地，那已经是秋瑾十七八岁以后的事了。

门当户对，是当时婚姻的原则，书香门第尤其讲究这个。这并不是那时读书人特别势利，看重诸如家庭的地位或财产之类，而是跟书香门第的延续有关，跟下一代的教育有关。试想娶进来一位不识字不读书的媳妇，对子女的教育岂不大打折扣？基础没打好，儿子参加科举的前程岂不大受影响？一两代之内无人在科举成功，书香门第的延续就困难了。婚姻力求门当户对，从根本上说是要娶进来一位知书达礼的媳妇，给下一代的教育提供一个保障。所以中国历代对母教的重视和感戴，不但形诸传说，载在典籍，许多关于母亲辛勤教儿的故事，还成为掌故，代代传诵，用作比喻。比如"孟氏三迁"，说的是孟子小时候，邻居的孩子多有顽劣，影响孟子学习。为此孟母不惜三次搬家，为的是给儿子创造一个良好的读书环境。再如"丸熊"一词，说的是北朝柳仲郢好学，他母亲就把熊胆做成丸子，让儿子读书累的时候舔一下，取其必能苦尽甘来的意思，作为激励。如此等等，不胜枚举。明清以降，科举成为读书人唯一的出路，母亲对孩子自小的教读，就尤为重要。上述这类典故的广泛流传，就是一个证明。作为世代读书做官的秋家，当然不会例外，秋寿南的夫人也就是秋瑾的母亲，就来自同是书香门第的萧山单氏，是一位知书识礼、颇有文学修养的女士。

秋瑾的母亲单氏，是同属绍兴府的萧山县人、候补县丞单良翰的长女。别看父亲不是什么大官，但是萧山单氏却是当地的名门望族。单氏祖先单道在明朝洪武年间创立了一种叫做"四柱清册"的中式簿记，朱元璋一见大为赞赏，下诏颁行全国。这一中式簿记直到清末还在沿用，单道可以说是顶尖的会计学家。萧山单氏世居城厢镇西河下，府邸规制恢宏，府内有匾额云"同胞五大夫"，这就肯定是单氏夫人的某代祖上，兄弟五人个个博得功名在手，且受封爵为"大夫"，才有了这样牛气冲天的匾额。

出身于这样一个名门望族，嫁入这样一个书香门第，单氏夫人对孩子的教育也就可想而知。秋瑾的异母弟弟秋宗章后来回忆说，"先姚单太夫人，系出名门，亦读书识字，遂自课之，盖慈母而兼师保焉。"秋瑾的学生兼朋友，对秋瑾的情况颇为熟悉的徐小淑也说，单太夫人雅擅诗文，从小对秋瑾循循善诱，不但教她读书识字，而且很早就教她背诵杜甫、辛弃疾的诗词。加上秋瑾天资聪颖，过目成诵，就这样在母亲的悉心教育下，她从小就打下了深厚的文学基础，培养了对文学的浓厚兴趣和强烈爱好。据说她十一二岁就开始学着写作，写出来的诗"清丽可诵"。而哥哥秋誉章就没有这么有悟性了，相比秋瑾，就差出了一截。父亲寿南看了秋瑾的诗，很惊讶也很高兴，忍不住指点一二，一边又不禁叹息说："这孩子要是个男孩就好了，给我们秋家光宗耀祖，就可以靠他了，可惜啊可惜！"父亲的叹息，深深地埋在了秋瑾童稚的心灵深处，她以后竭力做得像个男子汉，甚至女扮男装，最初的起因，也许是肇始于此吧。

然而童年和少年时代的秋瑾，不是被家长重男轻女的观念弄得角色错乱的"假小子"，而是喜欢凤履罗袜，喜欢对镜梳妆，喜欢和女伴一起玩儿的地地道道的小姑娘。她尤其喜爱花花草草，叫得出它们的名字，分辨得出它们叶子的不同，知道一种花的花瓣的数目，这也完全得益于单氏夫人。春夏秋冬，她都会带秋瑾到城外，去踏青观雪，去采菱赏月，特别是喜欢带她到鉴湖一带玩赏。夫人往往是带着秋瑾和她的哥哥誉章，在老浒桥边坐一条乌篷船，沿着城里弯弯曲曲的河道，向西到达偏门，然后出城，往西北行半个时辰，就到了鉴湖。

东汉永和五年，也就是公元 140 年，会稽太守马臻利用当地地形和水系的特点，相形度势，主持兴建了古鉴湖，汇纳会稽山麓诸河来水于湖内，总面积曾达二百多平方公里。鉴湖的兴建，既减少了水患，又可以灌溉周边大片的农田，最多时可以灌田九千余顷，人民深受其利，使绍兴渐渐成为富足的鱼米之乡。鉴湖水质极佳，驰名中外的绍兴黄酒就必用鉴湖水酿制。鉴湖一带是典型的江南水乡风光，湖上桥堤相连，渔舟时现，青山隐隐，绿水迢迢，湖滨古迹众多。王羲之"山阴道上行，如在镜中游"的赞叹，就包含了鉴湖。因此，早在唐代，鉴湖就是"唐诗之路"上诗人们必到的著名景区，李白还没有动身南下，就先梦见了鉴湖，"我欲因之梦吴越，一夜飞渡镜湖月。明月照我影，送我至剡溪。"鉴湖水是酿酒的好材料，鉴湖水又何尝不是诗歌的源泉？秋瑾自幼就由母亲单氏带着在湖中荡舟，在湖滨漫步嬉戏，好山水酿成了她心中最初的诗情画意，柳杏桃梅，四季花香，成了她的最爱，陶冶了她敏锐的审美感觉。请看秋瑾这首早年的诗：

### 水仙花

洛浦凌波女，临风倦眼开。

瓣疑是玉盏，根是谪瑶台。

嫩白应欺雪，清香不让梅。

余生有花癖，对此日徘徊。

从立意、描写到遣词造句，都可以看出诗还是写得挺嫩的，像"嫩白应欺雪，清香不让梅"一联，那种青涩味儿浓浓的，分明是初学的手笔。但"余生有花癖"的自述，却说出了母亲和鉴湖对她的深刻影响，也向我们解释了秋瑾早期的诗，为什么有这么多咏梅、咏柳、咏菊、咏兰花的缘由了。

母亲对秋誉章、秋瑾两个孩子，不但亲自教他们读书学诗，在其他方面也督教甚严。有一年夏天，秋瑾的三伯祖母买了一个瓜，切好凉在自己房里桌子上，等自己的孩子也就是秋瑾的二叔来吃。秋瑾和她哥哥过去，看到了桌子上切好的瓜，两个孩子不禁馋涎欲滴，围着桌子转来转去不肯离去，又不好意思张口去要。三伯祖母在一边看着，也视若无睹，就是没有给两个孩子吃一口。这尴尬的一幕恰巧被秋瑾的母亲路过看见，她悄悄招手把两个不懂事的孩子招回自己的房间，对着他们的屁股痛打一顿，告诫他们以后不许馋嘴。过后，又拿出饼饵来让兄妹俩分着吃了。这就是大家族母亲对孩子的教育方式。

虽然对孩子督教甚严，但母亲也有十分宽容的一面。秋瑾渐渐长大，母亲开始教秋瑾各种女红，这也是大家闺秀从小要训练的一门基本功。秋瑾虽然心灵手巧，各种女红一学就会，特别是刺绣，虫鸟花卉，阴阳反背，绣起来像模像样，还经常有点创造发明，绣得比画样还要好看。但是秋瑾的爱好却并不在这里，绣了一会儿就不干了，又拿起书来一读就是半天，或者一个人躲在房间里悄悄地写诗，也不跟人多说话，性格趋于内向。母亲见秋瑾这样，也不以为忤，并不逼她非得学女红不可。倒是父亲寿南，看到秋瑾写诗，越写越熟练，还带着一些少年的忧郁，像"秋雨愁煞人，秋风愁煞人"这一类句子，似乎是不假思索摇笔即来，就又叹息说："句意太过萧飒了，这孩子怎么那么老成呢！"

然而不管如何，童年和少年时代的秋瑾在母亲身边读书，过着无忧无虑的生活，享受着母爱，书越读越多，心灵越来越敏锐和丰富，对母亲的感情也越来越深。长大嫁人以后，跟母亲分离了，秋瑾对母亲的思念之情也日逾一日，写下了不少怀念慈恩的诗词。像下面这一首《乍别忆家》：

远隔慈帏会面难，分飞湘水雁行单。

补天有术将谁倩？缩地无方使我叹。

拼却疏慵愁里度，那禁消瘦镜中看。

帘前钩样昏黄月，料得深闺也倚栏。


　　这是一首思念母亲兼寄妹妹的七言律诗。诗中写道，跟母亲在湘水边上分别以后，要再相见有多难，除非真有补天术，真有缩地术，然而哪儿真有啊！从镜里看到自己又消瘦了许多，那是想娘想的，想到母亲和妹妹也一样倚着栏杆，望着昏黄的月亮思念我，我就更觉得自己是一只失群的愁雁。

　　1907 年 2 月，就在秋瑾就义前大约半年，秋瑾的母亲单氏去世了，这对秋瑾是一个极大的打击。她把母亲对自己的养育和教读之恩从头整个回忆了一遍，心里充满了对慈母的感激和崇敬。她请人画了一幅《秋灯课诗图》，表现的是一个母亲为孩子灯下课读的情景，在画上她题了一首《临江仙》词：


懿范当年传画荻，

辛勤慈母兼师。

丸熊篝火课儿时。

三迁媲孟母，

折荻授羲之。


佳句不辞千遍读，

秋宵真个宜诗。

讲帏已邈悔生迟。

宣文遗志在，

盥手仰遗徽。

母亲去世以后，秋瑾追念母亲一生对自己最大最深的恩惠，是她以良好的文化素质和文学修养，给自己晨夕授读，秋灯课诗，花费了多少心血！秋瑾想起了历史上堪称"懿范"的一个个母亲的形象，有择邻的孟母，有"折葼"的王母，有"丸熊"的柳母，当然还有"画荻"的欧阳修的母亲。自己的母亲和她们相比，一样的伟大，一样的无私，一样的殚精竭虑，为儿女的成长付出了所有。正是母亲的教育引导，让秋瑾懂诗，并学会了作诗。"佳句不辞千遍读，秋宵真个宜诗"，多少个秋蛩唧唧、秋月如洗的夜晚，母女俩依偎在廊下，常常是母亲念一句，小秋瑾跟着背一句，有时还互相考着下一句是什么。慢慢地，一年一年，从牙牙学语到提笔写作，诗的韵律、诗的意境在月光和虫声的陪伴中展现开来，展现在秋瑾眼前。诗，为秋瑾打开了一个别样的世界，那么丰富、那么绚丽、那么崇高而纯洁！诗让秋瑾感动，让秋瑾飞翔，给秋瑾的生命注入了无尽的生机和活力。通过诗，通过读诗和写诗，秋瑾才得以从痛苦中自拔，从坠落中升华，从迷茫中找到了人生的方向、人生的意义、人生的浪漫和美妙。母亲啊，你赋予了我肉身，还赋予了我精神的种子，我要如何感恩于你呢？想到这儿，秋瑾心中的悲伤，被对母亲的肃穆和崇敬所代替。她要擦干眼泪，把双手洗得干干净净，捧起《秋灯课诗图》，庄严地仰望母亲的形象。

"盥手仰遗徽"，是对母亲最神圣的祭奠。


## 二、南国海天，浪激水育


光绪十二年也就是 1887 年，秋瑾的生活中第一次发生了重大事件，13 岁的秋瑾要远行了。有多远呢？家里人谁都说不清到底有多远 —— 那是去台湾。

台湾有多远、在哪里？没有人知道，不要说僻处一隅、信息闭塞的绍兴人不知道，就是紫禁城里的慈禧太后也不知道。据说1894年中国在甲午战争中败于日本，签订和约的时候日本向中国提出割让台湾岛的无耻要求，慈禧太后就问："台湾在哪里？"宫里的大臣摊开地图，恭恭敬敬地指给太后看。至高无上的太后仔细看了半天，发现那不过是远在南海的一个小点点，乃松了一口气说："他们要那就给他们吧。"

传说当然未必可靠，但传说起码也反映了那个时候内地大多数人对台湾确实不甚了了。紫禁城里的太后尚且不知，所以秋瑾的家人不明白台湾在哪里、有多远，那又有什么奇怪的呢？再说秋瑾跟母亲、哥哥去的时候，朝廷虽已设置了"台湾巡抚"，开始了台湾独立建省的过程，但原先台湾只是福建的一个府，这些信息老百姓哪里会立即知道？他们只是一直听说"福建台湾府"，就按绍兴话习惯说成"福建台湾"，再后来，就只说"福建福建"，把"台湾"二字给说丢了。到了几十年以后，当事人都去世了，唯有秋瑾的嫂子还有些知情，但是她也只知道秋瑾去了"福建"，在自己嫁到秋家时才从福建厦门回到绍兴，就说秋瑾小时候生活在福建。福建就是"闽"，于是后来就又讹传秋瑾"实生于闽"。一个绍兴人怎么会"实生于闽"呢？他们解释说，那是因为秋瑾的爷爷在福建做官，全家人都随爷爷去了福建，秋瑾的母亲就在爷爷的官衙里生下了秋瑾，于是秋瑾就在福建某地出生，从福建去了台湾，直到十四五岁、十五六岁才从台湾回到绍兴老家。其实，秋瑾的祖父秋嘉禾于1865年乡试中式，直到1876年6月才初次得到官职，出来做官。秋瑾怎么可能在出生半年多以后去到祖父的官衙里，重新再出生一次呢？还有，秋瑾的爷爷初次出仕做的是什么官？据记载是"奉调赴台湾，任鹿港厅同知"。但须知当时台湾并无"鹿港厅同知"这样的官职，唯有"北路抚民理番同知"一职，原驻彰化县治，乾隆五十三年，移驻鹿港。光绪元年，改为"中路抚民理番同知"。这都是现在的国民党荣誉主席连战的爷爷连横，在他的大名鼎鼎的著作《台湾通史》里明明白白记载着的。由此可知，一些私家的记录是记错了，把秋瑾的爷爷秋嘉禾初次出仕，在台湾鹿港任"中路抚民理番同知"，错写或者说简写为"鹿港厅同知"。由此可知，那些私家的记录虽然十分珍贵，没有这些最初的记录，我们这些传记作家就没得可写了。但也不能照单全收，迷信"第一手"资料，对这些资料下一番"由此及彼、由表及里、去粗取精、去伪存真"的考据，这正是传记作家应下的功夫。

那么，怎么知道秋瑾的爷爷秋嘉禾1876年6月去台湾鹿港任"中路抚民理番同知"，是他初次得到的官职呢？是根据1873年秋瑾的父亲秋寿南的《乡试录》。这是23岁的寿南参加该年即癸酉科乡试时填写的正式履历表，家庭情况特别是父、祖的姓名仕履必须准确填写，不得有误。所以这个《乡试录》应是准确可信的。在这个履历表当中，秋寿南仔仔细细、认认真真地填写了各项内容，在父亲秋嘉禾这一栏，他填的是"同治乙丑补行咸丰辛酉科并壬戌举人，劳绩保举，不论双单月，遇缺前先选用同知"，没有填写秋嘉禾任何官职。是他刻意隐瞒吗？不会的，不但不敢，而且没这个必要，父亲如若做官，这是很大的荣耀，正好大书特书呢！比如在祖父秋家丞这一栏，秋寿南就这样不厌其烦地填写道："嘉庆癸酉科举人，大挑一等，分发江苏奉贤县知县，调补华亭县知县。历任砀山、东台、兴化、江宁、江阴、上海、元和、吴县等县知县，邳州知州。丙午科江南同考官。著有《八一编》行世。"

然而人家要问了，秋嘉禾在1873年前无官职，那么1874年、1875年呢？如果这两年他被授了官职，去到福建某地任职，秋瑾的父母跟着去了，所谓的"随侍"，秋瑾不是还有可能出生在那儿吗？事实是没有这种可能。因为在1874年，秋嘉禾的父亲也就是秋瑾的曾祖秋家丞在邳州知州任上去世了，作为儿子的秋嘉禾必须在家中"守制"三年，不会被授予任何官职。当然，这个三年是年头，不是十足的三十六个月。所以，有的私人记载说，

"先大父（秋瑾的爷爷秋嘉禾）宦闽久，先君（秋瑾的父亲寿南）随侍，全眷侨寓，故伯姐（秋瑾）实生于闽"，应该是记错了。

细心的读者也许还会问，秋瑾的祖父秋嘉禾1865年33岁的时候就中了举人，那时是同治四年，怎么要到1876年，也就是光绪二年，过了十一二年，皇上都换了，才得到一个官职？不是"读书做官"，考上了就有官做吗？

原来事情并非如此简单。得到举人的功名，并非即刻得到了官职，而只是得到了一个做官的资格。一个读书人乡试中式，也就是考上举人以后，他可以有几种选择。一是沿着科举的道路继续前进，就是参加会试，博取进士的头衔。因为进士和举人，二者的含金量相差很大，所以一般来说读书人乡试中式以后，都会接着参加会试。水往下流，人往上走，谁不愿意趁势再搏一下呢？所以制度上也是这么安排的，每三年一次的会试，都是规定在乡试之后的第二年举行，为的就是让头年中式的举人趁热打铁，接着奋斗。如若会试落第——差不多总是落第的，因为录取名额实在太少了。有人做过统计，整个清代共举行会试112次，历年平均起来，每年参加会试的举人总计有七八千人，而录取人数也就二百多人，录取比率是三十分之一。所以对大多数人来说，落第是必然的，而考上却是偶然的。既然如此，那么第一次会试落第以后，清寒的家境又支撑不了他什么都不做，光待在家里读书作文继续备考，他就可以做第二种选择，那就是到吏部报到登记，等候"分配工作"，以"学正"或"教谕"补用，也就是去做地、县一级的教育局局长。但是那个时候教育局局长的工资非常低，平均每月也就三两多银子，哪里够养家糊口？别的官员可以通过"陋规"获取灰色收入，但是"教育局"却是清水衙门，哪有什么油水可捞？所以只要家里还能苦撑得下去，一般举人都不会马上就"以学正、教谕补用"，他还会再去考几次，以图侥幸。当然，他还有第三种选择，就是去做"幕友"，因为明清两代做幕友的以绍兴人为多，所以幕友俗称"绍兴师爷"。做师爷，收入可就比学正或教谕高多了，一般来说每年可得百十两银子，那些"名幕"，还会更高，这完全要看幕友的名气和幕主的慷慨。秋瑾的父亲秋寿南"任福建提督孙开华幕"，后又"任台湾抚院文案"，就是做了"绍兴师爷"。而且我们还要说，秋瑾的爷爷秋嘉禾，也做过师爷，是"师爷出身"。

这又何以见得呢？上文不是已经说过，秋寿南的《乡试录》，在自己父亲的一栏，填写了秋嘉禾是某某科举人，又"劳绩保举，不论双单月，遇缺前先选用同知"吗？这"劳绩保举"四个字，就泄露出秋嘉禾"师爷出身"的信息。

原来，"劳绩保举"是清代的一种文官激励机制，可以叫做"文官保举制度"，主要内容是如何对政绩突出的官员在提拔上加以优先。一个官员可以得到保举的情况主要有以下三类：一是"诏令保举"，就是在皇帝下诏求贤后，中外臣工遵旨保举执政能力突出的官员；二是考绩保举，比如京察保一等，大计保卓异；三是劳绩保举，比如在军功、河工、襄办大典礼、方略馆、万年吉地工程等重点工作中认真落实中央指示精神，作出突出贡献者。

那么疑问来了，那个时候秋嘉禾不是还没有获得官职吗？他怎么能够得到只给官员的"劳绩保举"呢？

原来，劳绩保举当中还有一小类，叫做"幕友劳绩保举"。这种保举始于雍正皇帝，他有一次下诏说："督抚幕宾，务令选熟练老成、深信不疑之人，先将姓名履历具题造册，报部存案，如果效力年久，勤慎无过者，该督抚保题议叙。"也就是说，在督抚幕府里做幕友的，如果效力年久，勤奋、谨慎又没有犯过错，这个督抚就被允许以劳绩保举这个幕友。那么这个"年久"到底是几年呢？乾隆元年十二月，吏部规定："幕宾六年无过者，具督抚考试，分别得以先用及职衔、顶戴。"可见这个"年久"

的含义是六年。

到了乾隆三十七年，皇帝又批准了吏部的建议："留寓幕宾，五年更换，五年期满，果勤慎无过，该督抚保题议叙。"这就把幕友服务六年可以得到劳绩保举的期限缩短为五年了。

道光四年，因为对幕友的保举太滥了，皇帝曾经下诏停止了对幕友进行保举的制度，后来太平军起，这个制度又恢复了。

官员或幕友得到保举之后，一般并不能立刻升官或得到官缺，只会得到记名、免补、免选、尽先等。这里又分两种情形。被保举"记名"的，在下次得缺授官之时仍要经过规定的程序，比如四品以上官员任用，由皇帝特旨简放；四品以下官员在提拔、升迁、任用前由吏部带领引进，由皇帝明辨其人品、才学后决定取舍。而被保举为"免补、免选、尽先"之类的，在吏部按先后顺序授官时，就比同班的其他人优先得到官缺。

有读者到这儿或许会不耐烦，悻悻地说，我们在说秋瑾，怎么净说些"劳绩保举"这些没用的干吗？因为知道了"劳绩保举"的大致情形，我们也就知道了秋瑾的祖父秋嘉禾为什么"于1865年乡试中式，直到1876年6月才初次得到官职，出来做官"，在1865年至1876年，他长达十几年的时间里他在干什么。他乡试中式以后，第二年参加会试，没取；过三年又参加了一次，又没取，从此就绝了进士的梦，开始职业生涯，做了幕友，也就是师爷。做了五六年师爷，年头够了，又"勤慎无过"，他就被"劳绩保举"，分发台湾鹿港，任"中路抚民理番同知"一职。从这个背景，我们就知道在秋瑾出生之前，即1875年前，爷爷秋嘉禾做的是幕友，秋瑾父母不可能跟着秋嘉禾在幕府里一起生活；出生之后，秋瑾父母也不可能带着周岁不到的孩子漂洋过海，跟着秋嘉禾去台湾。秋瑾出生后，就一直生活在绍兴至十二三岁才去台湾，而且是去跟父亲团聚，而不是跟祖父。

再说到秋瑾的父亲。很有意思的是，秋寿南走的人生之路，与他上一辈、乃至上上辈几乎一样，也是先中了举人，第二年参加会试，没取；过三年又参加了一次，又没取。他从此就绝了进士的梦，开始职业生涯，做了幕友，也就是师爷。年头够了，又"勤慎无过"，他就被"劳绩保举"，同样被分发台湾，只不过是"知县"的官衔，在级别上还要比父亲秋嘉禾低一点。

秋瑾的高祖秋学礼是举人，曾祖秋家丞是举人，祖父秋嘉禾还是举人，父亲秋寿南仍然只是举人，都为生计而去做过"绍兴师爷"，好不容易做了官、得到一个"实缺"，也都只在州县一级，四代人走着几乎相同的人生之路，遵循着一样的人生模式。在绍兴府山阴县，秋家是世代为官的书香门第，名门望族，但在大清的整个官僚体系中，他们只是在下层辗转奔走的低级官员，听凭人调来拨去、指来喝去，其间的烦忧、辛酸、屈辱，又哪是我们局外人所能知道体味的呢！甚至是"劳绩保举"这四个字，真是一种客观公正的评价吗？谁也不知道这四字后面是否隐藏着低三下四的请托、强颜欢笑的顺从、身不由己的奉纳。所以在秋家，一定弥漫着一种改变人生、改变命运的强烈愿望和气氛，后来在秋瑾身上异乎寻常地表现出来了。

1886年前后，秋瑾的父亲秋寿南正在福建提督孙开华幕府做幕友，此时他已经被幕主"劳绩保举"，可以知县任用，然而苦于没有位置，得不到实授。正在焦虑观望之际，机会来了！台湾是年开始建省，正式设置台湾巡抚一职，台湾的建制也扩大了，要把建在台南的原台湾府改为台南府，台湾县为安平县，于台北地区新设台湾府，领台湾、彰化、云林、苗栗四县。而且朝廷任命的第一任台湾巡抚，就是孙开华的淮军老上级刘铭传。得到消息，很可能是通过阅读朝廷的邸报，秋寿南立即请托孙开华予以推荐。正是通过孙开华的荐举，秋寿南得到了台北某县的知县一职，兴冲冲赴台湾当知县去了。

然而仕途艰难，非个中人可以明其所以。秋寿南浮海来到台湾，等待他的却是一个令人沮丧的消息：原定给他的位置，现在已经有人捷足先登了。怎么办？台湾白来了？而且丢掉了原有的孙开华幕友的饭碗！正在一筹莫展之际，天无绝人之路，父亲秋嘉禾传来消息说，他自己的同科举人邵友濂即将出任台湾布政使，已经说好让悬空挂着的秋寿南在布政使的抚院做"文案"，也就是俗称的书启师爷。得知此信，秋寿南总算松了一口气，知县虽然没做成，但饭碗总算没丢，岂非不幸中之大幸！于是安排家人——也就是单氏夫人、大儿秋誉章、女儿秋瑾和秋珵到台湾来团聚。

　　于是，秋瑾母亲带着秋瑾兄弟姐妹三人，在亲戚的护送下，从上海搭乘粮船，从台湾海峡逶迤而来，时间是1887年春夏。

　　秋瑾此去，第一次领略了海的壮阔无限，海的凶险暴烈，大海的气质在她的心灵深处烙下深深的印记，给她埋下了一生性格发展的种子；而且因为父亲和邵友濂搭上了关系的缘故，秋瑾的命运也悄悄地被定了下来。没有这层关系，秋瑾也许就不会去湖南，也许不会嫁给一个湖南人，也许不会碰到一桩不幸的婚姻，也许不会留学日本，也许就没有了辛亥英烈"鉴湖女侠"。

　　秋瑾在台湾三年，台湾的风土人情似乎没有给秋瑾留下什么印象，否则，她一定会在她的诗歌里忆念和咏唱，然而在她现存的作品里面，我们确实没有发现明显的痕迹。当时，台湾社会动荡不已，在外，中法战争刚刚过去，中国好不容易抵御了法军对台湾的觊觎；在内，官府横征暴敛，屡屡激起民变，像抢了秋寿南台北某县知县饭碗的那个人，就在一次民变中丧了生，这倒让秋寿南生出一种因祸得福的侥幸感觉。驻台军队的内部也不稳定，大陆过去的淮军和漳、泉之兵矛盾甚深，时常激起事端。在这种情况下，秋寿南大概也不会带着妻儿游山玩水，跑遍台湾，他除了让家人足不出户，在抚院里老老实实待着以外，还能做什么呢。

只有往返海峡的旅途，让秋瑾印象深刻。赴台途中，天气突然变得暴烈异常，狂风大作，天地翻覆，粮船在狂风巨浪中一会儿被抛到浪头，一会儿又被摔到浪底，就像海上一个泡沫，随时都有破碎的危险。秋瑾的母亲单氏惊恐万状，用一根长长的丝带将自己和几个孩子牢牢拴在一起，意思是一家人要死也死在一起，万万不能漂散了。她又不断合掌向天祷告，请求老天爷的保佑。数天之后风浪终于平息，一家人总算平平安安的到达了台湾。可是对于十二三岁年纪的秋瑾来说，对死亡的恐惧可并不像她母亲那样强烈和真切，她更多的是体验到一种经历了危险之后的坦然甚至豪气。

三年以后自台返乡，海上的天气可就是另一个样子了，天和气清，风平浪静，轮船在海上劈波斩浪，全速行驶。这一次，已是少女的秋瑾有了机会饱饱地、美美地欣赏了一程大海的风光。三个年头在台湾的闭户读书，让她的文学修养有了长足的进步，写起诗来也像模像样了。面对海天的美景，她的诗兴沛然而起，不禁提笔写道：

### 轮船纪事（二章）

四望浑无岸，洋洋信大观。

舟疑飞鸟渡，山似毒龙蟠。

万派潮声回，千峰云际攒。

茫茫烟水里，乡思入眉端。


水天同一色，突兀耸孤峦。

望远胸襟畅，凭窗眼界宽。

银涛疑壁立，青海逼人寒。

咫尺望州近，休歌行路难。

这是现存秋瑾诗歌中早期的作品，描写了海上航行所见的种种景色，抒发了海天山岛所激发的种种情感。作者离开家乡三年了，故而"茫茫烟水里，乡思入眉端"，思乡之情全写在了脸上；又看到船将近岸，再也不用担心风浪的不测，禁不住欣欣然地说，"咫尺望州近，休歌行路难"，显得很轻松。自然，从立意构思和造句结词上来说，这首诗还处处显露出稚嫩的味道，秋瑾这时毕竟只有十六七岁，诗歌创作还处于起步的阶段。然而，值得注意的是这首诗下意识里透露出来的心胸和美学追求，那就是造景的壮美和宽大高远，有一种笼罩万物的气势。这一特质和元素，将在秋瑾成熟的作品里得到完美的展现。所以，整体上说这虽然不是一首出色的诗，但在秋瑾的创作上，却有重要的意义。

浪激水育。台湾之行，特别是在台湾海峡驾轮横渡一个来回的经历，对少年的秋瑾产生了极为深刻的影响。赴台途中遇到如此险恶的风浪，似乎命悬一线，就要葬身海底了，但是咬牙一挺，不就挺过来了吗？人生的险恶也无非是这样，没有什么可怕的。秋瑾今后的生命历程，似乎总会在某个时候显露出这种豪迈。还有更重要的是，无边无际的海天，让这位少女知道了什么叫"高远辽阔"，人的胸襟眼界，是不是也应该达到这样的境界？浪激浪、浪推浪，永不停息，永无止境，人生的探索和追求，是不是也应该具有这样的力量？大海啊大海！你是那样壮阔、雄健、奔放，令人刻骨铭心，恨不得一下投入你的怀中；又令人豪气万丈，恨不得拔剑起舞，把那青光凌厉的剑锋直刺苍天……所有这一切，秋瑾感觉到了吗？显然是感觉到了，她的感受是如此强烈，直达心灵深处，以至于我们从她以后的人生追求、人生烦忧、人生拼搏当中，从她英气勃发的诗歌中，像看那喷泉在地底久久潜流后突然涌发那样。

这就是中国古代诗人们常说的"江山之助"。

## 三、鉴湖：诗情与剑气

1890 年夏秋间，秋瑾从台湾返回了大陆。离开家乡绍兴三个年头，她确实有些想念老家了，所以她在船上吟道："茫茫烟水里，乡思入眉端。"在写出这两句诗的时候，少女秋瑾的诗心正在漫无边际地荡漾着：老浒桥下的小河水还像以前那么清澈吗，鉴湖的垂柳是不是长得更茂密了，现在正是菱角的收获季节，湖中的鲜菱，吃起来还像以前那么清香甘嫩吗？不过，她的乡思还要过一段时间才能得到补偿，因为他们的轮船并没有向西北驰往上海，而是一直往正西，驰向了厦门港。

原来，父亲秋寿南要带着他们兄弟姐妹几个，去看望在厦门附近的云霄任云霄海防厅同知的爷爷秋嘉禾。

秋寿南这次带着全家离台，一是感觉台湾的局势不稳，社会动荡，家人在那里太没有安全感了。最主要的是父亲的同年、台湾布政使邵友濂擢升湖南巡抚，要离开台湾赴任新职。须知幕主离任，幕友一般都是跟着走的，因为新官上任，他也有自己的人带着过来。当然也有前任幕主把自己的幕友推荐给下一任，而新任也任用了的，但那只是很例外的事。总之，秋寿南是要走的。所幸的是，邵友濂是秋嘉禾的乡试同年，对秋寿南这位同年之子，于情于理都十分关照。他已经荐举秋寿南为直隶州知州，只等着到部引见，等待分发。

但是到北京吏部报到、活动，路费、交际活动费都需要钱，而且是一大笔钱。秋寿南自己却是两袖清风，囊空如洗。他做幕友年头也不少了，但几乎没有什么积蓄。以前单身一人在外的时候，倾其所有，把钱寄回家了。在台三年，养着一大家子人，也就所剩无几。再像家眷刚来到台湾那会儿，置办了一应的家具，现在要离开又没法带走，只好把它们都处理了。

这么一买一卖，着实又折了一半。秋寿南不是什么"名幕"，他所做的"文案"，也就是书启师爷，自然没有"刑名师爷""钱谷师爷"这些位置重要，所得酬金也就要少一大截。像秋寿南这样的窘迫情形，当时很普遍，故有"书禀一席最为清苦"之说。所以，秋寿南要到父亲秋嘉禾那儿，去向父亲筹措一些钱。再说，父子也是好几年没见面了，秋嘉禾想要看看儿子，看看孙子和孙女。

　　一家人从厦门港登岸，不到一天，就来到了云霄秋嘉禾的海防厅衙门。家人相见的喜悦过去以后，谈到钱的事，秋嘉禾答应资助儿子的数目，却与秋寿南夫妇原先期待的相去不啻天壤。怎么办？夫妻二人回到自己的房间，商量来商量去，一筹莫展。贤惠的单氏看着丈夫焦虑的样子，而自己却无能为力，不禁暗暗哭泣。他们理解父亲秋嘉禾的想法，父亲觉得自己已经老了，想要回家乡养老。然而老浒桥的旧宅几代聚居，家族人口越来越多，房子太挤了。父亲想要把历年宦囊所余，用来买一所宅子，作为自己的终老之所，也是给儿孙辈们一个宽敞体面一点的地方，谁能说这个想法不对。

　　父亲答应去向老朋友、老同事去借。求助的信一封接一封发出去了，秋寿南夫妇就带着秋瑾等几个孩子在秋嘉禾的官衙里住着，等着回音。但秋瑾哪里知道家中的这些难事儿，她就像往常一样，每天早上起来，手执一卷书读着，在院子里在树下，时坐时走时停。那时女人是不读书的，像秋瑾这样一个豆蔻年华的少女，居然在读书，而且居然像老儒一样，手执书卷，边走边看，嘴里还咿唔吟哦，这太新奇了！这就引得周边的居民，不时过来窥探，看一个奇怪的女孩子读书。秋瑾这一读书的情景给他们留下的印象是如此的新奇深刻，以至于六七十年以后，当年窥探秋瑾读书的少年，已成了垂垂老翁，可他还能模模糊糊地想起这件事儿来。当然，这是题外话了。

发出去的求助信没有等到多少回音，快到年底，却不等自来地来了一封调令，秋嘉禾被调任为厦门海防厅同知。官职没有升，两地也就一箭之遥，这种调动，也就是"微调"。

秋嘉禾、寿南父子一合计，干脆一家人都跟着爷爷一起到厦门去住一段时间吧，再去等等那些回信。而且这十来年来一家都是聚少离多，应该陪渐入老境的爷爷一起过个年。

秋瑾与兄弟姐妹几个和父母，就这样都随着秋嘉禾来到了厦门。在这个中国最早开放的"五口通商"的口岸之一，海外华侨往来频繁、鼓浪屿上驻扎着诸多外国领事馆的城市，秋瑾看到了许多新鲜的事物：洋人、洋服、不梳辫子的中国男人、钢琴、带着教堂图案的瓷瓶；两人见面不是拱手作礼，而是把手捏在一起，名曰"握手"，新鲜的事情数不胜数。

一天，爷爷从衙门回家，交给断文识字、秀外慧中的孙女一份叠起来的纸，高兴地说："给爷爷念念！"

秋瑾接过打开，这是一张很大的纸。以前也见过那么大开张的纸，但那都是画，这张纸上，却密密麻麻印满了大大小小的字。秋瑾好奇地问："爷爷，这是什么？"

爷爷笑吟吟地指着这张大纸的右上角"申报"两个油印大字，说："这是申报纸。"

这是秋瑾第一次看到了报纸，她用两手把报纸展开在自己眼前，眼睛从报纸上下左右扫了几遍，却不知如何是好。爷爷用手指到报纸的中间"外埠新闻"，指着一行字说："从这儿念！"

秋瑾按照爷爷指的那行小字慢慢出声念道："秋露轩司马捧檄来厦门，署理分府筹务，择吉 25 日接印任事。"

啊？秋露轩！这不是爷爷秋嘉禾的号吗？秋瑾从报上抬起头，惊讶地看着爷爷说："爷爷这是说你吗？"

看着孙女惊讶的表情，秋嘉禾不由得得意地笑出声来，拈着稀疏的胡须说："爷爷这下出名了，全国都知道啦！"

爷爷给秋瑾讲起报纸的事来，"新闻"、"时事"、"主笔"、"风气"这样的词从爷爷嘴里一个接一个说出来，秋瑾听着，似懂非懂地点着头，心里更好奇了。她把手上的这张报纸从头至尾读了一遍，不禁被上面的林林总总、巨细无遗的内容所深深吸引。她恳求爷爷每天都把《申报》带回家，爷爷毫不犹豫就答应了。不几天，秋瑾从爷爷带回来的报纸，也就是 1891 年 1 月 5 日的《申报》上又读到了有关爷爷的报道：

　　厦门街道甚狭，兼之污秽高积，如阜如岗，以致臭气熏蒸，令人呕恶。秋司马深为不便，手书朱谕，仰各段地保传谕各处居民：每日打扫门前，清理街道，不准堆积龌龊，如违拿究。又以木板粘贴告示：禁止双桨小船抢载轮船香客行李衣箱，俾过往客商不受欺诈。

看了这篇报道，秋瑾高兴地说："爷爷，这里在赞扬你的政绩哩，皇上知道了要给你升官！"

爷爷听了哈哈大笑。

秋瑾这时倒不笑了，以一脸与她少女活泼的脸庞颇不相称的严肃，问爷爷道："皇上能看到这张报纸吗？"

秋嘉禾倒反而从来没有想过这样的事儿，他疑惑地看看孙女，不很确定地说："皇上……想看当然能看到。"

秋瑾紧盯着问："那我写一首诗印在上面，皇上也能看到吗？"

爷爷一时语塞，不知道如何回答。

秋瑾感到了报纸的魔力。十几年以后秋瑾殚精竭虑百计筹措，自己也动手办起报来，其最初的肇因，或许即起源于此时。

在厦门过完年，发出去的求助信陆陆续续收到一些回音，但答复却都令人失望。不能再等了！到北京吏部引见的事，有多少钱就办多少事，一切听天由命吧！于是刚过完年，即1891年的春天，秋寿南带着一家老小复从厦门港坐船到达上海，再从上海回到绍兴。

终于回到阔别三年多的绍兴府城，秋瑾觉得故乡的一切还是那么熟悉，城中的小河，河上的石拱桥，小河两边的民居；早上起来打开向河的窗户，闻到的还是那么熟悉的弥漫于空气中的清新的水味。居民们沿着光滑的石板小道，来到小河里淘米洗菜，边洗边可以见到清澈的水底零零星星地散落着一些米粒。看着这一切，秋瑾心里特别恬静和踏实，海的壮阔、浪的喧嚣、风波的险恶，还有厦门的新鲜洋事儿，仿佛一下子从记忆里退隐了，模糊了。

生活又回到了古老的绍兴惯有的轨道中。在令人恬静而心安的熟悉气氛里，这位少女开始更加沉溺于读书，除古人的诗集以外，她还读起《史记》《汉书》这样一些史部著作。她读帝王的本纪，读各种人物的列传，那真是一个风起云涌、英雄豪杰纵横驰骋的世界！相比之下，绍兴府城里的闲适和恬静，反而有点沉闷和琐碎。她还特别喜欢读《史记》的"游侠列传"，像汉初的朱家、剧孟、郭解之徒，以布衣而行侠义之事，解人急难，而得以名登史册，流传千古，多么令人神往！

有一天，她读了《史记》的"高祖本纪"，读到刘邦起于草莽之中，手提三尺剑，削平四方豪杰，统一天下，把一身布衣换上黄袍；智如张良，只供刘邦的驱使，勇如项羽，最后也倒在了刘邦脚下，这才是真正的"帝王气象"呢。不禁一时兴起，提笔写道：

### 书《汉高帝纪》后

应运真人起草茅，布衣旋换赭黄袍。

九天阊阖开宫殿，万古云霄一羽毛。

燕雀安知鸿鹄志，鹰鹯不若凤鸾高。

帝王气象由来异，智勇功名未足豪。


中国传统文人，有一种叫"集句"的写诗方法，就是在一个主题之下，全部使用古人的相关诗句组成一首诗，押韵平仄还要一点不错，正好合适。这虽然是一种文字游戏，但可以见出一个人的诗词修养和功底。秋瑾这首诗，虽然不是整首都是"集句"，但是"九天"一句，集用了王维的诗句，"万古"一句则是集用了杜甫，用得还颇为贴切，跟整首诗有机结合，恰到好处。这也从一个侧面，反映了此时的秋瑾对经典作品的熟悉和掌握程度，如果没有到烂熟于心的地步，是无法这样信手拈来、恰当运用的。她后来还有一组三首诗，题目就叫《集杜句》，每一句都是从杜甫诗中整个取来，三首七律共二十四句，取自杜甫的二十四首诗，每首取出一句，重新组装。这种半模仿、半创作的诗歌写作训练，说明秋瑾在经典作品上所下的功夫，确乎至精至深。至于《书〈汉高帝纪〉后》这首诗里面表达的对史的见识，倒是没有什么特别之处，只是说刘邦确实有一种特殊的"帝王气象"，在这种帝王气象面前，仅仅具有一个方面的"智"啊，"勇"啊的人，倒不足以称豪了。这是一种很平常的世俗的见解，远远没有把握住《史记》作者司马迁本人对历史的价值判断。这样深刻的理性，对一个十五六岁的少女来说，理解起来可不是件容易的事。但是尽管如此，我们却要理解秋瑾是在努力开阔自己的视野，丰富自己的知识；通过读史和咏史，她在努力探索在思考。从童年、少年时代的读诗作诗，到现在的读史咏史，少女秋瑾的内心世界就像春夏之际的鉴湖，只要四面容纳溪河的来水，数十里的碧波就会更加充盈起来，深邃起来。

假如读史对于秋瑾更多的是开阔视野增加见识，为她的诗歌创作提供史事、材料、典故，那么有一天，她在家中一个故纸堆里翻出的一部薄薄的文集来读，给她情感上的震撼就远非读古人的史籍可比了。

那是秋学礼的著作《补斋文集》。

秋学礼是秋瑾的高祖，乾隆乙酉科举人，在秀水县等地方做过十几年教谕。秋瑾没有见过这位高祖，甚至没有听到家里人更多地说起，然而他的著作《补斋文集》，却让秋瑾走向他，走近他，走进这位百年以前的长辈深沉的内心世界。读这一部文集，少女秋瑾与这位秋氏家族中首个以读书取得功名从而确立了书香门第的祖先的血缘联系，一下子突现出来；这位百年以前的老者的形象风貌、精神气质、文化志趣，通过这种血缘联系，像灌溉禾苗的甘泉通过管道，又像营养液通过细细长长的输液软管，流入秋瑾的心田。

从文集里，秋瑾读到高祖的学生所写的《立亭先生传》，"立亭"就是高祖秋学礼的号。从这篇传记，秋瑾得知百年以前，自己的家族十分贫穷，然而高祖苦学不辍，为学日笃。中了乡试以后，高祖多次参加会试但都没有考上，后来总算选授为秀水县学训导。做官以后，尽管家中仍不富裕，但高祖勇于为义，学生中有吃不上饭的，高祖就让学生与自己一起吃；有没衣穿的，高祖就把自己的衣服脱下来相赠。

读到这里，秋瑾似乎明白了，在文集中自己的这位高祖为别人所做的传记，特别看重、特别加以表彰的也是这种助人困厄、急公好义的精神和举动。比如，他写的《何贯珠先生传》，着重记述了何贯珠的话："吾一生读书，只读'见利思义'一句，此君子小人关头，学者不可模糊半点，方立得住脚。"他这么写，不就是因为这些人见利思义、见义勇为的名言嘉行，与高祖自己是一脉相通的吗？少女秋瑾在百年之后读着这些文章，想见高祖之为人，不禁心驰神往，无限钦慕。

读了《补斋文集》，秋瑾还知道自己这位高祖特别爱好韩愈的文章，但韩愈的文章好在哪儿，他的看法却与别人不同。一般人爱好韩愈，认为韩愈的文章如长江大河，浑灏流转，惊涛骇浪不能测其所自来，那是因为韩愈为文以气，胸中气盛的缘故。但高祖的见解却更深一层。追问说韩愈的气是从哪里来的？他回答，那是从深厚的"仁义"之心发出来的。只有以仁义为根柢，不囿于俗世庸人的见解，才能见人之不及见，言人所不能言，充分地表达自己的真精神真志向。秋瑾的这位高祖说，自己爱好韩愈，其根本原因就在这里。高祖的观点，让热衷于作诗的秋瑾陷入沉思。以她的学养，她还不能深入透彻地理解这些以道学方式所表达的观点，比如，什么叫"以仁义为根柢"？但是创作必须表达自己的真精神真志向，要有见人之不及见，言人所不能言的独创，秋瑾是懂得的。

从高祖的文集里，秋瑾清楚了秋氏家族的来历。秋瑾原来只听说，他们家在搬来绍兴府城长桥老宅之前世居覆船山。但这"覆船山"在哪里，三个字怎么写，可并不确然了解。读了文集，秋瑾知道了覆船山在府城之西南二十里，秋家世居此处长达十余世。对"覆船山"三个字怎么写，高祖有自己独特的解释。他说，自己的家族居于是山，一代代的人口繁衍，家族兴旺，能够烟火相望，皆能安畎亩衣食，以乐生送死；子孙当中优秀的，还能读书成为士大夫，这就是有福了。所以"覆船山"是从山的形状来说的，像一条倒扣的船；而从人生的期待来说，就应该写作"福船山"。读到这儿，秋瑾对自己高祖温馨的愿望和幽默的智慧，不禁会心的微笑。然而，当读到高祖如下的文字："吾族非著姓，又累世衰耗，无枝叶可依庇。仅乃本枝一线，绵绵延延，以至于今，亦足慨矣！"秋瑾心里突然生出一种她这样年龄本不该有的感慨、沉重和使命感。她联想到父亲为筹集赴京的费用时，无求无告，无枝可依的窘迫，母亲无助的眼泪，对高祖的感叹有一种深长的共鸣。她恍恍惚惚地想道，自己要是个男孩该有多好！她可以去读书应试，可以凭自己的才能，扛起家庭的责任，为家族的发展撑起一片天来！可惜，她只是一个女孩……

没有人知道这个已经进入少女时期的孩子的所思所想。正当秋瑾沉浸于诗的深泉、史的海洋，内心世界经历着各种激荡、萌动、升华的时候，秋瑾的父母却忙起来了，他们忙着一件大事。秋瑾的哥哥秋誉章17岁，过了年就是18岁了，按照绍兴体面人家的看法，他已经应该结婚。

很快，由鲍氏亲戚作伐，女家顺利物色好了，是同县漓渚镇小步村张家的女儿张淳芝，小名顺姑，比秋瑾的哥哥秋誉章大四五岁。张家虽然不是仕宦书香人家，但是家境富裕，实力在秋家之上，双方都觉得很合适。秋瑾听说张淳芝贤惠能干，品貌又好，对这位未来的嫂嫂充满了好奇和期待，就关心起哥哥娶亲的事儿来。家里没有经历过这样的事儿还不知道，一经历一了解，秋瑾还真有些吃惊，这里面学问真不少！

在晚清的绍兴，像秋寿南这样的仕宦书香之家为儿子娶亲，那"三书六礼"，各道程序是一点也马虎不得的，否则会让人笑话。所谓"六礼"，是求婚至完婚整个过程的主要环节，即纳彩、问名、纳吉、纳征、请期和亲迎。"三书"是在"六礼"过程中所用的文书，包括聘书、礼书和迎书。

各道仪式的大致情况是这样的：第一道是由作为媒婆的鲍氏亲戚等二人受男方家长之托，带着大约三十款礼物来到女方家，正式向张淳芝家提亲。这就叫"纳彩"。这时女方家也正式向媒人了解秋家儿子及整个家庭的情况。正是在这时，张淳芝知道了秋誉章有个妹妹叫秋瑾，当然，当时还是"秋闺瑾"，中间的"闺"还没被秋瑾自己删掉。

第二道是"问名"。张淳芝的家长接纳提亲后，便将张淳芝的年庚八字带返男家。这记载年庚八字的册页，就叫"庚帖"。

第三道是"纳吉"。秋家接收庚帖后，便将庚帖置于神前或祖先案上请示吉凶，以肯定双方年庚八字没有相冲相克。如果双方并没有相冲相克之征象，婚事即已初步议定。

然后就是第四道"纳征"，绍兴人也叫"下定"，即男家把聘书和礼书送到女家。礼书是记载礼物名称、数量的册页，聘书是双方缔结婚姻的正式文书。聘书和礼书都用红绿描金书帖制成，也叫"龙凤书帖"。聘书上要载明男女双方的姓名、年庚八字，载明缔结这桩婚姻为男方之意愿，都有一定的程式。还有一些固定的吉祥话语，男方写"素仰壶范，久钦四德，千金一诺，光生蓬筚"。女方也有回帖，上面则写："一枝幸附，三生契合，七襄愧极，九如庆祝"等吉祥的话语。秋瑾的字写得好，这张聘书就由母亲吩咐秋瑾写了，秋瑾自然很高兴。而且，女方家的回帖也是秋瑾写的，原来张淳芝听说这位未来的小姑能诗能文，就把还未写字的帖子派人送过来，带过来话说："听说'闺瑾'姑娘字写得好，帖子就劳她写了。"秋瑾自然更高兴，秋家这对姑嫂关系融洽，后来张淳芝对秋瑾的事业竭尽支持之诚，恐怕在这时就埋下肇因了。

"下定"的时间，约在婚礼举行前一个月，秋家请上两位女性亲戚约同媒人，带着聘金、礼金及聘礼来到张淳芝家中。

"纳征"是婚事中重要的环节，十分隆重，有些地方会把"六礼"简化为"三礼"，但纳征是万万不能省略的。因为其中含有不可忽略的经济内容，通过纳征，男方要向女方致送具有实际意义的聘金。绍兴当时习俗，是按女家姑娘的年纪为依据，一岁用老酒一坛，或者以稻谷计算，每岁一担稻谷，再以市价折合成银圆，这就是聘金的数量。张淳芝生于1869年，这一年虚岁为23岁，二十三坛黄酒或稻谷的市价，当时大约在五十至六十两银子之间。这一数字的聘金背后的逻辑是：女方把姑娘培养成人，从此这个具有劳动能力的人却要为男方效力了，投入的是女方，而产出却给了男方，那么就该把此前投入的抚养费支付给女方。聘金以外，还有象征吉祥如意和具有吉利意味的其他多款礼物，比如"发菜"谐音"发财"，是必备的礼品，如猪肉一块当中起开，但皮必须是连着的，取其"一起双飞"的含义。每款礼物都是双数，取其"好事成双"之意。礼物都是在礼书上载明的：

礼饼一担，其中：发菜（意即"发财"）、鲍鱼、蚝豉、元贝、冬菇、虾米、鱿鱼、海参、鱼翅和鱼肚等。三牲鸡（两对）、猪肉（3—5斤，必须一片相连开二，意即"一起（喜）双飞"；鱼（大鱼或鲮鱼）；椰子两对（意即"有椰有子"）；酒（四支）；四京果：龙眼干、品枝干、合桃干、连壳花生；生果（意即"生生猛猛"）；茶叶、芝麻（祝愿子孙像芝麻一样多）。

帖盒（内装礼金）：内有莲子、百合、青缕、扁柏、槟榔两对、芝麻、红豆、绿豆、红枣、合桃干、龙眼干，还有红豆绳、利是、聘饰金、龙凤烛和一副对联。

女方家的回礼，其中主要有：茶叶、生果、莲藕、芋头和石榴（各一对）；长裤（比喻长命富贵）；鞋（一对，比喻同偕到老）；扁柏、姜、茶煎堆、松糕、槟榔（比喻"一郎到底"）。同时也要返回若干聘金，表示重郎不重财的意思。

第五道是"请期"，即男家择定合婚的良辰吉日，并征求女家的同意。第六道是"亲迎"，绍兴就叫"迎亲"。在男家择定合婚的良辰吉日，穿着礼服的新郎秋誉章偕同鲍氏媒人、亲友亲自往女家迎娶新娘张淳芝。秋誉章先到张淳芝家中堂前祖宗像前行拜见礼，之后就用花轿将新娘接到男家。这个时候，秋瑾才第一次见到了她的嫂嫂张淳芝。

令秋家颇感意外的是，张家给张淳芝的陪嫁实在丰厚。婚礼前一日"发奁"，就是把嫁妆送到男家时，秋瑾父母发现陪嫁比以前议定的还多出许多款，几乎包括了所有的生活必备的一应家具，仅所谓"内房家伙"就有数十种之多，如樟木箱子、柜子、抽屉桌、坐凳、茶几等；"外房家伙"

即梳妆洗漱用具，如梳妆台、木制的澡盆、脸盆、洗脚盆甚至马桶等，也有数十种之多。张家充分展示了自己的经济实力，也是为了让新娘在婆家更有地位。

新娘张淳芝的到来，给秋瑾的生活带来了许多新鲜。张淳芝比秋瑾大六七岁，为人贤淑周到，家务应酬，人情世故，又比秋瑾懂得多，秋瑾对这位新过门的嫂嫂深怀好感和尊重；夫家这位小姑能识字读书，还会画画作诗，也让嫂嫂很欣赏很自豪，姑嫂二人相处得十分融洽。单氏夫人和哥哥秋誉章见此也很欣慰，经常让二人相伴着，带着小几岁的妹妹闺珵外出游玩。有了一个欣赏她才华的嫂嫂，又有了更多出游的机会，尤其是去从小就熟悉的最爱去的鉴湖，少女秋瑾的诗情像春夏之际鉴湖的碧波，鼓胀着、荡漾着，她的写作技巧也趋于熟练，写诗就写得更勤了，说得正式一点，就是出现了"第一个创作高峰期"。张淳芝过门以后第一个新年刚过，正是江南柳妖花艳的时节，姑嫂由秋誉章划着船驰向鉴湖。乌篷船傍着湖岸，徐疾有致地向西北荡去，再划进一条小河，中午时分不知不觉就到了张淳芝的娘家漓渚。在娘家吃过午饭，又观赏了全绍兴最为有名的漓渚的兰花，几个年轻人说说笑笑，看着沿途的风景返回府城。这一次出游，17 岁的秋瑾一口气为张淳芝写了一组八首诗：

### 《为嫂氏画吾乡九节兰口占》

#### 柳

独向东风舞楚腰，为谁颦恨为谁娇？

灞陵桥畔销魂处，临水傍堤万万条。

#### 梅

开遍江南品最高，数枝庾岭占花朝。

清香犹有名人赏，不与夭桃一例娇。

### 玫瑰

闻道江南种玉堂，折来和露斗新妆。

却疑桃李夸三色，得占春光第一香。

### 秋海棠

栽植恩深雨露同，一丛浅淡一丛浓。

平生不借春光力，几度开来斗晚风。

### 杜鹃花

杜鹃花发杜鹃啼，似血如朱一抹齐。

应是留春留不住，夜深风露也含凄。

### 芍药

开遍嫣红白雪枝，销魂底事唤将离？

年来景色浑消瘦，减却腰间金带围。

### 桃花

艳色浓芳夹岸栽，苎萝溪下水潆洄。

料因王母瑶池谪，独向深闺仕女开。

### 兰花

九畹齐栽品独优，最宜簪助美人头。

一从夫子临轩顾，羞伍凡葩斗艳俦。

写完，秋瑾一句一句地给嫂嫂讲起来，当讲到"一从夫子临轩顾，羞伍凡葩斗艳俦"时，年轻的新媳妇早已是又高兴又害羞，高兴的是小姑把她比作高洁美艳的兰花，羞的是写她与夫婿并肩观花，这可是没有的事儿！她似嗔似喜地责问秋瑾说："我不是一直跟你一起走的嘛，我哪里跟你哥在一起啦！"这时秋瑾倒好像一个大姐姐看着自己的小妹妹那样看着嫂嫂，含笑不语。

夏秋之际，母亲单氏要带秋瑾到自己的娘家萧山去住一段时间。父亲秋寿南办完儿子的婚事，过完年以后，就去了北京吏部报到去了；家中又有新媳妇料理，单夫人有了空余的时间和机会。

秋瑾喜出望外，非常兴奋。她早就听母亲说，萧山的舅舅和几个表兄弟，都是骑马击剑的高手，武艺出众。近来，她读《史记》的"游侠列传"，对汉初解人急难的侠义之士，常在心里暗暗追慕；而且，自己的祖辈秋学礼急人之难，助人于困厄之中，不也是一种游侠的精神！跟母亲一起去萧山，不是正好跟着舅舅、表兄弟学剑习武；有了武艺在身，不是可以像一个男子一样，外则解人急难，内则振起家族！女儿内心如此复杂的想法，做母亲的哪儿会知道！但她对秋瑾学剑习武的要求也不反对，秋瑾就跟着她的四表兄学了起来。

请想一想秋瑾跟着她表兄学剑习武的情景：这位已经出落得身材颀长、温文秀丽的少女，穿着宽松而扎紧了袖口裤摆的洁白的练功服，丰满而红润的双唇轻轻抿着，双目如星，长发如云；一招一式，刚劲而妩媚。看她立定时，静如春花，翻腾时，又动如脱兔；跨马奔驰，像一片白云掠过蓝天；击拳舞剑，如游鱼跃出水面。她的招式或许还远远不够精练圆熟，可是那内在的柔韧，就像风中的新竹，像雪下的梅枝，又像雨中的雏燕。她持剑刺向前方，剑气在夜月里闪烁，分明有一道寒光与星月相接。我们看着，想象着，仿佛听见她激越而清脆的吟诵：

> 抽刀出鞘天为摇，日月星辰芒骤韬。
> 斫地一声海水立，露锋三寸阴风号……
>
> 宝剑复宝剑，羞将报私憾。
> 斩取国仇头，写入英雄传！

## 四、芙蓉国里正无忧

晚清官场之腐败，可说是到了人人见怪不怪、习以为常的地步。即如秋瑾的父亲秋寿南，他因父亲的同年、新任湖南巡抚邵友濂的荐举而得以"到部引见，等待分发"，首先想到的就是向父亲借一笔钱，好去打点。父亲的钱要用于解决家族的住房问题，拿不出多少来，父子俩就计议着向亲朋好友借去，为此不惜花费好几个月的时间。借也借不到，秋寿南只是觉得"实缺"无望，他只是抱怨自己的无能，只是抱怨自己命该如此。

那么，如此恶浊的风气是怎么养成的呢？简单地说，根源在上面。据说当时的权臣庆亲王奕劻有个规矩，谁要是去求见他，不管何等样事情，只是求见个面，就必须先备一份钱送上，叫做"门包"。可是在他府上的门房墙上，却贴着一个小纸条的告示，上用蝇头小楷写着"例不受门包"几个字。一次，一个天真的官员去求见，遇到门房向他索要门包，天真的官员指指墙上，小心翼翼地请教说："不是不让送吗？"门房十分不屑，但又忍住性子点拨道，我家老爷话不能这么说，但你也不能不送啊！当时的贿赂公行，就是这个样子。两广总督岑春煊是彼时少有的清官，与庆亲王奕劻形同水火。慈禧太后调岑春煊到京任邮传部尚书，有意调和两家的关系，温词细语地引导岑春煊说："到京以后，见过庆亲王了吗？"意思是让他主动去跟庆亲王缓和一下。没想到岑春煊恃宠而刚，揭发说："他那里例收门包，我又没钱送！"见太后没有反应，又倔强地加上一句说："就是有钱也不能送他！"太后明知确有其事，却只是不搭腔，顾左右而言他地把话题转移了。其实岑春煊心里也清楚，庆亲王这样的腐败，正是太后默许和纵容的，因为只有这样，才能换取权臣对自己的忠诚和畏惧。可见贿赂公行，腐败之风的大面积蔓延，正是太后与她下面的几个人，一手造成的。

却说当年秋寿南于福建提督孙开华幕做幕友，以劳绩报知县，分发台湾。但是原定的位置被人先占了，他只好在布政使邵友濂那里又做了三年幕友，凭借父亲与邵友濂的同年关系，靠邵友濂的保举，以直隶州知州的身份入京引见，到部分发。所谓"引见"，就是由吏部的长官带领那些即将赴任的官员去叩见皇上，表明这是皇上给你的官。但这都是表面的形式，几十个官员一起去见皇上，像秋寿南这样六品或从六品的小官，也只能远远地跪在那里叩头，皇上说了些什么，他未必听得见，皇上长什么样，他更看不清楚，这都不用细说。实质性的问题是，他这次为得一个"实缺"究竟要花多少钱？

当然这是很难具体统计的，比如他自己在京的花销，但是他需要花的钱我们可以举出两项来。一项是"印给费"，所谓印给费，是像秋寿南这样到部引见的，吏部要求他从同乡京官那里出具一份"甘结"，也就是"证明书"，证明同乡京官了解此人底细，情况属实，清白无前科。为得到这样一份证明书，秋寿南就得拿出一份钱给众京官同乡。这份钱的数目多少当然并无明确规定，但也有一个惯例。浙江是富庶之地，太少当然不行，估计当在数百金之间。这当然也是一种腐败，但当时是习以为常的，顶多把这叫做"陋规"。

另一项是"指省"的费用。到部引见，分发到哪个省去做官，一是由抽签决定，但另一种办法是拿出一笔钱交给吏部，这样就可以不由抽签，而由自己指定愿意到哪一省，就给你分到哪一省去。除了本人原籍那一省之外，其余的省可以自己指定，这就叫做"指省"，这当然更是"陋规"。获取"指省"的资格要花多少钱？各个时期都不一样，但至少也在千数百金之上。

秋寿南在家中办完大儿子秋誉章的婚事，过完年后匆匆动身到了北京，在吏部报到，走完程序。印给费是必须出的，但"指省"的钱他是出不起了，只好由吏部抽签决定分发哪个省。但签是人抽的，秋寿南没有钱去打点这些吏部官员，所以只好"一任部胥操纵"，这听上去就很有点"听天由命"的悲壮。

出人意料也极其幸运的是，这回秋寿南虽然没有花什么钱，却并没有费什么周折，顺顺利利地被分发到湖南任用。假如朝中有人，或手里有钱，湖南固然不是当官的首选之地，但对于秋寿南来说，"签发湖南"却是十二分的满足。湖南怎么说也是内地，总比分到海岛边疆之类的蛮荒之地要好得多啊！须知为得一个实缺，有人是要等几年、十几年的，真要分到那些地方，还不得乖乖地去？别人等得起，秋寿南可是等不起，而且湖南离浙江并不远！秋寿南感觉运气太好了。也许是邵友濂举荐的关系？也许是天佑善人，秋家几代人兢兢业业在官场的努力冥冥中起了作用？也许是秋寿南自己在福建、台湾等地幕府的能力和业绩为人所知？秋寿南想不了那么多了，他马不停蹄，从北京赶到长沙。在长沙等了不长的时间，又有了一个出人意料消息，他被任命为常德厘金局总办。这，可是个肥缺！

什么是"厘金局"，厘金局总办是怎样一个官？这就要从清朝的财政收入说起。康乾盛世之时，朝廷奉行"藏富于民"国策，轻徭薄赋，康熙五十一年曾宣布"滋生人丁，永不加赋"，当时全国应纳税人口2464万人，人口税为335万两，加上土地税等，全国财税年收入不到三千万两。但是19世纪中叶，太平天国运动爆发，横扫江南数省，清廷重兵镇压，三年军饷就需三千余万两，又加上江南财税大省为太平军所占据，政府失去税源，财政极为困窘。在此情况下，清政府在全国普设厘金局，收厘金作为军费。所谓"厘金"，就是对通过国内水陆要道的货物设立关卡征收的一种捐税，其税率是按货物价格值百抽一收取。办理这种捐税的机关，就叫"厘金局"，有点像现在的税务局。这一机构，全国各地的叫法不一样，在湖南正式的名称是"厘金盐茶局"，秋寿南任职的就是这个厘金盐茶局设在常德的分支机构，被俗称为"常德厘金局总办"。

厘金局总办的职位没到从六品，秋寿南任此官职，是"低职高配"，但秋寿南没有感到委屈。因为，这是一个肥缺。晚清的时候，厘金征收人员正规的工资收入并不高，据记载，总办的最高月薪也就为五十至六十两，其他职员的最高月薪难超十五两。但是比起其他行业来，还是要好得多，须知当时正七品知县一年的俸银仅为三十六两。不但如此，因为厘金"水太深"，工资不高福利好，灰色收入还数倍于正俸。传说得一厘差，每年可获三五千金至万金不等。因此，当时官场中竟有"署一年州县缺，不及当一年厘局差"之语。秋寿南刚刚还在为一个实缺发愁犯难，现在突然得到这么一个差事，岂非要额手称庆，连呼皇天！消息传到绍兴，一家人也都欣慰不已。

即使秋寿南不是那种厚颜无耻、贪得无厌、敛钱不要命的家伙，但他的生活境况也是一下子翻了个个了。他家跻身于"中等生活水平的家庭"，可就是轻而易举。比如说，他家在和畅堂的大宅子，即现在的秋瑾纪念馆，就一定有秋寿南的贡献在里面。于是，迨一上任，秋寿南就赶忙把一家老少，包括秋瑾和夫人单氏，以及儿子儿媳秋誉章、张淳芝还有小女儿秋闰瑾，从绍兴接到湖南常德，一起共享富裕的、其乐融融的小康生活和天伦之乐。这是1892年的夏秋，18岁的秋瑾，也从此开始了她在湖南的八年生活。此时，怀着对新生活美好向往的秋瑾，怎么也想象不出就是这个湖南，怎么会成为她的伤心之地，她命运的转折之地。芙蓉国里最初向秋瑾展示的，是无忧无虑、富足闲适的生活。

从绍兴到常德，当时最便捷通畅的走法是水路。秋寿南一家从绍兴出发到上海，再在上海沿长江上溯武汉，经赤壁进入洞庭湖。路过赤壁，饱览长江美景的无忧无虑的秋瑾，一下子就想起了这个著名的古战场，以及在这儿上演了威武雄壮的历史活剧的一系列三国人物，尤其是年轻英俊又文武兼备的英雄周瑜。她凝视着岸上缓缓移过的景色，少女敏感的心被激活了，感到心里有一种诗意在涌起。她回到船舱里，提笔写下：

## 赤壁怀古

潼潼水势响江东，此地曾闻用火攻。

怪道侬来凭吊日，岸花焦灼尚余红。

智勇双全的周瑜在此用火攻击败了曹操的南下大军，所以岸边连绵不断的花丛经过大火燎烧，至今还是红得不同寻常，红得轰轰烈烈。秋瑾她要"凭吊"什么呢？与其说凭吊，还不如说怀想，怀想出类拔萃的众多三国英雄，尤其是周瑜。

一叶轻舟从长江进入洞庭湖，在一碧万顷的洞庭湖泛舟往西，秋瑾跟着她父母、哥嫂、妹妹来到了常德。

常德可不是一般的地方。其历史文化之悠远深厚，不逊于绍兴；其山水风物之清峻多姿，或胜于绍兴。早在楚顷襄王二十二年（公元前277年），秦蜀郡守张若，"伐取巫郡及江南，为黔中郡"，在今常德城东筑城以守，常德之有城，即自此始。西汉高祖刘邦时取"止戈为武，高平为陵"之意，改黔中郡为武陵郡。故武陵之名，不绝于汉唐名家之笔下。千古名篇陶渊明的《桃花源记》，开首便说"晋太元中，武陵人捕鱼为业"，这个武陵，就是武陵郡，也即常德之地。宋徽宗政和七年（公元1117年），根据《诗经·常武》小序中所说的"有常德以立武事"的含义，在此地设置常德军，"常德"这个名字，就由此产生，而且一直沿用下来。南宋置常德府，直至明、清。晚清时期，常德府辖武陵、桃源、龙阳、沅江四县；

直隶澧州辖石门、慈利、安乡、安福、永定五县。可见常德府属地之广，是个大府。

那么"常德"的含义是什么呢？为《诗经》做注释的唐代儒学大师孔颖达说："命遣将帅，修戒兵戎，无所暴虐，民得就业，此事可常为法，是有常德也"。就是说，领导军队，使用武力，是为了制止暴虐，让老百姓安居乐业，这是统治者应该恒常保持的德行。反过来说，如果不是这样做，而是用武力镇压老百姓，使其不得安居乐业，这统治者就是"无德""缺德"，应该被推翻。"常德"的含义，多么严肃而深刻！

从地理位置来看，常德位于湖南省西北部，地处长江中游洞庭湖水系、沅江下游和澧水中下游，武陵山脉、雪峰山脉东北端。其地东濒洞庭湖，西倚湘西山地，北枕江汉平原，南抵资水流域，真所谓"左抱洞庭之险，右扼五溪之要"。境内有山川、平原、大湖、丘陵；湖光山色，应有尽有，风光秀丽，古迹众多。西晋末年的永嘉之乱，引起北方人口第一次大迁徙，中原地区大量人口沿汉水流域南下，渡江到达洞庭流域，带来了丰富深厚的中原文化；唐朝安史之乱，湖北襄阳和河南南阳的百姓，长安、洛阳的贵族又尽投江湘，来此避难。故常德历来人文鼎盛，是湘楚文化的重要发祥地。中国第一位大诗人屈原曾在此地行吟；陶渊明的一篇《桃花源记》，引来了历代多少骚人墨客，在此徘徊流连，不忍离去；唐之王维、宋之王安石，均有名作绝唱，题咏桃花源。大书法家张旭的七言绝句《桃花溪》：

隐隐飞桥隔野烟，石矶西畔问渔船。

桃花尽日随流水，洞在清溪何处边。

写尽了对陶渊明所记述描绘的世外桃源的向往、好奇、疑惑、渴求。

更不要说李白了。唐肃宗乾元二年（公元 759 年）秋，流放夜郎、遇赦释回的李白与老朋友、同为被贬的刑部侍郎李晔和中书舍人贾至，在此相逢，三人载酒泛舟，畅游洞庭，留下千古绝唱。贾至之诗曰：

> 江上相逢皆旧游，湘山永望不堪愁。
> 明月秋风洞庭水，孤鸿落叶一扁舟。

李白回应道：

> 洞庭湖西秋月辉，潇湘江北早鸿飞。
> 醉客满船歌白苎，不知霜露入秋衣。

同是面对秋高气清、湖水澄碧、皓月当空、鸿雁南归的洞庭景致，同是被罪遭贬的身世，可是二人的心境却很是不同。贾至的孤独和愁绝，与李白的飘逸和旷达，恰成鲜明的对比。真是人心之不同，各如其面啊！

现在，秋瑾来到了常德；"涉通经史"，已经熟读李杜之集、韩愈之文、司马迁班固之史的内心敏感而丰富的年轻姑娘秋瑾，就是来到了这样一个常德。

由于父亲秋寿南的官俸收入，秋瑾在常德的生活是富足而安逸的。常德的湖光山色、名人胜迹，激发了丰富了秋瑾的知识、想象、激情，写诗作词成了她的日常功课和生活不可或缺的一部分。在此时期，她写下了大量作品，她似乎就要成为一个真正的诗人了。

刚到常德，安居于舒适、体面、宽敞的新家，有着自己单独的书房，秋瑾的心情真是好极了。她写道：

## 《杂兴》（二章）

瓶插名花架插书，数竿修竹碧窗虚。

晴明天气吟诗地，畅好蛾眉作隐居。

羞写平原《乞米》书，月明如镜夜窗虚。

为栽松菊开三径，门对西湖此地居。

从这里我们可以读到秋瑾居住的环境和她的心境。书桌的花瓶里插着鲜花，清香悦目；书架上有她爱读的书籍，触手可及。书房的窗外是几竿修竹，庭院里刚用卵石铺就了曲曲的小径，以后还要栽上嫩嫩的松树和迎风摆动的菊花。这不是比陶渊明《归去来辞》中描写的还要雅致清幽吗？在碧空红日的白昼和月明如镜的夜晚，读书吟诗，心情是多么闲适宁静！过上了充裕富足的日子，陆机（平原）那可怜兮兮的向人借米的书信，再也不想去作为书法范本摹写了。走出院门，东边遥遥对着的是古称"西湖"的太白湖，那是因为李白"洞庭湖西秋月辉"的美丽诗篇而改名的，秋瑾

秋瑾故居内的卧室

秋瑾故居内的会客厅

在这里仍然称作"西湖"，那是因为诗句字数的限制。

在这样的环境里，她沉溺于读诗写诗，致力于诗艺的磨炼和提高。比如以下这一首：


## 月

一轮蟾魄净娟娟，万里长空现镜奁。

照地疑霜珠结露，浸楼似水玉含烟。

有人饮酒迎杯问，何处吹箫倚栏传？

二十四桥帘尽卷，清宵好音正团圆。


内容是单纯的，没有多少丰富复杂的社会人生体验和表达，这正是一个未经世事变迁的、生活富足的少女诗人的特点。她致力的是诗的技巧：谐和的音韵、精巧的平仄、工整的对仗及用典。

对于一个少女来说，在平静和惬意的生活中，有时也会烦恼郁闷，不知如何是好。这是青春期无端的烦恼，是一种说不出来的闲愁。秋瑾也把她写下来了，这是一首词。


## 子夜歌·寒食

花朝过了逢寒食，恼人最是春时节。

窗外草如烟，幽闺懒卷帘。

绛桃临水照，翠竹迎风笑。

莺燕不知愁，双飞傍小楼。


莺燕当然是不知愁的，她们双栖双飞，还有什么好愁？可是幽闺里的秋瑾姑娘怎么能不愁呢？春天来了，浑身懒洋洋的，眼前美好的景色，特别是相伴相随双飞的莺燕，不由得让人惆怅，心里空落落的。

　　但是秋瑾也不仅是整天在家里无聊发闷。她也经常跟家人一起出去游览湖景山色，凭吊古迹。一次，他们来到一处传说是屈原的行吟所过之地，流连良久。秋瑾已经熟读屈原的《离骚》，熟知《史记》所载屈原的生平和悲剧，回家以后，她写了一首《吊屈原》：

　　　　　　楚怀本孱王，乃同聋与瞽。

　　　　　　谤多言难申，虫生木自腐。

　　　　　　臣心一如豸，市语三成虎。

　　　　　　君何喜谄佞，忠直反遭忤。

　　　　　　伤哉九畹兰，下与群草伍。

　　　　　　临风自芳媚，又被薰莸妒。

　　　　　　太息屈子原，胡不生于鲁？

　　诗中她直斥楚怀王是"孱王"，伤感屈原作为高洁的兰花却与"群草"为伍，叹息屈原为什么不生于鲁国。鲁国是礼仪之邦，君明臣贤，屈原在那里就可以大有作为，起码不会以忠直遭谤被妒。秋瑾姑娘这儿又流露出天真单纯的一面，其实屈原真的生在鲁国又能怎么样？社会历史深层的复杂性和悲剧性，她这个时候还没有能触及到。也许，作为诗人她会一直这样天真单纯，她的理性始终不能触及到这一复杂性和悲剧性的深层。这是一个诗人的幸事，也会是一个革命家的不幸。

　　有一次，她读到唐代诗人王昌龄的《答武陵太守》：

　　　　　　仗剑行千里，微躯敢一言。

　　　　　　曾为大梁客，不负信陵恩。

这首诗让她感到惊讶。如此简洁，如此明快，可是又是如此的气魄！剑客一样"仗剑行千里"的王昌龄，他以战国时代年七十而受知于信陵君的隐士侯嬴自比，对这位武陵太守慷慨表示，要像侯嬴报答信陵君那样报答太守的厚遇，人穷气壮，地位卑微而豪气冲天。这就是剑客吗？这首诗不禁勾起了秋瑾内心深处的另一面，安逸的生活让她似乎忘记了在萧山向表哥学剑的经历。她的心中有什么在呼唤，她禁不住跃跃欲试。剑，已经成为她潜意识中的一个象征，是除暴安良、反抗强权、不屈奋争、维护弱小的象征。她为此深有感触，也写了一首五言绝句：

## 春 草

草色满平芜，春风次第苏。

吹嘘须着意，莫使感荣枯！

二十个字里没有"剑"字，但字里行间有没有一点剑气，有没有一点王昌龄的格调和韵律呢？短短二十个字，融春草、春风和诗人的侠愿于一体，展现出一个充满生气、阔大明媚的意境，实属上乘的作品。这时的秋瑾，经过十数年的苦读，可以说已经博览群书，涉通经史。通过阅读，她掌握了大量典故和诗料，又用她出色的才华和敏感的心灵熔铸这些诗材于她的写作之中，她实际上已经走上了作为诗人的创作道路。父亲秋寿南稳定的官俸，在湖南官场的交际，为她提供了舒适娴雅的生活条件和一定的社会交游，扩大了她的生活面。常德秀丽多姿的山水风光和深厚的历史人文，也刺激了她创作的激情。在屈原、李白、王昌龄这样的伟大作品和丰富多彩的山水风光滋养下，写诗成了秋瑾生活的重要内容，她的创作日渐成熟，已经成为一个名副其实的诗人。反过来，从秋瑾的诗中，我们又可以了解她的生活经历，触摸她心灵脉搏的跳动，感同身受地体验她的喜悦、忧伤、向往、烦恼，一个少女敏感而绚丽的内心世界。

转眼之间，秋瑾在常德已经过了三个年头。1894 年，也就是光绪二十年春的时候，秋家发生了一连串的事情，秋瑾平静如水的生活被打破了。先是父亲秋寿南在常德厘金局的任期已满，虽然他已补了郴州直隶州知州，但一直没有空缺，于是他奉命调到湘潭厘金局。秋瑾一家人就又跟着父亲从常德搬到湘潭。来到湘潭不久，晚春之时，家里忽然得到爷爷秋嘉禾去世的消息。这让全家分外悲痛和意外。上年底的时候，爷爷还来信，说是已经要以道员身份入京引见，准备在赴京前先到湖南来跟儿子住一段时间再北上。为免去爷爷来回折腾，父亲秋寿南才急急忙忙从常德搬到湘潭，好让爷爷在湘潭的新家多住一些时候。现在湘潭的新家安排妥了，得到的却是爷爷去世的噩耗。于是一家人在秋寿南率领下，怀着焦急而悲痛的心情坐船从水路急急回绍兴奔丧。然而路途漫长，回到绍兴，爷爷下葬已一月有余了。在绍兴处理好爷爷的后事，秋瑾一家人没有一刻耽搁就从绍兴返回湘潭，因为秋寿南要在湘潭的新家守制"丁忧"。经过这一番奔波扰攘，秋瑾这才静下心来，开始打量湘潭这个地方，这个她不知道又要居住多长时间的城市。

秋瑾发现，湘潭和常德虽则同是湖南重要的商埠，但两者还是有很大的差异。如果用"前店后厂"来形容的话，那么常德是安静的"后厂"，湘潭则是热闹的"前店"。

湘潭之得名，据说是因为湘江流经昭山一段时形成一个深潭，叫做湘州潭，又称昭潭。故自唐代开始，赋其所在的地域为湘潭县。在明朝，湘潭是以米、药等商品的转运贸易为基础繁荣起来，成为"工商十万，商贾云集"的商埠，一时有"小南京""金湘潭"之称。清朝中后期，湘潭是广州进出口货物运输的重要中转站，也是连接上海、汉口和西南地区的商业枢纽，是湖南最重要的转口贸易城市和最大的商业与经济中心。

湘潭县自 1576 年开始围筑县城，到晚清的时候城区实际分为城内、城外两部分。内城是政治活动的区域，衙署就建于此内。而商业活动则集中于城外地区。外城街区由三条主干街道组成，从滨河起依次为河街、正街、后街，每条街竟长达十五里。每条街形成了不同的功能区，像河街汇聚了牙行，店铺则在正街，居家一般集中于后街及城内。在秋瑾来到湘潭的时候，这里的居民已经约二十万人了。

让秋瑾感到有趣的是湘潭的地名。它以"总"来命名街道，分别叫做"一总""二总"，顺序排列直至"十八总"。她请教了父亲的朋友，才知道"总"这个不知所以的称呼，实际上来源于明代打更巡夜所设的"总铺"。这时秋瑾怎么也不会想到，他们秋家会在其中的一"总"即"十三总"翻了船，成了衰败的转折点。

比起常德，秋瑾不怎么喜欢湘潭。她觉得湘潭太闹、太商业，而且湘潭的山水也颇平庸，没什么可看。然而使她高兴的一点是，这里的朋友比常德多。虽然在常德秋瑾也与一些女友交往，但在湘潭，她不但在本城交结了好几个书香门第的闺密，因为长沙离得近，她在长沙也结识了几位好学能诗的大小姐妹。秋瑾经常在嫂嫂张淳芝的陪伴下，与她们在一起出游、闲聊、诗词唱和，她活泼、健谈的一面就都表现了出来。下面这首诗所记述的，就是秋瑾跟邻家女友一起出游的情景。

### 踏青纪事（四章）

女邻寄到踏青书，来日晴明定不虚。
妆物隔宵齐打点，凤头鞋子绣罗襦。

曲径珊珊芳草茸，相携同过小桥东。
一湾流水无情甚，不送愁情送落红。

柳荫深处啭黄鹂，芳草萋萋绿满堤。

笑指谁家楼阁好？珠帘斜卷海棠枝。

西邻也为踏青来，携手花间笑语才。

昨日卿经贾傅宅，今朝侬上定王台。


　　第一章讲到邻家女孩捎来邀请信，请秋瑾第二天一起去踏青。秋瑾得信非常兴奋，连夜盘算和打点明天的穿着。

　　第二章、第三章写的就是踏青的轻松和快乐。你看，秋瑾是多么活跃，和女友玩得多好啊！

　　第四章写出游当中碰巧遇上了另一拨女友，她们惊喜地互相打趣，笑语盈盈，煞是热闹。"贾傅宅"和"定王台"，现在有人把这两个典故给指实了，说是这两个地方在长沙，所以秋瑾这时是居住在长沙。其实秋瑾并没在长沙居住过，诗中只是用典，说明她们分别去过两个古迹游玩而已。

　　丁忧中的父亲对秋瑾的社交也出乎寻常地重视起来，似乎是有意识地把她的诗作介绍给他的同僚、朋友、上司、同年，又把他们这些人的诗作带回来给秋瑾看，鼓励秋瑾唱和他们的作品。他是为女儿的才华感到自豪而揄扬她的诗名，还是为闺中女儿的婚姻大事考虑，通过这种方式寻找机会，或是两种因素都有？总之，秋瑾这个时候确实写了许多唱和的诗，如《题潇湘馆集》（二章）、《〈芝龛记〉题后 —— 董寅伯之王父所作传奇》《临江仙·题李艺垣〈慕莱堂集〉》《题松鹤图 —— 李翰平先生王父之小影》等都是。这些诗词展现了少女秋瑾作诗的才华和不同凡响的技巧，为她赢得了"才女"的令名。这使秋瑾颇为自得，甚至引发了她内心一些些的虚荣心，更使父亲喜不自胜。但他有时也不无遗憾地说："我家瑾女要是个男儿就好了，有这样的文采，拿个进士还不易于反掌？"

随着年龄的增长，二十出头的秋瑾，出落得身材苗条，就像临风的修竹亭亭玉立，面容姣好，犹如一段羊脂白玉，尤其是一双眼睛，清澈晶莹、含情脉脉。静静地读书写作的时候，她的仪态端庄娴雅，就像初夏鉴湖微风中静静开放的荷花；而当谈起唐诗宋词、李杜欧苏，她又像剡溪的流水，活泼轻快，娓娓而来。然而，随着她一天天地成熟，带给她的却是越来越浓的闲愁，而且越来越难以排遣。有时候，她听到父亲和母亲压低嗓子在商量着什么事，如果她出现在面前，他们就又都不说话了。秋瑾也能猜到他们在说些什么，这就更增添了自己的烦恼。她只好默默地退出，回到自己房里。这天她又碰到这样的事情，就回房来，拿起一部宋人的文章选集，随手一翻，不知怎么就翻到李清照的《金石录后序》。说起李清照，她的词也是秋瑾的最爱，早已读得滚瓜烂熟，倒背如流。她喜欢这位"易安居士"写闺中生活、自然风光和离别相思的那些绝妙好辞，比如《如梦令》二首、《凤凰台上忆吹箫》《一剪梅》《醉花阴》等，宛转曲折，清俊疏朗；《蝶恋花》《晚止昌乐馆寄姊妹》等写对女伴们的友谊和留恋，感情也极其真挚。至于《声声慢·寻寻觅觅》这样的词，父亲多次告诫，读一下知道了就行，切不可沉溺其中，但秋瑾还是非常欣赏，经常偷偷地自己吟咏品味。对李清照的一首小诗，别人可能不太在意，但秋瑾却特别着迷，就是《夏日绝句》，虽然只有短短四句："生当作人杰，死亦为鬼雄。至今思项羽，不肯过江东。"初读之时受到的震撼却非同小可，对于平庸的拒斥如此决绝，对于卓异的追求如此铁定，对于生死之界的超越又如此痛快！秋瑾不禁深深叹羡，一个女流之辈怎么能写出这样的诗句。不过这篇《金石录后序》，秋瑾在印象中好像还真没有读过。她索性坐下，仔细地读起来，读着读着就被吸引住了，一口气读完，不由得深深地吸了一口气，发起呆来。真有这样的美满姻缘吗？秋瑾翻到那一页李清照回忆自己年轻时与丈夫赵明诚点烛夜读、赏玩书卷的一段，眼睛停在那一段文字上：一对年轻的夫妻，都是才华出众，他们彼此欣赏，互相爱慕，两人以互相考问书中的内容为乐，女的比男的还强一点呢。这样的婚姻真叫人羡慕和向往啊！

不久，又一个重阳节到了，秋瑾抑制不住自己的深深的感触，提笔写道：

### 重阳志感

容易东篱菊绽黄，
却教风雨误重阳。
无端身世茫茫感，
独上高楼一举觞。

这是怎样一种身世之感呢？坐着想的时候，秋瑾似乎觉得很清晰，她的脑海里浮现出一个英俊儒雅、棱角分明的青年形象，自己的身世似乎就要跟他连在一起；而当她走到桌前，想要把这个形象写下来的时候，他又隐去了，模糊了，淡远了。秋瑾她要往哪儿走呢，跟谁并肩走呢？

风雨重阳，东篱菊黄，当秋瑾登上高楼，独自喝干一杯酒的时候，芙蓉国里无忧的生活已经离她渐行渐远，单纯无虑而时有豪气的少年秋瑾也离她渐行渐远了。她伸出手去挽留，可是挽回来的双手却是空的。浓浓的惆怅，淡淡的忧愁，像江南的丝帛一样薄薄地、密密地蒙在这位成熟少女的心头，似乎把她另外的种种性情，活泼、飒爽、英气一起蒙住了。

### 第二章

# 诗酒与闺怨

夫婿望不要那么慵俗

向北向北，只是北京

诗酒寻觅为女权

## 一、夫婿望不要那么懦俗

1896 年 5 月 17 日，也即光绪二十二年四月初五，成年的秋瑾近年来的那些闲愁、怅惘、忧思，似乎都要有个着落，都要被一扫而空了，但又似乎更没着落，更加惴惴不安而浓重了。因为，这一天秋瑾结婚了。

婚前，父母已经告诉她，给她找定了一个好人家。父母跟她说，给她找的这个婆家公公姓王，是湘潭城内有名的富商，仅当铺就开了四家，三家在湘潭，一家在株洲，还有良田万亩在乡下。父母还跟她说了这四家当铺的名字，是"义源当"和"瑞昌当铺"，另外两家的名字秋瑾没有记住。父母欣慰地告诉她说："王家住的是一所大宅子，五开间五进，就在十八总由义巷，在湘潭城内也是数一数二的。"对这一点，秋瑾倒一听就明白了，因为自己家由爷爷前两年典下的绍兴城内和畅堂的宅子，她给爷爷奔丧时已经回去看过了，是三开间五进的，这么说来，王家的房子比自家的差不多大一倍。十八总由义巷她也曾经路过的，那儿有一个大码头。父母还特意跟她解释说："王家虽不是书香门第，爷爷是湘乡人，原是开豆腐店的，后来跟曾国藩出去打仗，打太平军一直到南京，发了财回来，在老家湘乡置了不少地。爷爷的几个妻舅，还在曾国藩家里管过账。到他的儿子，也就是秋瑾未来的公公手里，王家的生意越做越大，就搬到湘潭来了，在湘潭盖起了大房子。虽然不是书香门第，但小伙子是知书达礼，读过书的。"

说了那么多，终于说到秋瑾要嫁的人，秋瑾忍不住问道："那人呢，他叫什么名字？"

父母就又跟她说："他小名叫子芳，字廷钧，家里三个儿子中为最小。据说，还在岳麓书院读过书呢！"听到这一点，秋瑾心里一动，脸上不禁浮起一丝满意的笑容，说："真的吗？"父亲见她高兴了，心里似乎也一块石头落了地，接着说："人我见过了，长得很白净，还很文气，品貌端正，今年 17 岁了。"

这么小？秋瑾心里一阵疑虑，马上就写到了脸上。母亲单氏当然明白，她跟秋瑾解释说："你爷爷比你奶奶小，你父亲也比我小，不是过得都很好吗，你们兄弟姐妹几个不都是我生的嘛，俗话说女大三，抱金砖。"秋瑾纠正说："我比他大 5 岁。"母亲说："对啊，这就是我要跟你说的，为讨个吉利，媒人在两边说的时候，就把你的年龄少说了两岁，说你今年 20 岁，你以后就照 20 岁说吧。"秋瑾记下了，不再说什么，因为为了合男女双方的八字，少说几岁多说几岁的事儿也是经常有的。

这差不多就是关于秋瑾即将要嫁的人，父母所能告诉她的所有信息。从古至今，千千万万的婚姻不都是这样一些信息的沟通促成的吗？秋瑾的嫂嫂张淳芝，她不就是根据这些信息来判断，来为秋瑾高兴的吗？嫂嫂认为，这可是百里挑一的好人家，也只有她这个知书达礼、有才有貌、远近闻名的才女小姑子，才配得上这样的人家。越临近秋瑾出嫁的日子，嫂嫂张淳芝就越忙碌，她要让自己的小姑子风风光光、体体面面地嫁出去。

可是秋瑾并没有那么踏实，她听了父母的信息，心里悬着的一块石头似乎落了地，但又似乎悬得更高了。她怀着一种忐忑不安的，同时又是兴奋而好奇、期待而疑虑的心情等待这一天的来临。

婚礼确实是风光而体面的。王家知道秋家书香门第的分量，一家四代举人，父亲是湘潭厘金局的总办，可以说是管着王家这样的商家。而儿媳妇秋瑾呢，她的才貌不仅在湘潭，就是在省垣长沙也是广为人知的。要不是王家的财力，怎么能娶得到这样的儿媳妇呢？所以，王家确是尽其所能、倾其所有来操办这场婚礼的。"三书六礼"，每一个环节、每一道程序，都体面周全，绝不马虎，宁求其过不许其不足。嫂嫂张淳芝参与并且考察了整个过程，这场面，让她不由自主地跟自己的婚礼比较之后，顿生无限的羡慕。当然，她自己的婚礼也并不寒碜，但小姑子的婚礼更让她兴奋和自豪。对于父亲秋寿南来说，家中一个满腹诗书、才情如花的女儿，既是他的骄傲也是他的心病。这些年他一直为女儿的婚事留意操心，现在一块石头总算落地。王家虽然没有过什么功名，但作为个中人，他痛切地明白功名到底值多少钱。要不是他运气突然反转，现在还不知道在哪个幕府寒酸度日呢，还不一定攀得上王家这样的富商大贾。女儿嫁到这样的人家，他与夫人都放心了。

然而单夫人可没想得那么简单。女儿是她的女儿，她太了解秋瑾了，她怎么能放得下心？这个敏感单纯、才气横溢的女孩子，读了那么多的子曰诗云，她写出来的诗文，就是在金銮殿里考过试、被皇上亲手选中的满腹经纶的老先生，也连声夸奖称好。但是写诗作文跟做媳妇不一样，她的率性、单纯和时不时流露出来的傲气，能把握得住丈夫吗，能讨得婆婆的喜欢吗，能适应大家庭的复杂关系吗？听说对方的婆婆可是个精明厉害的角色，特别宠爱她这个小儿子。这个老太太好伺候吗？女儿嫁过去以后小夫妻免不了会有磕磕碰碰的时候，这时候婆婆会是居中调和呢，还是唆使儿子欺负儿媳妇？想到这儿单夫人一阵后悔，她不应该让女儿读那么多书，不应该对她管得那么松，以至于许多做媳妇的规矩和技巧她都不懂。单夫人只有怀着满心的祈愿，祈求女儿在婆家顺顺当当，小两口和和美美；但她又怀着满腹的担忧，担忧女儿适应不了婚后的生活，在婆家吃苦受气。

经过一整天的热闹、喧嚣、扰攘，现在秋瑾的大红盖头在她忐忑不安和疲惫不堪的叠加中被揭开，她终于第一次见到了她的新郎。她成为少女以来无数次想象、无数次憧憬、无数次为之烦恼幽怨，而又无数次为之羞怯心跳的人，现在终于坐实了、明确了，他就有血有肉、有鼻子有眼地站立在她的面前。然而见到他的刹那间秋瑾全然没有了什么忐忑不安和羞怯心跳，她的心里突然升起了一种好奇的、温馨的甚至是怜惜的心情。这就是她的丈夫王子芳吗？这是怎样一个皮肤白皙、五官端正、面目俊秀的大男孩啊！你看，他倒反而挺害羞呢！秋瑾的心情一下子放松了，她像一个大姐姐看着自己的弟弟那样，仔细端详着王子芳，主动跟他说话，觉得他很可爱。

秋瑾结婚了，她从一个少女成为妇人。第二年，她就生下了儿子，取名王沅德。这是秋瑾为了纪念自己在常德生活过的时光，纪念她在沅水两岸游赏吟诗的无忧无虑的时光吗？如果是的，那就是说她在常德的日子是多么令她怀念。过了四年，这时已是1901年，也即光绪二十七年，秋瑾第二个孩子又降生了，是个女孩，取名王灿芝。

秋瑾在王家的日子是富足安逸的，婆婆虽然规矩多，比如每天早上要去她房里请安，但因为秋瑾一嫁到王家就为他们生了一个白胖孙子，婆婆对秋瑾也还是很顾惜的。唯一让秋瑾不满的是，这个婆婆每天"霸着"他的儿子，丈夫王子芳在秋瑾房里陪妻子的时间，远没在婆婆房里的时间多。丈夫老不在跟前，秋瑾感觉很寂寞，她少女时代憧憬的夫妻双双读书吟诗、互相欣赏、琴棋取乐的情景，连一点影子都见不到。秋瑾想让她这个不喜读书，不懂得体贴陪伴妻子，一天到晚只知道在母亲身边转的大男孩老公有一些改变。一次，她把新写的一首诗放在桌子上，等着他晚上回房，笑着哄孩子似的要她把这首诗朗诵一下。王子芳本来对诗文一无兴趣，见秋瑾坚持要他朗读，推辞不了，十分无奈地从桌上拿起那张纸，磕磕巴巴地读起来：

### 读书口号

东风吹绿上阶除，花院萧疏夜月虚。

侬亦痴心成脉望，画楼长蠹等身书。

这首诗写秋瑾自己喜爱读书，到了想成为一条书蛀虫，永远待在书里面不出来这样的程度，写得音调流畅，朗朗上口，但王子芳却读破了句，尤其是"成脉望"三字，应该读成"成——脉望"，是痴心希望自己变成"脉望"的意思。王子芳不懂"脉望"指的是什么，读成了"成脉——望"。秋瑾不禁笑了起来，告诉他，脉望就是蠹鱼，也就是书蛀虫。唐朝段成式《酉阳杂俎》记载，有一个方士说，蠹鱼在书里吃书页，如果吃了印有"神仙"两个字的地方，连续吃到三次，这个蠹鱼就变成了蠹鱼它们自己的神仙，叫做"脉望"。

王子芳似懂非懂地听着，最后疑惑地问："变成脉望做什么呢，那好吗？"

秋瑾说："当然好啦，可以一辈子在书里面不出来。"

王子芳有点生气了，说："一辈子在书里面，那你还管这个家吗？"

秋瑾一时语塞，不知道跟他说什么好，只用双眼盯着这个长得白白的、眉清目秀的大男孩，似乎要从那眉宇间搜寻出什么来。王子芳赶快把眼睛避开了，他也不知道为什么，有点怕看这双清澈明亮而秀气的大眼睛。秋瑾见状，忽然忆起《西厢记》里面崔莺莺说那个叫郑恒的未婚夫的词儿："纨绔子弟，能解什么愁哦！"俊俏的脸上不禁浮现出会心的、无奈的苦笑。

还有一次，那是一个夏天，旱了很长一段时间，河塘干涸，水田无水，庄稼都快枯死了。正在焦急等待之间，那天午后忽然狂风大作，暴雨倾盆，豆粒大的雨点足足下了两个时辰才慢慢停了下来。家家户户欢天喜地，笑逐颜开。秋瑾也不例外，她站在窗前一直看着雨"哗哗"地下来，那密密的凉凉的雨丝好像直接洒到她那灼热烦躁的心窝里，无比的痛快和舒坦。她觉得心里有一棵苗长了起来，刹那间开出一朵花，在雨中湿淋淋的，鲜艳无比，这不就是她的诗吗？秋瑾喜滋滋地走到桌前，伸纸握笔，飞快地写下：

### 喜雨漫赋

渊龙酣睡谁驱起？飞向青天作怒波。

四野农民皆额首，名亭直欲继东坡。


　　这首诗的构思是，行云作雨的蛟龙在哪个深潭沉沉酣睡过去了，据说这就是天旱的原因；那么又是谁把它驱赶到天上让它重新工作的呢？但是这个问题现在已经无关紧要，四野农民都在额手称庆，我们只要像苏东坡那样为他们高兴就行了。刚写完，王子芳恰从外面进来，见秋瑾又在写字，正欲避开，秋瑾叫住他，把写完的这首诗递给他，说："高兴吗？正是及时雨啊！"

　　王子芳随口答应说："当然高兴啊，如果再旱下去，我妈说今年的租谷就要收不上来了。"说着就去读纸上的诗。

　　秋瑾没想到会得到这样的回答，她说："话不能这样说，也不能这样想，雨是下给天下百姓的，要为天下百姓高兴才对。"

　　她停了一下，等王子芳把诗看完，接着说："苏东坡作《喜雨亭记》，写的就是这个意思，久旱逢甘霖，他高兴得把刚建好的一个亭子命名为'喜雨亭'。所以我写'名亭直欲继东坡'，说是要像苏东坡那样有一种宽广的胸怀，把老百姓的哀乐放在心里。"

　　王子芳把诗还给秋瑾，脸上似乎露出一点不屑，说："我妈说了，你怎么老想这些无用的呢？"

　　秋瑾噎住了，她回答不了为什么老想这些无用的，她也不想回答，因为久旱逢甘霖的喜悦已经荡然无存。

　　不过尽管如此，秋瑾结婚后的头两年还好，没有丈夫的陪伴和理解，她还有娘家人，她可以跟父母、哥嫂还有妹妹经常见面，反正都在湘潭住着，走动很方便。但是，1899年秋天，也即光绪二十五年，父亲秋寿南升任桂阳直隶州知州，全家都跟父亲到桂阳去了。直隶州知州是比县令稍微高一点点的官职，桂阳直隶州属衡阳府，其地在湘潭之南三百多公里，与广东西部接壤。这下秋瑾就像一条庄子所说的"涸泽之鱼"，被彻底晾起来了。她感到了前所未有的孤独和寂寞。父母和娘家人还在湘潭同城住着的时候，她就写过这样的诗：

### 思亲兼柬大兄（丙申作二章）

一样帘前月，如何照今愁？

阑干深院静，花影夜庭幽。

看雁萦归思，题笺写早秋。

闺中无解侣，谁伴数更筹？

久绕闺中步，徘徊意若何？

敲棋独自谱，得句索谁和？

坐月无青眼，临风惜翠蛾。

却怜同调少，感此泪痕多。

她在诗中幽幽地向大哥秋誉章，也是向父母诉说她在婆家的孤独。没人陪她下棋，没人陪她一起赏月；自己的院子里静悄悄的，没有一个人。她写的诗也没人能懂，没人感兴趣，更不要说有人来应和了。新婚的丈夫去哪儿了呢？大概在跟婆婆一起打麻将吧。秋家和王家是两种土壤，秋瑾这朵鲜花从那边移栽到这边，她感到十分匮乏，缺乏一种文化的养料和氛围。

现在父母家人要去那么远的地方了，一年当中还能不能见上一次？父母的船旅还没有出发，秋瑾就忍不住哭了起来，她料想今后的日子里，谁来陪伴她？她写道：

## 送 别

杨柳中庭月，来宵只独看。

分离从此始，相见定年难。

浦溆灯将尽，窗前泪未干。

明朝挂帆去，谁伴倚栏杆。

父母一家刚走，她就登上湖南民居那种特有的"曝衣楼"，其实是用来晒衣服的大阳台，向远处，向湘江眺望，载着父母的船帆就是从那里驰远的。她又忍不住自己默默地流泪：

## 秋日感别

昨宵犹是在亲前，今日相思隔楚天。

独上曝衣楼上望，一回屈指一潸然。

已是秋来无限愁，那禁秋里送离舟？

欲将满眼汪洋泪，并入湘江一处流。

她觉得自己就要枯死了，只有父母的来信才能给她带来一点滋润的雨露，她就像久旱的禾苗盼望甘雨一样渴望秋雁捎来父母的音书，现在父母的书信是她唯一的安慰，读到来信，她心里能踏实好几天，一段时间收不到，她就烦躁不安，什么事儿也不想做了。下面这首词就是写这样的心情：

## 丑奴儿·望家书未至

困人天气日徘徊，

慵扫蛾眉，

懒插金钗；

蕉叶为心卷未开。

沉沉所事挂胸怀，

划遍炉灰，倚遍廊回；

盼煞音书雁不来。

　　有人说中国的旧式婚姻是"先结婚，后恋爱"，但是秋瑾的婚姻似乎确实没有给她带来她所期望的那种爱情，期望之后是失望，努力之后是挫折，细腻文化滋养的情感之花插到了干硬冰凉的开裂的水泥地上。这使少妇秋瑾抑制不住地忧愁哀伤，并把这些忧愁哀伤倾注在她的诗里。她的这种倾诉是对着父母家人的，她用不着藏着掖着、含而不露、隐晦曲折，像历代那些既要讥刺批评朝政又怕招来横祸的诗，或者那些既要表达非分越轨的爱情又怕惹是生非的诗。这反而形成了秋瑾诗歌风格的基调，明白畅晓，直抒胸臆，情感饱满，意象鲜明。这一基调，在她以后的创作中会有进一步的发展。

　　总之，日子不能再这样过下去了，她的丈夫也不能是这样一个丈夫，不思读书进取，不讲学问文章，还时不时来一句"我妈说了"，似乎他只要守着他妈，守着祖上的家产，就可以高枕无忧地过一辈子。至于妻子是怎么想的，妻子为此流了多少眼泪，度过了多少寂寞孤独的夜晚，他都统统不用在意，不用考虑。结婚四五年了，这个看上去皮肤白皙、面目俊秀的大男孩现在已经是两个孩子的父亲，秋瑾有时正想对着他大喊一声："夫婿啊你不能如此懦俗！"但是即使喊了又有什么用呢？还是要想一点实实在在的办法。

　　也许是经过父亲秋寿南的点拨，也许是秋瑾绞尽脑汁想出来的主意，也许是两口子商量的结果。不管办法是怎么来的，反正，现在王子芳要离开湘潭，他要去北京捐一个官，秋瑾也要到北京去！

## 二、向北向北，只是北京

1901 年，也即光绪二十七年十月初六，秋瑾的父亲秋寿南于桂阳官署去世，年方 52 岁。在桂阳直隶州知州任上才两年不到的时间，秋寿南为官勤政，做了不少事情。比如增设典狱、主计两职，掌一州讼狱、财政税收；改工房为劝业所，掌管农、工、交通等实业；设商务局管通商；设劝学所，主管和主办教育；设保卫团，管辖警务。这些举措，在当时都属于锐意改革的新政，由此可见秋寿南的政治取向和行政能力。秋瑾关心政治，情系国家兴亡，她后来从办女学而革命，不能不说最先是受家庭的影响。秋寿南去世的时候，秋瑾生下她的女儿不到两个月，所以没有去桂阳州奔丧，但是父亲去世后家人的生活怎么办，这是秋瑾这个对娘家的感情极为深切、又遇事极有担当的出嫁女儿，不能不郑重考虑的。父亲去世后的秋家，还有这样一些家人：母亲单氏、哥哥秋誉章和嫂嫂张淳芝及他们的孩子，父亲几年前所纳的一个妾孙氏，以及孙氏所生的异母弟，才五六岁的秋宗章。这里面，能够支撑家庭的成年男子只有大哥秋誉章，但大哥这时并无正式稳定的职业。

正是在王子芳的支持和赞同下，秋瑾作出了一个重大的决定，就是把一家人接回到湘潭来赁屋安居，秋瑾需要跟母亲和哥嫂生活在同一个城里。弟弟秋宗章就说过，全家做这样的安排，是由于"姐子身远嫁，不欲暌违亲属，从其志也"。父亲的灵柩，也由长子秋誉章和异母弟秋宗章护送前来，安厝于湘潭城西。但是一家人在湘潭重新安家之后，其生计如何安排？父亲的宦囊当然不会太俭，须知他是任过多年厘金局总办的。但是即使父亲留下来的钱不少，坐吃山空，也不是久长之计。对此，秋瑾在把一家人接回到湘潭之前，肯定就已在王子芳的支持和赞同下计划定当。这就是由秋瑾拿出一笔自己的私房钱，大约是三千金，秋家兄弟从父亲的遗囊中拿出一笔钱，王家再拿出一笔钱，估计也各都在三千金上下，合计万余金，于城内十三总合伙开设一家名曰"和济"的钱庄，"以逐什一之利"，主要是解决秋家长远的生计问题。做这样的安排，如果没有王家，尤其是王子芳的支持和赞同，是不可能的。这时候，是1902年的年初。

在秋家和王家合资开办和济钱庄的时候，秋瑾其实同时在做着另一件事，那就是让丈夫王子芳去北京捐纳一个官职。所谓"捐纳"，是为了解决政府财政危机和补充科举吸纳士大夫入仕之不足的一种制度性的卖官鬻爵，就是你交钱，我给官，清朝始于顺治年间。乾隆时期，捐银4620两方能得到知县七品；而到了这一年即光绪二十六年，知县才999两。秋瑾或许想，既然通过科举的正路出仕无望，那么你王子芳花钱捐一个官总可以吧？据说，清朝的官员百分之六十都是通过捐纳入仕的，其中不是有很多人也政绩斐然，作出了有声有色的事业吗？那么王子芳为什么不可以呢？而且这时候捐纳的门槛已经很低了，捐一个六品官，也就近千两银子，王家又不是出不起这笔钱。另外，花钱到北京部里挂一个名做京官，每月还可以拿到若干"印给费"，秋瑾父亲当年赴部引见，就交过这笔钱的，秋家人对此内情是太清楚了。不管秋瑾是用什么理由说动王子芳的，反正得到了王子芳的赞成和支持，他愿意去做这件事儿。但他有一个条件，就是要求秋瑾陪他一起去。毕竟，他从没出过远门，而秋瑾则甚至漂洋过海，到过台湾。对此，秋瑾自然二话不说，愿意奉陪。于是1902年，也即光绪二十八年的初夏，一家四口逶迤北上，第一次来到北京。这可不是容易做出决定的一件事，从湘潭北上、北上，遥遥数千里，走完水路走陆路，舟车的风波埃土，一路的饥渴劳顿都是可以预料的。这件事要做出决定不容易。王家和王子芳，确实是想做得让秋瑾满意。

　　然而即使是花钱，到北京部里挂名做个京官，也不是一件容易的事，它有一系列烦琐复杂的程序。加上晚清时期，衙门里泄沓成风，办事拖拉，费时费力。在北京，这一家四口人住在南城南横街圆通观斜对面的一个小宅子里，秋瑾侍奉婆婆、带着孩子，守着乡下礼教的规矩，大门不出、二门不迈，终日蛰居。这样过了两个月，婆婆首先觉得不适应，她受不了北京的生活，要求回家去。秋瑾惦记老家不满周岁的女儿，也要回湘。于是，王子芳陪着秋瑾婆媳，带着儿子，又返回湘潭。把三个女人送回老家安顿后，王子芳这次已经熟悉路途了，他就一个人重返北京，等候消息。

　　这是秋瑾结婚六七年以来，第一次要与这个看上去白白净净、温顺秀气的大男孩长时间离别。在家的时候，他也并没有与秋瑾卿卿我我，好好地陪她，这让秋瑾流了多少幽怨孤独的泪水，但不管如何，他总是在一家里住着，天天相见。现在要独自远行了，他再怎么懦俗，也是为了称秋瑾的心愿而北上奔波。看着这个逐渐长大的，从男孩成为男人的丈夫，秋瑾心里"未免有情"，往日的幽怨不满不知不觉地消融在一缕缕温馨酸楚、依依惜别的感情之中。这一情感在她心里回环荡漾，悄悄地寻找着它自己的节奏、韵律和典故，酝酿着酝酿着，像晶莹的米饭变成酒酿，流出又香又醇的米酒来，这勺米酒就是一首诗：


### 送　别

杨柳枝头飞絮稠，那堪分袂此高楼。

阑干十二云如叠，程路三千水自流。

未免有情烟树黯，相留无计落花愁。

送君南浦消魂处，一夜东风促客舟！

真是一首好诗啊！那委婉缠绵的依依别情，借着清新流利的音调诉说出来，让杨柳飞絮、烟树客舟，天上重重叠叠的白云，都禁不住黯然销魂，满怀了离愁别绪，何况人呢？丈夫王子芳，他能深切感受到吗？他终究能消受得了这样一位才情如花、柔情如瀑的夫人吗？

　　以前有人说，秋瑾与丈夫王子芳的夫妻关系，一开始就是封建婚姻，强扭的瓜不甜，让秋瑾痛苦万分。他们认为秋瑾自幼就是个反帝反封建的革命者，早在厦门看到外国人趾高气扬，就萌生了反抗帝国主义的决心；那么这个让革命者痛苦的丈夫，就是没落阶级的纨绔子弟，不是好东西，二人自始至终就会形同水火。带着这么一副眼镜去读秋瑾的作品，他们看到了这首诗，怎么也想不到这就是秋瑾给她丈夫的送行诗，所以只好说"所送的人是谁不明。"现在又有网络作者，历数王家和王子芳的种种好处，反而说秋瑾为了革命如何凶悍绝情，比如从没有对王子芳表达过什么爱心谢意，由此大为王家鸣不平。双方谴责的对象不同，但论人说事儿的套路却是一样的。这个套路，说白了就是用"阶级斗争"这把利刃，来割切人性之中纷繁复杂、千丝万缕的关系，痛快倒是痛快了，但不幸却陷入了"明于礼义而陋于知人心"的陷阱。除了为这个套路所误，不从中国诗歌传统的大背景下来理解秋瑾的作品也是一个原因。细读秋瑾这首送行诗，其中"送君南浦"这一意象是个关键。自屈原"送美人兮南浦"的诗句，到南朝江淹《别赋》中"送君南浦，伤如之何？"的名句，"送君南浦"在中国文化中早已成为一个具有稳定美学含义的意象，其中的送者和行者必是男女，其关系必是夫妻或情人。两个男人，不管他们是君臣、父子、师生、朋友、兄弟，其送别时必不用"送君南浦"这个典故。反过来，两个女人也一样。从现在所有的资料来看，秋瑾是确实没有情人的，那么她不是送丈夫又是送谁呢？其实秋瑾与她丈夫的感情有一个发展的过程，到了二人关系剑拔弩张，致使秋瑾大声疾呼"女权"，那是后来的事了。

送走丈夫，过了 1903 年的春节，秋瑾听哥哥秋誉章说和济钱庄的经营并不顺利。不久，果然出了大事。原来，他们聘请来主持钱庄生意的经理陈某，是个貌为谨愿实而刁狡奸诈的家伙，他欺侮秋誉章忠厚老实，不懂经营；秋瑾又日处深闺，不能亲往料理，就上下其手，任意侵渔。才一年，钱庄就连本钱也亏完了。钱庄只好宣告倒闭。在清算的过程中，秋瑾兄妹只好另外再拿出钱来还付欠款，像秋瑾就把自己的金银首饰典当了。但是陈某犹不敛手，还要假造钱票，找人伪装债主前来兑现，如此下来，秋家的损失竟在万金上下，元气大伤。秋瑾婆家的亲戚中有人知道了其中奸情的，就托秋誉章之名把陈某告到了县令，县令当即把陈某抓了起来准备惩办。这时候秋瑾表现出她慷慨豪爽、宽容大度的处世风格。她对哥哥说，资产既去，不可复返，即使把他办了，又有什么用呢，还不如宽大一些，放过了他。秋誉章听从妹妹的建议，去县令那儿把案撤了。当然，据秋瑾的小弟弟宗章后来说，陈某捞了黑心钱，以后也没有好结果，不几年，家里即遭"回禄之灾"，房屋财产，一股脑儿全烧光了，儿子又成了赤贫。

钱庄倒闭，损失至巨，秋家不可能再在湘潭客居下去了，他们要回归故乡，返回绍兴再从长计议。秋瑾也没有办法再留住母亲和哥嫂他们，毕竟，她只是秋家一个嫁出去的女儿。于是，1903 年，也即光绪二十九年的五月，秋誉章兄弟侍奉母亲单氏一行，从湘潭起行，扶着父亲秋寿南的灵柩，回到了久别的绍兴故居和畅堂。秋瑾与母亲、兄嫂、弟弟，在相聚了一年多以后，又离别了。

在和济钱庄倒闭清算，秋瑾送走了母亲哥嫂等一家人回绍兴老家之后，夏秋之际，王子芳从北京回到湘潭。他已经把"捐纳"的事情办成了，授职户部主事。主事之职，康熙九年定为正六品，是个六品官。朝廷各部院衙署都设有此职，但又有分为"堂主事"和"委署主事"两种。堂主事是在堂上办事的，是实授的，用现在的话来说，就是"编制内"的；委署主事则并非在编制内，只是挂一个名，办一些临时委派的差使，等到有编制以后再行递补。王子芳这个主事，是堂主事还是委署主事呢？现有的资料都没有提到，但总之，他这次回湘，就是要来接秋瑾和孩子去北京长住。这对于刚刚经受了一系列变故而心情糟糕的秋瑾来说，毕竟是值得欣慰的。他们立刻安排启程北上，不过这次婆婆不再想去北京了，她也不让孙子再去；这样，秋瑾夫妇就把女儿灿芝带上，准备北上。但是一家三口还要绕道绍兴，看望前两个月刚回到老家的母亲单氏和哥嫂兄弟。

那个时候，从湘潭到北京，可以有两种走法。一是从湘潭乘船到洞庭湖，由洞庭湖入长江下武汉，再从武汉坐马车到北京。因为京汉铁路那个时候还没修通，等到修通，已经是 1906 年的事儿了。另一种走法，是到了武汉以后接着顺流而下至上海，在上海换乘招商局的轮船到天津，在天津再换乘内河船到通州，然后由通州坐马车到北京。两条路线，一条基本上是水路，一条是半干半湿。相比之下，水路更为方便和快捷。何况，秋瑾还要绕道去绍兴娘家。那么，他们就必须先到上海，到了上海以后，还要坐一种叫"无锡快"的小汽轮到杭州，再从杭州坐轮渡过钱塘江，到南岸的西兴，再在西兴乘乌篷船到绍兴。这当然肯定也是秋瑾的主意，如果从王子芳这一边来说，秋瑾与娘家人在湘潭分别才数月，本不用马上又费时费力，带着刚刚周岁的女儿，从上海再到绍兴来，但是王子芳毕竟还是来了。从这里，可以见到秋瑾对母亲和娘家人非比寻常的依恋和关切，也可以见到王子芳对秋瑾尽量迁就的态度。

王子芳虽然陪着秋瑾从上海南下绍兴，但是心里大概也是不太乐意的，也许二人在路途上又有一些小摩擦，秋瑾回到上海，再欲北上时，心情就不是太好了。这有秋瑾此时写的一首诗为证：

## 重上京华申江题壁

又是三千里外程，望云回首倍关情。

高堂有母发垂白，同调无人眼不青！

懊恼襟怀偏泥酒，支离情绪怕闻莺。

疏枝和月都消瘦，一枕凄凉梦不成。


"高堂有母发垂白，同调无人眼不青"，诗中表达的让疏枝和夜月都随之消瘦的"支离情绪"，就是这两项。一是怀念母亲，此时秋瑾的母亲快六十了，近年又经历了秋瑾父亲去世、钱庄倒闭的重大家庭变故，母亲的头发已经垂垂白矣，对母亲的牵挂让秋瑾愁肠百结。二是慨叹"同调无人"，没有人理解和欣赏自己。这个"调"具体指什么？秋瑾此时的"调"，大概是指对母亲的孝心没有为王子芳所深刻理解吧，她的才情没有广为世人所知吧。所以秋瑾前往北上的三千路程，回首故乡的万朵秋云，心情懊恼得不知如何是好，只好一杯接一杯地喝酒。所谓"偏泥酒"是也。这首诗，从它的主题到七律的形式，都是秋瑾这个时候常写的，并没有特别的出色。但奇怪的是四十多年之后，当代文豪郭沫若却独独对该诗大为赞赏，说："这诗，在她好些悲歌慷慨的遗著中，我觉得，是最值得击节的一首。"郭沫若对诗人和诗歌的好恶常有惊人之语，比如他后来的著作《李白与杜甫》中对李白与杜甫的评判，叫人一时摸不着头脑。究其这一做法的源头，也许是从评秋瑾这首诗的时候就已经开始了。

秋瑾一家三口终于到达北京，先是在上次来京时住过的南横街圆通观斜对面的小宅子住下，很短的一段时间以后，他们就搬到了南半截胡同的一个宅子里。秋瑾要搬到这儿来，一是山会会馆就在这条胡同里。"山会"，就是山阴和会稽，是这两个县在京做官的人，为方便来京赶考或经商的乡人住宿活动而集资修建的。后来，鲁迅1912年到北京教育部任职，就住在这个会馆，当然，那时已经改名为"绍兴会馆"了。晚清的时候，很多在京的绍兴人士，比如李慈铭、蔡元培、汤寿潜都在这儿住过。1901年也即秋瑾来京的两年前，来京窥测清廷的动静，后来又介绍秋瑾结识徐锡麟的陶成章，也在这个会馆住过。秋瑾要靠近这个会馆边上觅房居住，很明显的意图是为了方便跟绍兴在京做官的同乡认识、交往。一是廉泉、吴芝瑛夫妇就住在这一带，秋瑾搬到南半截胡同，也是为了方便与吴芝瑛来往。吴芝瑛后来回忆说，秋瑾来京后，二人情好日密，天天见面。

　　来到北京住踏实了以后，秋瑾重演她"以文会友"的故技，积极开始了她的社会交往。她这样做，一方面是她喜欢交友的天性使然。在湖南，她已经觉得很难找到志同道合、旗鼓相当的女友，而北京应该是藏龙卧虎的大地方，她正可以一偿素志。另一方面，她的交游也是为了懦弱的丈夫在仕途上寻找奥援，打开局面。在湖南生活的这几年，在父亲指点帮助下，秋瑾对于此道已经精熟，如何在诗文中针对对方的身份、地位、辈分等要素，说出恰如其分的客气恭维或应酬的话，而又十分得体，由此拉近双方的距离，获得对方的好感；这类技巧秋瑾掌握得炉火纯青。比如在湖南时她写的《上陈先生梅生索书室联》：

　　　　如雷久耳右军名，问字愁难列讲庭。
　　　　欲乞一联奇丽笔，闺中曾读《养鹅经》。

　　这位陈梅生先生是一位翰林，在京中曾任御史之职，此时他已退休回家，住在湘潭他儿子家中。儿子陈铁珊恰好是秋瑾父亲的同僚。秋瑾要向这位有身份地位的长辈索要书房的对联，首先就恭维梅生先生的书法有晋代大书法家王羲之王右军一样的造诣和名气，而自己想要去请教指点还远远够不上，只好一边自己悄悄发愁，然后用了一个"乞"字。这是在长辈面前表现得十分谦恭的态度。但是这种谦恭又要表达得有分寸，不能为了表示谦恭而把自己说得一塌糊涂，十分不堪，那就失了分寸了。所以秋瑾最后来一句"闺中曾读《养鹅经》"，《养鹅经》指的是王羲之的书法名帖《黄庭经》，因为道士要求王羲之书写《黄庭经》时以其喜爱的白鹅作报酬，所以又叫做《养鹅经》。说自己也是临摹过王羲之的书法名帖《黄庭经》的，即是说在书法上自己并非一窍不通，也是颇有修养。到底多有修养？我读过《养鹅经》，你估摸一下吧。这就十分得体了，既表明了自己的修养水平，并非等闲之辈；也暗含了这样的意思，即她赞美梅生先生的书法犹如王羲之，是从专业眼光出发的，并非瞎说乱道。看看，说得多么滴水不漏啊。收到这样的来索要书法作品的诗，我想梅生先生是很难拒绝的。秋瑾其他的应酬作品，再比如《题〈潇湘馆集〉二章》，《潇湘馆集》是秋瑾的同龄女朋友所做的诗集，所以秋瑾就说"佳篇重把手难除"，称赞她的作品好，自己捧在手上都很难放下了；又比如《临江仙·题李艺垣〈慕莱堂集〉》。《慕莱堂集》是父亲的上司，湖南盐茶厘金局的总办李艺垣为纪念父母而遍征名人题咏而编成的作品集，所以秋瑾在自己的词里就着重赞美歌颂李艺垣的孝行孝思。这些酬作都写得非常贴切而老到。

于是，在北京秋瑾继续施展她"以文会友"，通过诗文酬唱广泛社交的手段。很快，通过这种方式，秋瑾结识了湘潭及其周边地方在京任职的官员士大夫，如李希圣、刘少少等人；绍兴在京任职的官员士大夫陶杏南、陶在东，以及他们的家人陶杏南的"姬人"其实就是妾倪荻倚，陶在东的夫人宋湘妩等。陶杏南是陶大均的字，时任外务部左丞，从一品，是绍兴陶堰陶氏几百年中官位最高的。陶堰陶氏与秋家也有戚谊，秋瑾一个远房的姑婆嫁给了陶氏家族。这些信息，大约是秋瑾这次来京绕道绍兴探亲时，母亲单夫人告诉她的。陶杏南是典型的传统士大夫，可以想见，在后来居中调和秋瑾与丈夫王子芳的矛盾冲突时，他是会如何用一套传统的伦理来做说辞，让秋瑾感到无比的压抑。

值得一提的还有李希圣。希圣字亦元，是近代诗人，光绪十八年（1892年）进士，官刑部主事，曾任京师大学堂提督。庚子之变，他身在乱中，述见闻为《庚子传信录》。突出成就为诗，是晚清专宗李商隐风格写诗的第一人。但他的诗在楚雨含情之中感怆国事，并非一意地描写男女之情。像他这首《乱离首仿元白体示颂年叔进两太史》：

> 乱离重说太平年，宣武城南二月天。
>
> 崇效寺中寻芍药，陶然亭畔吊婵娟。
>
> 九衢车马如流水，百戏鱼龙遇禁烟。
>
> 历历旧时歌舞地，为君写入《七哀篇》。

诗中满含着家国兴亡的今昔之感，又用哀婉隐约的语调表达出来。李亦元的诗在当时很有影响。作为秋瑾的前辈，秋瑾与他交往，在诗歌创作方面很可能得到过他的指点，或从他的作品中得到启发借鉴。秋瑾对国事的关切，对列强的愤懑，也可能是读了李亦元的《庚子传信录》，对八国联军入侵北京有了系统直接的认识，然后开始明确和强烈的。

最值得浓墨重彩给予叙述的，是秋瑾与吴芝瑛的交往和友谊。秋瑾与吴芝瑛认识，是因为吴芝瑛的丈夫廉泉与王子芳是户部的同僚。吴芝瑛是桐城派文学家吴汝纶的侄女，吴汝纶时任刚刚恢复的京师大学堂总教习。通过吴芝瑛的关系，秋瑾得以交结京师大学堂的众多新派人物，并获读各种新书刊。比如京师大学堂东文教习江绍铨（亢虎），仕学馆的学生欧阳弁元等人。通过江亢虎，秋瑾又认识了大名鼎鼎的才女吕碧城。

除了通过同乡、朋友、熟人等各种关系去扩大交往面以外，秋瑾还根据报上的信息，自己跑去结识人家。如她到北京以后不久，从报上看到，有一位廖太夫人在延旺庙街开设了一所名叫"卫生女学医院"的机构，这所医院的办院方针是："本院为振兴女学之萌芽，深愿与当代名媛共究教育之理。凡母教、女德、有关卫生学术者，犹愿相与讲明，以期女学日益发达。"秋瑾为之深深吸引，自己跑去见廖太夫人，但没有碰到，于是秋瑾就留下一首称赞夫人的诗自己回来了。廖太夫人见到了这首诗，就写了一篇《京师卫生女学医院敬谢赠诗》的启事，在《大公报》发表。"小序"云："昨承湘中王部郎夫人雅赠诗什（王部郎住绳匠胡同，敝处未详其名字），谬荷推誉，谨此致谢。原诗录后。"就是说，不但登报报道了这件事，而且把秋瑾的诗也发表了，这恐怕是秋瑾的诗第一次见诸报端。对于写诗只是在家人友朋间传看的秋瑾来说，是很大的激励和鼓舞。

秋瑾在北京"手不释卷，口不绝吟"，还整天各处奔走，结交各方朋友。抛头露面不说，家里的事情大概也顾不上了，家里乱糟糟的。虽说家里有一个"佣妇"，但还带着一个两岁不到的女儿。所以到过秋瑾家里的日本教授夫人服部繁子后来回忆说，她第一次到秋瑾家里造访，见到"书架上胡乱地放着书籍和衣服。瓜子皮、果皮撒在屋角里发出一股异臭，并不很清洁"。日本人是很爱干净的，秋瑾家里的状况在服部繁子看来就特别不堪，也许在当时的中国人看来也不那么脏乱，但秋瑾不会收拾，也没时间收拾，肯定是事实。她在娘家是书香门第的小姐，在婆家是太太，什么时候做过家务？在北京，她的交友甚广，更没时间来看顾家庭了，这就引起了丈夫王子芳的强烈不满，夫妻之间的矛盾开始升级，直到王子芳一怒之下打了秋瑾一个耳光，夫妻彻底闹翻。

那是有一天，王子芳说要在家里请客，秋瑾就老老实实准备了。但是准备好了以后，左等右等，王子芳和他的朋友就是不来。在一般情况下，他们不来，那就把准备的饭菜之类收拾了就行了。但是夫妻原本就有了矛盾，秋瑾大概是赌气，见丈夫不回来，她就女扮男装，带着女佣、孩子，跑到戏院看戏去了。真是凑巧——也许并非凑巧，正是秋瑾知道王子芳就在这个戏院里，故意跑去示威。王子芳见到了秋瑾，而且是这么一个女扮男装的怪样，他平时就对秋瑾到处乱跑深为不满，现在竟跑到戏院子里抛头露面来了，不禁怒火攻心，挥手就给了秋瑾一个耳光。从小就金枝玉叶的秋瑾，哪里受过这种虐待和羞辱，一怒之下，离家出走，跑到泰顺客栈住了下来，拒绝回家。王子芳情知不妙，叫佣妇好言相劝，各方朋友和同乡也来居中调和，秋瑾最后也只好勉勉强强回了家。

秋瑾本以为到了北京，丈夫有了事业，有了男人的志向，加上自己好好地辅佐他出人头地，为王家、也为秋家博取光宗耀祖的资本。然而事情全不是这样，反而越闹越糟，夫妻反目。这到底是为什么？秋瑾陷入了深深的困惑和沉思。

## 三、诗酒寻觅为女权

秋瑾陷入了前所未有的迷乱痛苦之中，她的内心，岂但是咸酸苦辣五味杂陈，简直是翻江倒海，狂澜阵阵。像这一类夫妻吵架、叔嫂斗法、妇姑勃蹊的家庭琐碎，对一般人来说，闹一阵生气不痛快也就过去了，但对秋瑾就不一样了。这是一个天分极高、感情极为丰富冲动、自尊心极为强烈的诗人，秋树上一片落叶，湖面上一个涟漪，都会在这颗敏悟的心里风起云涌，何况被丈夫打了！她本以为来到北京，丈夫必能振奋起来，在她的辅助督促下，活出一个男人样来，但是他仍是不思进取，而且居然对她动了手。金枝玉叶的秋瑾是可忍孰不可忍？而且那些赶来居中调解的戚属朋友，他们和她们对秋瑾都很善意，都很帮忙，但他们说出来的话，跟秋瑾从小熟读的《列女传》《女诫》《女孝经》《女论语》那些内容如出一辙，无非是说"事夫如事天"，与孝子事父、忠臣事君相同；做女人的一定要"柔顺温恭""齐家睦族""礼分内外""不逾闺阁"。秋瑾听了这些车轱辘来回说的话，心里又腻味又反感。女人为什么就非得"事夫"？如果这个男人不值得你去"事"呢？再说女人为什么不能跟男人一样，做男人做的事呢？秋瑾不无自负地想道，以自己的才学，考个举人、进士的功名，还不是囊中取物？然而只因为自己是个女的，不但自己活得窝窝囊囊，满腹才华无处施展，而且让父亲遗憾抱恨，让秋家祖宗地下不得瞑目。因为哥哥秋誉章也是那么懦弱，那么无所作为。她不禁想起少年时期读过的高祖秋学礼的《补斋文集》，其中说道："吾族非著姓，又累世衰耗，无枝叶可依庇。仅乃本枝一线，绵绵延延，以至于今，亦足慨矣！"心中默默地回味着这几句话，眼前似乎浮现出高祖那白发苍苍、慈爱悲凉的面容。对照自己眼前孤独的茫然无助的处境，无可告诉的悲哀，秋瑾禁不住心如刀绞，百感交集，思绪如狂风巨浪，胸中升起无比的愤激和感叹，她为什么不能是一个男人！这天正好是中秋，她把她的愤激和感慨一股脑儿倾泻在一首词里：

### 满江红·小住京华

小住京华，早又是，中秋佳节。

为篱下黄花开遍，秋容如拭。

四面歌残终破楚，八年风味徒思浙！

苦将侬，强派作蛾眉，殊未屑！

身不得，男儿列；

心却比，男儿烈！

平生肝胆，不因人热。

俗子胸襟谁识我？

英雄末路当磨折。

莽红尘，何处觅知音？青衫湿！

在这首词里，那些家庭琐碎全被刊落了，留下来的，是庐山瀑布一般飞泻而下的幽愤，地火喷发一般的激情，不甘雌伏的巾帼英雄气概，还有在平庸孤独的包围之中傲然前行的自负。面对传统婚姻家庭和旧礼教的束缚，面对自己的万丈愁城，秋瑾要像韩信指挥数十万大军，十面埋伏，四面楚歌，在垓下攻破楚军的最后堡垒那样；又要像项羽一骑突围，冲破重重围困，杀出一条血路那样，去奋战，去迎击！好一个"四面歌残终破楚"啊，血战双方冒死拼杀的气势、激昂，虽相反而实相同，被秋瑾浑然一体地用在一起了。这首词，预示着秋瑾诗风的转变。从前期以轻倩明丽为主，向着后期以深沉激昂为主的转变。

然而在许多时候，秋瑾又被女性那种对丈夫、对家庭的依恋所攫获，特别是当她听说王子芳很可能要娶妾的时候，她几乎要被一种绝望和悲伤所击倒。她夜不能寐，长时间以泪洗面，思绪混乱，面容憔悴。她忍不住给王子芳写诗，话语中充满了辛酸的哀告和无助的乞求：

### 初　寄

将缣比素故输新，薄名休教怨不辰。

喉哽万言声掩抑，眼噙一把泪酸辛。

流光如水颜难驻，绮梦如尘忆未真。

曾是为郎憔悴尽，年来无复旧丰神。

"将缣比素"是汉乐府《上山采蘼芜》的典故，是说丈夫停妻另娶，感到前妻织的缣要比新人织的素好。而秋瑾这里反用其意，说故人总是比不上新人，所以她为此悲啼流泪，无法抑制，乞求丈夫能够回心转意，夫妻重拾旧好，完全是传统妇女面对负心丈夫的弱者形象，与"身不得，男儿列；心却比，男儿烈"的刚烈决绝判若两人。从此可见秋瑾此时依恋和决绝、柔弱和刚烈、温情和坚毅交织在一起，难分难解、复杂纠缠、大起大落的心态。

由于迷乱和痛苦，她这个时候开始大量饮酒，以酒浇愁，借酒抒怀。绍兴本来就因独特的鉴湖水而出好酒，也即绍兴黄酒。有此美酒，所以绍兴人大多善饮，尤其像秋瑾父、祖辈那样多年在外做幕友或做官的人，一是寄托思乡之情，一是解慰离乡的愁苦，饮酒之风甚盛。这些幕友和官员留下的日记、书信、笔记等等，其中就有大量关于饮酒的记录。比如当时著名的学者，也做过幕友的梁章钜在其《浪迹续谈》里，就谈到绍兴师爷、绍兴话、绍兴酒是全国各地的"三通行"。另一著名幕友许思湄在给友人的信中表白说，"弟性嗜酒，又生于酿酒之乡，差喜与酒有缘"，这就把"酿酒之乡"和"饮酒之人"的关系，点得清清楚楚。也许是出于祖父和父亲自幼的影响，我们可以想象，在秋瑾小时候，父亲、祖父饮酒得意之时，就会拿酒杯让他们所疼爱的小秋瑾喝一口，看着小女孩被酒所呛的样子喜爱发笑。也许就是生于酒乡、长于饮酒家庭的缘故，秋瑾也极善饮，这在她的挚友吴芝瑛、以后的徐自华的回忆中，都有提到秋瑾酒酣舞剑，英气逼人的情景。但是她真正经常地、多量地饮酒，并在诗中频频触及，则自北京时期开始。这时候写的诗涉及饮酒的，如"绿蚁拼将花下醉，《黄庭》闲向静中参"，"绿蚁"是古代的一种酒名，此处泛指酒。又如"酒滴灰寒绮梦迷，可怜吟望翠眉低"，写得非常婉约绮丽。1904年清明，她又独饮独酌，怀想自己的身世遭际，不禁感从中来，慨然吟道：

### 独对次《清明》韵

独对春光抱闷思，夕阳芳草断肠时。

愁城十丈坚难破，清酒三杯醉不辞。

喜散奁资夸任侠，好吟词赋作书痴。

浊流纵处身原洁，合把前身拟水芝。

独对春光，愁肠紧结，人生之厄怎样才能度过？这时清酒、任侠和诗赋，成为秋瑾反抗命运的重压、冲破环境的网罗，在痛苦厄难中不断探索人生的价值、提升生命境界的三个重大途径。秋瑾在青少年时读《史记》，就深慕朱家、郭解之为人；长成之后，也多有解人急难的义侠之举。即如刚刚发生的事情，1904年初，秋瑾得知她并不相识的一位维新派官员王照，在监狱里面困苦不堪，就悄悄给他送去一笔钱，而且也不留下姓名。要之，诗、酒、侠三要素，是秋瑾作为晚清革命家秋瑾的最为突出而迷人的特征。没有这三要素，秋瑾就不成其为秋瑾。然而诗和侠如果没有酒的浸泡和渗透，那么诗和侠也不成其为诗和侠。没有酒，侠就失去了侠气，那就无非是江湖上的小偷和大盗；诗就失去了诗情，诗就只不过是机械和僵死的韵语的躯壳。所以，从李白、杜甫到鲁迅，都与酒有不解之缘，秋瑾事实上也没例外。然而秋瑾常常饮酒，酒深入到她的生命和诗中，则是从这个时候开始的。

这个时候，最同情、最理解也最欣赏秋瑾才华的朋友，就是吴芝瑛。吴芝瑛此时四十多岁，好公急义，诗、书俱佳，她的书法学卫夫人，如簪花美女，摹写卫夫人的元氏、姬氏二墓志，名重天下，据说慈禧太后也很喜欢她的书法，是个十分有才华且有侠义心肠的才女。也只有像她这样具有同样才华的女人，才能欣赏秋瑾的才华，理解她丰富多彩、细腻复杂的内心世界，同情她的遭际，懂得她的痛苦和追求。因此她与秋瑾一见倾心，互相欣赏互相爱惜，是秋瑾在北京最重要的女友。秋瑾对这位年长于自己十多岁的大姐的情谊十分深厚，向她袒露内心最深处的隐秘，还主动跟她郑重地订交，结盟为姐妹。此时，见秋瑾与丈夫的矛盾中如此伤痛，吴芝瑛自然倍加关怀劝慰，她把秋瑾接到自己家里住了一段时间，以缓和他们夫妻的冲突，秋瑾回家以后，她又赠诗相慰，使秋瑾十分感激。秋瑾有《季芝姊以诗相慰次韵答之》二章：

云笺一纸忽还飞，相慰空劳尖笔挥。

已拼此身填恨海，愁城何日破重围？

连床夜雨思当日，回首谁怜异昔时？

炼石空劳天不补，江南红豆子离离。

　　"季芝称"就是吴芝瑛，是秋瑾对吴芝瑛的昵称。在诗里，秋瑾表达了对芝瑛姐的无限感激之情，云笺一纸在秋瑾最为痛苦哀愁之时飞来，对秋瑾是多么巨大的慰藉。面对姐妹般的关切安慰，秋瑾在尽情地坦露自己的心迹，她心知丈夫回心无望，尽管自己像女娲炼石补天一样，但是这个天是补不上了。尽管如此，秋瑾红豆一般的恋恋之心还是没有改变。

　　秋瑾如何才能在这个愁城中突破重围？当时的新思潮大大帮了她的忙。作为京师大学堂总教习的侄女，秋瑾通过吴芝瑛这位挚友，结识了许多知识界的新派人士，当时的新书新报，她都能读到。比如她读了梁启超主编的《新民丛报》，就写信把阅读感想兴奋地告诉她妹妹秋闰瑾："任公主编《新民丛报》，一反以往腐儒之气。……此间女胞，无不以一读为快，盖为吾女界楷模也。"像当时创办不久的《大公报》，创刊伊始就大力宣传女权女学，也为秋瑾提供了源源不断的思想养料。这一思想养料，简而言之，就是两个字：女权。

　　1894 年，甲午战败，朝野上下一片哗然。空前耻辱的《马关条约》给中国社会造成了多方面的灾难，败于日本这一事实本身也给国人的思想以巨大的震撼。痛苦、失落、屈辱和牺牲如尖锐的刀刺，戳破了因循和麻木积成的厚膜，迫使人们追究自身，从种种熟视无睹、见惯不惊的东西中看出衰象与残破。正是在这一历史背景下，一方面西方一些论述女权的著作被一群既关心民族命运又同情女性不幸遭遇的热心的留学生翻译介绍到国内来，如斯宾塞的《女权篇》、约翰·弥勒的《女人压制论》等著作就是在这一时期与国人见面的。正如《女子世界》杂志所描述的那样："约翰·弥勒、斯宾塞'天赋人权'，'男女平等'之学说，既风起云涌于欧西，今乃挟其潮流，经太平洋汩汩而来。西方新空气，行将渗透于我女子世界，灌溉自由苗，培泽爱之花。"另一方面，改良女子教育成为众多进步而爱国的知识分子的共识。以康有为、梁启超、严复等人为代表的启蒙者们纷纷著书立说，他们附会儒家"有教无类""化民成俗"的学说，强调"圣人之教，男女平等，施教劝学，匪有歧矣"，提倡"复前代之遗规，采泰西之美制"，以兴女学。其中，以梁启超于1896年发表的《论女学》一文最具代表性。在这篇论文中，他认为女子无学是中国积弱之本，"西人之强""日本之勃兴"均得益于女学的提倡。他说，环顾当今世界，"女学最强盛者，其国最强，不战而屈人之兵"；"女学次盛者，其国次强"，而"女学衰，母教失，无业众，智民少，国之所存者幸矣"。据此，他认定"妇学实天下存亡强弱之大原也"。而像1902年创办的《大公报》，更是不遗余力地鼓吹女权。比如在它刊出的一篇朱莲鸳女士考证女子缠足的文章后面，编者特别加一"小议"，大声疾呼道："欲强中国，必平男女之权；欲平男女之权，必先强女权；欲强女权，必兴女学；欲兴女学，必先戒缠足。"

在痛苦迷乱中读到这样的文字，受到这些思想的启迪，秋瑾终于从日日以泪洗面，日日沉溺在男女感情、家庭矛盾的愁城中清醒过来、解脱出来，冲杀出来了。她要为女权而疾呼，为女权而奋争，为千百年来压抑屈辱的所有有才华、有志向的杰出女子讨还公道争一口气。自然，对于女权，秋瑾有她自己独特的理解和表达方式。她理解的"平男女之权"，是女性要获得与男性一样的表现自己才华，以自身才华和努力建功立业留名百世的机会和权利。要达到这一目的，就要把自己变成一个男的。她要为这一目标而奋斗！

于是，秋瑾首先要脱掉她的女装，换上一身男子的装束。换上男装以后，她还跑到照相馆去拍了一个照，并在照片上题写了一首诗：

### 自题小照

俨然在望此何人？侠骨前生悔寄身。

过世形骸原是幻，未来景界却疑真。

相逢恨晚情应集，仰屋嗟时气益振。

他日见余旧时友，为言今已扫浮尘。

秋瑾在照片里看到了怎样一个自己呢？这就是自己的前生，堂堂的侠骨男儿，那个寄错了身的女身的秋瑾，已经像虚幻的过世形骸一般永远消失了。未来的世界，建功立业的世界，名留史册的世界，等待着这位侠骨男儿去施展闯荡，这难道有怀疑吗？这才是真实的秋瑾，对着"他"，秋瑾相见恨晚，仰天长啸！今后见到老朋友怎么说呢？秋瑾早准备好了，就

身着男装的秋瑾

说现在的秋瑾，已经把错误地落在她身上的女身像虚幻的浮尘一样一扫而空，这位侠骨男儿，才是真正的秋瑾！通过换装，秋瑾在自己的内心实现了凤凰涅槃、浴火重生般的解脱和升华，她给哥哥秋誉章的信中写道："妹近儿女诸情，俱无牵挂，所经意者，身后万世名尔"，说的正是这一转折。

秋瑾开始穿着男装公然出门。那么在别人眼里这个男装的秋瑾是个什么样的？有一次，秋瑾在报上看到一篇署名"碧城女史"的文章，这是谁呢？因为秋瑾自己也用过这个名号，她便通过湖南学者傅增湘的介绍，专程赶到天津去见吕碧城。

吕碧城（1883—1943），原名贤锡，字圣因，一字兰清，法号宝莲，安徽族德人，近代著名的女词人、妇女教育家。吕碧城生于诗礼之家，自幼聪颖好学，父亲曾为山西学政。但很不幸，十三岁时父亲谢世，彻底改变了她深居简出的大小姐生活。由于吕家无男嗣，父亲尸骨未寒，族人就来争继嗣，霸占家产，以致将碧城母女幽禁。吕碧城母女被迫离家，辗转来到塘沽舅家，方得到新式教育。1904 年，吕碧城只身来到天津，在《大公报》主笔英敛之，也即当代著名话剧表演艺术家英若诚的父亲的帮助下，进入该报馆做编辑，年仅二十岁。后又协助创办北洋女子公学，任总教习。后来碧城曾到美国哥伦比亚大学留学，中年移居瑞士雪山中，研究佛学。第二次世界大战爆发，碧城经美洲返归香港定居，于 1943 年病逝。

秋瑾去见吕碧城的时候，她就正在《大公报》做编辑，住在英敛之家里。一天，报馆杂役举着一张"名刺"，高声报道："来了一位梳头的爷们！"这就是秋瑾。她身穿西装，脚蹬官式皂靴，而头上却仍梳着西洋式的发髻。所以杂役说是梳头的爷儿们，其实是男装的女人。两人相见，交谈之下秋瑾慨然取消"碧城"的名号，表示对吕的敬畏避让，这让吕碧城颇为感动，由此对秋瑾留下深刻印象。晚上，秋瑾就留在吕碧城处，两人同睡一榻。吕碧城次日早上醒来，不禁吓了一跳，因为她睁开眼，最先看到的是秋瑾那双官式皂靴，以为是什么男人闯到小姐闺房里来了。再看秋瑾，见她正在往自己鼻子上敷粉呢！

在北京，秋瑾坐着马车出去，但并不坐在车里，而是身着男装，坐在车辕上，手执一卷书，我行我素地招摇过市，出席各种社交活动。一时成为京城一景，众人惊怪的对象。有一次，吴芝瑛介绍她去参加一个聚会。这个聚会原来是京城一些上层知识女性所组织的专门讨论研究女权和女子教育的团体，叫做"中国妇女启明社"，这是在1904年年初，大约旧历新年之后不久成立的。京城的许多上层妇女，都参加了这个团体的成立大会，像肃亲王的姐姐宝夫人等，因为有日本在华女性参与其事，所以日本内田公使夫人也来了。可见这个团体在当时京城颇有影响，天津的《大公报》还专门发布了消息。秋瑾去参加这个团体的活动时，成立大会已经开过了，那天是一个例行的聚会。正是在这次聚会上，秋瑾碰到了京师大学堂日籍教授服部宇之吉的夫人服部繁子。

当时，在服部繁子的眼里，秋瑾又是怎么样的呢？大约他们见面的五十多年以后，服部繁子写了《回忆秋瑾女士》一文，在这篇提供了秋瑾当时情况的珍贵难得的文章中，服部繁子这样记载她第一次看到秋瑾时的印象："高高的个头，蓬松的黑发梳成西洋式发型，蓝色的鸭舌帽盖住了半只耳朵，蓝色的旧西服穿在身上很不合体，袖头长得几乎全部盖住了她那嫩白的手。手中提一根细手杖，肥大的裤管下面露出茶色的皮鞋，胸前系着一条绿色的领带，脸色白得发青，大眼睛、高鼻梁、薄嘴唇。身材苗条，好一个潇洒的青年！"初见之下，服部繁子也以为秋瑾是一位男子，所以她才会有"好一个潇洒的青年！"这样的赞叹，当吴芝瑛向服部解释以后，这位日本教授夫人才恍然大悟，原来这是一个女子。

过了几天，秋瑾主动去拜访服部繁子，说到自己所以要女扮男装的原因，秋瑾说："太太您是知道的，在中国是男子强，女子弱，女子受压迫。

我要成为男人一样的强者，所以我先要从外貌上像个男人，再从心理上也成为男人。"

我们现在来看秋瑾，或许会觉得她女扮男装不但偏激，而且颇为幼稚。当时服部繁子就这样认为，她对秋瑾说："由羡慕男子而模仿男子的形态，这样做毋宁有些卑屈了。穿了男子的服装，但身体是换不了的，女子到哪里也是个女子，要毫不自卑地，堂堂正正地活着，才能让男人敬慕。"

但是秋瑾却倔强地说："夫人说得也有道理，不过我还是坚持我的意见。"

秋瑾的坚持，完全有她的道理。要打破中国当时的家庭和社会制度，男女双方在家庭中不平等的地位和根深蒂固的"男尊女卑"的观念，没有像秋瑾这样几个激烈的、冲决罗网式的人物，要想改变现状太难了。鲁迅就说过，在当时的中国，要改革一下，给一个屋子开几个窗，是绝对不会同意的。只有提出说要把屋顶掀掉，这样开窗的主张才会被接受。不要小看秋瑾改换男装对于当时社会和她自身心理的意义。在中国的传统文化中，服饰是纲常伦理制度的外化，"变服易制"是关系生死存亡的大事。秋瑾的男装是对传统男权社会一声惊世骇俗的反叛的呐喊，象征着反抗传统的女性地位，象征着独立、改良、解放。对于她自身，她的男装是她从此在感情上摆脱对男性依附的宣言，她从此要为自己活着，为自己的信念、才华、追求、尊严独立地活着。我们看待秋瑾女扮男装的做法，要放在当时具体的历史条件和秋瑾的心理情感发展中，才能看出它的意义。

在与服部繁子的来往交谈中，秋瑾流露出了要到美国去学习法律的愿望，这得到服部繁子的赞同。但是没过多久，秋瑾却提出要服部繁子介绍她到日本去留学，因为她得知服部不久就要归国探亲。这让服部繁子颇为惊讶，她有点犹豫，带秋瑾这样"过激"的女士去日本合适吗？

## 一、要革命，到东京

1904 年 6 月 28 日，即光绪二十九年农历五月十五，一艘名为"德本顿特"号的德国轮船，从天津塘沽港缓缓驶出，向黄海驶去，它的目的地是日本。甲板上，秋瑾没有像前些日子那样身着令人怪异的男装，而是穿着本色的浅蓝色朴素女服，乌黑蓬松的头发由一顶软软的女帽拢着，迎着大海初夏的海风，眺望着无边无际蔚蓝色的大海。对于大海，秋瑾并不陌生，她已经多次坐过海轮了，从十几岁往来于台湾海峡，到前两年赴京，来往于上海和天津之间。然而这一次，她内心还是抑制不住的兴奋和激动，因为这一次，她是孤身远赴日本留学，她的心中充满了挣脱牢笼般的轻松，又带着对于未来的无限好奇和向往。她知道，已经有许多寻求新知的中国青年到日本留学去了，那么在那里，她能碰到与北京满街上那些庸懦自私的男人迥异的豪杰之士吗？她能一展平生学问抱负与他们一起建功立业，改变腐败的政治，洗刷国家的耻辱吗？她真能凭一己之力，唤起两万万女性，来振兴女权吗？

正在这样想着，她看见服部繁子夫人领着孩子，由高桥先生陪着，后面跟着他们的女佣和奶妈，远远地向她走来。秋瑾想起她与服部繁子的交往，以及答应她到日本后决不像在北京那样"激进"，终于说服她答应带自己赴日留学的事，不禁微微笑了。

她想起服部繁子听到自己要改变主意，不到美国去了，而是改去日本留学时那种惊讶的表情。服部夫人哪里知道，自己已经在跟她丈夫服部宇之吉教授的助手铃木信太郎学习日语的时候，知道了中国人赴日留学的盛况，从他那儿的报刊中，得知了日本留学生拒俄的壮举。秋瑾多么想投入到他们之中，与他们一起为光复故物痛快淋漓地干一场啊！

服部繁子夫人哪里知道，早在湖南的时候，秋瑾就为当时书报上维新派人士有关御侮救国、提倡新知、宣传民权的文章所深深触动，为国家的内忧外患深深忧虑。1900年，八国联军入侵北京，故国文物遭受前所未有的洗劫焚烧，当在桂阳州的父亲看到邸报写信告诉秋瑾的时候，秋瑾愤激难抑，写了一首《杞人忧》寄回父亲，诗云：

> 幽燕烽火几时收，闻道中洋战未休。
> 漆室空怀忧国恨，难将巾帼易兜鍪。

　　诗中表达了秋瑾身为女子，就像古代鲁国漆室邑那个女子一样，关注着国家的安危，但又因自己是个女子，不能把女儿装换成"兜鍪"上战场杀敌而遗憾。来到北京以后，秋瑾有机会读到李亦元的《庚子传信录》，跟这些亲历变乱的人交往，对这场给中国带来深创巨痛的灾难，有了更完整的了解。又亲眼见到庚子变乱以后北京的种种败象，家庭的纠纷带给她的忧伤和烦恼没有让她放弃对国事的关切，反而使她更深切地感到国家和社会的危机；但是对照眼前耳闻目睹的，朝廷腐败无能，官员泄泄沓沓，百姓麻木不仁，丝毫没有感觉到《辛丑条约》给国家带来的屈辱和损害。像她的丈夫王子芳，在户部挂一个主事职，但一天到晚在做些什么事！她早就跟盟姐吴芝瑛表达过："人生处世，当匡济艰危以吐抱负，宁能米盐琐屑终其身乎！"她的这一抱负，服部繁子怎么会知道呢，她只是把自己看作是一个女学的热心倡导者而已！

　　服部繁子还不知道的是，为了到日本留学，秋瑾经受了多少周折。丈夫王子芳开始就全然不同意，只是通过盟姐吴芝瑛的周旋，他才来到服部繁子处替秋瑾说好话，要求服部夫人帮助秋瑾去日本。他本以为即使他来求情，服部繁子也是不会答应的，但没想到夫人居然同意了。这一下子王子芳又全然改变态度，不但拒绝提供秋瑾留学的费用，而且还把秋瑾自己的首饰也藏了起来，想以断绝秋瑾经济来源的手段阻止秋瑾赴日。又多亏了吴芝瑛和其他几位朋友如陶荻子从中周旋，秋瑾才得以卖掉自己的首饰，凑够了学费。最棘手的是两岁多的女儿，王子芳大言，他一个男子汉大丈夫带不了孩子！想以此阻止秋瑾留学，秋瑾一咬牙一狠心，把女儿托给朋友暂时照看，请她有机会托人送回湘潭婆家。

想到这儿，秋瑾原本兴奋开朗的脸上，不禁露出了一丝忧郁和愤懑。

这时服部繁子与他们几个人一起来到跟前，夫人脸上带着愉快的笑容对秋瑾说："轮船上的事务长是个爱好中国文化的日本人，还会写汉诗，他听说秋瑾女士能写一手好字，已经写了一首诗，想请女士把他的诗写成一幅书法。"

秋瑾出于客气，婉拒说："自己的字写得极不好，拿这个字给人家写太难为情了，太太替我回绝了吧！"

服部繁子坚持说，你是中国有名的秋瑾女士，就给他写几个吧。遇到有名的中国人，请他写字留念，这是日本人的习惯。以后给人看看，就说是有名的秋瑾女士的字，他心里就别提多高兴了。

听服部繁子连连说自己是"有名的"秋瑾女士，秋瑾心里又有了几分高兴，刚才想到王子芳的不快隐去了。她看了服部繁子递过来的写有诗句的纸，原来那人叫"石井"。

秋瑾把纸拿回去，找到笔墨，把石井的诗写了，还和了一首：


### 日人石井君索和即用原韵

漫云女子不英雄，万里乘风独向东。

诗思一帆海空阔，梦魂三岛月玲珑。

铜驼已陷悲回首，汗马终惭未有功。

如许伤心家国恨，那堪客里度春风。

后来，秋瑾把自己的这首诗在《中国女报》上发表了，而那个石井的原诗却不知道是否还在世上。服部繁子也不会知道，就是因为自己的牵线搭桥，说好话怂恿，催生了一首好诗。诗中秋瑾一如既往地表达了女子也要大有作为的英雄气概，表达了对国恨家仇的伤痛；又惭愧自己在祖国陷入危难之中，就像汉代的长安陷落，连铜驼也悲泣不已的时候，自己这匹汗血宝马还未找到驰骋的疆场，建立功勋。整首诗用典贴切，忧愤深广，而"诗思一帆海空阔，梦魂三岛月玲珑"一联，则境界阔大，清明空灵，令人一咏三叹，无限感慨。

　　在轮船的甲板上，秋瑾看到一个二十三四岁的年轻女孩，心事重重，愁眉不展，十分痛苦的样子。而她身边的四十多岁的姐姐，则面容瘦削，目光尖利，对这个妹妹十分严厉。热心肠的秋瑾看了十分不忍，趁她姐姐不在的时候，跑到女孩身边跟她悄悄地谈起来，想了解这个女孩为何这样。慢慢地她了解到，这个女孩在姐夫工作的地点保定与一位青年好上了，但女孩已是许配人家的了，所以家人要把她送到东京，把她与那个青年永远分开。秋瑾听到这儿，禁不住对女孩说："你太软弱了，为什么不坚持你的所爱呢？"

　　女孩哭哭啼啼地说："坚持也坚持不住，不如干脆死了算了！"

　　秋瑾听了深有感触，不禁自言自语地说道："再也没有比碌碌无为活一辈子最后老死这种活法更愚蠢的了。我无论如何要做出惊天动地的大事来，与其磨磨蹭蹭地活着，还不如想死就死有意义！"

　　这时候女孩的姐姐过来，把女孩拉走了。秋瑾不禁对这个姐姐十分不满。没想到，第二天清晨，秋瑾还没有起来，就听到有人喊："有人跳海了，有人跳海了！"赶快跑出去一看，原来昨天跟自己说话的那个女孩子真的跳海了。

　　秋瑾一下子愣住了，想起自己跟女孩谈话的内容，难道是自己的那几句话促使女孩下了最后决心吗？对着跑过来的服部繁子，秋瑾不禁痛哭起来。

这一天，秋瑾沉默不语，她的思绪漫无边际地游荡，一会儿想着自己对那个女孩说的话是不是对，要是自己会怎么样，由女孩姐妹的关系，她又忽然怀念起自己的妹妹秋闺珵来。她想如果妹妹碰到像这个女孩那样的事，她肯定不会像这个无情的姐姐那样，而是会全力支持自己的妹妹。想着想着，她忽然想起自己寄给妹妹的几首诗，不禁在心里默默地吟咏起来：

### 寄珵妹

年年常是感离居，两地相思托鲤鱼。

今日新愁因共晓，昔时旧恙近何如？

小窗蛩语伤时暮，别院鸡声破梦初。

惆怅寸怀言不尽，几回涕泪湿衣裙。

默默地把诗吟咏了几遍，想着妹妹，秋瑾的思绪忽然又飘回到盟姐吴芝瑛为她送行的联语："英雄尚毅力，志士多苦心"，题款是"睿卿妹留念"，落款是"桐城吴芝瑛书"。那是两三个月前，在北京的陶然亭，由陶荻倚做东，几位要好的女友为自己赴日送行的席上，吴芝瑛当场为自己挥毫题写的。盟姐的字俊秀妩媚，堪称上品。秋瑾记得，自己即席作的一首《临江仙》词，其中"铁画银钩两行字，歧言无限叮咛"，就是对盟姐的联语说的。秋瑾理解，这个"尚"是崇尚的"尚"，一个尚字，寄寓着盟姐对自己多大的期盼和希冀啊，她希望自己能够坚韧不拔，做出惊天动地的大事来，为天下所有有才华的女子争口气！秋瑾感念地想道，只有盟姐最理解自己的抱负，最欣赏懂得自己的才华，也最对自己的隐痛幽苦感同身受。

由陶然亭宴别，秋瑾又想起，那次宴别以后，自己并没有马上动身。因为日俄战争的缘故，海道梗阻，自己又南下绍兴，看望了家中的老母。途经上海，在那儿遇到一个老妇人，秋瑾称她为"琴文伯母"，交谈之下得知她的状况很困窘，秋瑾就又忍不住拿出钱来小小地资助了她一下。没想到琴文伯母还特别感恩，专门写信来道谢。回京以后，秋瑾也给她回了信，谈了京里的一些近况。当然，日短交浅，秋瑾也不会跟她谈自己的家庭情况。但秋瑾非常得意的是，准备赴日的时候，秋瑾已把自己名字中的"闺"去掉了，从此就叫"秋瑾"，而且还给自己取了一个号"鉴湖女侠"。在给琴文伯母的回信中，秋瑾第一次署上了鉴湖女侠！秋瑾从此不再是向往着夫妇琴瑟相随、吟诗对句的深闺女儿，不再是为满腹缠绵得不到丈夫深情回应的怨妇，而是手持长剑闯天下的女侠！她要以这样一种脱胎换骨的，全新的精气神出现在日本。想到这儿，秋瑾回味着鉴湖女侠四个字，不由得豪气填膺，逸兴冲天，恨不得即刻拿起一把剑来翩然起舞！四周茫茫大海，滔滔巨浪，似乎也为她举臂助威。秋瑾一时兴起，面对大海，高声吟咏起她这次从上海回北京，乘轮过东海时作的《泛东海歌》，在甲板上边舞边歌：

登天骑白龙，走山跨猛虎。

叱咤风云生，精神四飞舞。

大人处世当与神物游，

顾彼豚犬诸儿安足伍！

不见项羽酣呼钜鹿战，

刘秀雷震昆阳鼓。

年约二十余，而能兴汉楚；

杀人莫敢当，万世钦英武。

愧我年二七，于世尚无补。

空负时局忧，无策驱胡虏。

所幸在风尘，志气终不腐。

每闻鼓鼙声，心思辄震怒。

其奈势力孤，群才不为助。

因之泛东海，冀得壮士辅。


谁能想到，一位身材颀长苗条、长发乌黑蓬松、双眼清澈秀丽的江南姑娘，一位从小熟读唐诗宋词的才情女子，能写出如此壮气盖世，其节奏犹如暴风骤雨般的风云歌诗！一时间，长天无声，大海伏波，六月里鼓胀的海风也不再吹动，都在静悄悄地听着、看着，细细品味着这壮气中的愤怒、怅惘、天问一般的求索，凝神看着这舞动的颀长苗条的身材，就像风雪中倔强的修竹，刚劲而坚毅。黄海有幸，见此情景！

"德本顿特"号经过一周的航行，经过仁川、釜山，于7月4日到达神户，秋瑾与服部繁子在此分手，改乘火车，到达东京。

秋瑾要真正开始她的留学生活了，这时候的东京中国留学生界是怎样的呢？让我们来看看以下这些事件：

1902年4月，章太炎联合秦力山、朱菱溪、马君武、冯自由、王嘉榘、陈犹龙、周宏业、李群、王思诚等发起召开"支那亡国二百四十二年纪念会"，定于4月26日，即明朝崇祯帝自缢之日在东京上野公园的西式菜馆精养轩举行。孙中山是纪念会的赞成人，他率领十多名华侨由横滨赶来。章炳麟起草的宣言书声称明亡之日，即中国亡国之始，号召人们"雪涕来会"，共同缅怀明末抗清斗争。

会期前一日，清朝驻日公使蔡钧闻讯惊恐，亲访日本外务省，要求解散此会。当天上午，日本警察在精养轩前阻拦，许多赴会者被驱散。警视厅传讯了纪念会发起人。得知情由后，孙中山和章炳麟临时改定于当天下午在横滨永乐酒楼举行了纪念会仪式，这次纪念会是中国留学生掀起反清革命的第一个激浪。

1902年7月28日，因驻日公使蔡钧为防止革命，禁止各省自费学生学陆军，在留日学生中，军事是热门，吴稚晖、孙揆均等26人为此到使馆请愿，举行静坐。蔡钧勾通日警，拘留了吴、孙二人。在把他们两人递解回国的时候，吴稚晖突然跃入城壕自沉，他在绝命书中说："以尸为谏，怀忧曲突。"幸因河水不深而遇救，此事激起留日学生极大愤怒，联名致电外务部，要求撤回蔡钧，酿成了"成城入学"事件。

1902年12月，留日学生叶澜、汪荣宝、秦毓鎏、张继等仿照意大利独立前的团体"少年意大利"，发起成立了一个组织，原拟取名"少年中国"，为避免清朝当局注意，定名为"青年会"。青年会的会约第一章规定该会"以民族主义为宗旨，以破坏主义为目的"，表现出鲜明的革命色彩。参加发起者还有周宏业、谢晓石、张肇桐、蒋方震、王嘉榘、嵇镜、钮瑗、吴绾章、萨端、熊垓、胡景伊、苏子谷、冯自由、潘赞化、陈由己、金邦平等。他们大多是早稻田大学的学生。青年会是留日学生中第一个具有革命倾向的团体，对留日学生产生了重大影响。

1903年1月29日，中国留学生在东京举行新年恳亲会。清廷贝勒载振、驻日公使蔡钧等到会。会上，留学生马君武、刘成禺公开发表"排满"演说，两人声泪俱下，慷慨激昂，赢得了热烈掌声。清宗室长福起来辩驳，遭到留学生们群起而攻。在满族亲贵和官吏面前公开喊出"排满"的声音，轰动一时。

1903年4月8日，留日女学生胡彬夏等在东京发起成立共爱会。这是中国争取男女平权的第一个爱国妇女团体，发起共爱会是因为"愤女学之衰败，慨女权之摧折"。其章程规定："以拯救二万万之女子，复其固有之特权，使之各具国家之思想，以得自尽女国民之天职为宗旨。"

1903 年 4 月 13 日，在日本成城学校的中国留学生刘鸿逵受到日本大尉西乡的侮辱，中国学生愤而罢课，迫使西乡向刘鸿逵和清国学生总监督谢罪。

1903 年 4 月 27 日，中国留日学生江苏同乡会在日本东京创办《江苏》杂志，宣传反清革命，鼓吹民主共和。该刊由秦毓鎏、张肇桐、黄宗仰等主持，柳亚子、金一等人撰稿，内容分社说、政治、教育、哲理、历史、传记、实业、译篇和小说等栏目。用黄帝纪元，文言撰著。发表有《政体进化论》《革命其可免乎》《新政府之建设》《中国立宪问题》等文，公开宣传革命，确立共和宪章，建立民主共和，批判保皇立宪。

1903 年 4 月 29 日上午，留学生会馆干事及评议员四十余人就俄对中国的侵略意图举行集会。汤櫆（即汤尔和）建议先致电南北洋大臣，请他们主战。钮永建指出："徒言无益，学生不自担任，但责望于人，非所以为国民也。宜自行组织义勇队以抗俄，并为国民倡"。全体赞成。下午，在锦辉馆召开留学生全体大会，到会五百人，推汤櫆为临时议长。汤慷慨激昂地说："大丈夫日日言不得死所，今俄人于东三省之举动，日本警报皆已知之，此真吾国之奇垢极耻，亦正我辈堂堂国民流血之好机会"。全场鼓掌。汤櫆愤慨地说："留学生遇重大问题，充类至尽，不过打个电报，发封空信，议论一大篇，谁肯担半点血海干系？还说是待我学成归国再议办法。咄！待尔学成归国时，中国已亡了几十年！支吾瞒混，待骗谁来！"接着高呼："今日有不怕死的，肯牺牲一身为中国请命的，立刻签名，编成一队，即日出发！"大会遂决定，成立拒俄义勇队赴前敌。

5 月 2 日，留日学生集会于锦辉馆，改拒俄义勇队为学生军。一百二十一名队员编为甲、乙、丙三个区队，每区队辖四个分队。留日士官生蓝天蔚被推为学生军队长。清朝留学生监督和日本警方出面干预，迫令义勇队解散。

5月11日，学生再度在锦辉馆开会，将学生军改名为军国民教育会，会员达二百零八人。会议宣布军国民教育会的宗旨是："养成尚武精神，实行民族主义"。"祖父世仇则报复之，文明大敌则抗拒之，事成为独立之国民，不成则为独立之雄鬼"。"决定进行方法三种，一曰鼓吹，二曰起义，三曰暗杀。更推举同志返国，分省运动起义，名曰'运动员'。"

1903年的东京中国留学生界，正如一只压力超限的锅炉，一触即爆。"排满"的浪潮，汹涌而来；反清革命的暗流，四处渗透。反清"排满"的报刊、组织、集会，像雨后春笋般出土，又像满山的映山红迎着春寒含苞欲放。正是这个时候，秋瑾来了！鉴湖女侠来了！她是憋着一股劲儿来的，是抱着"空负时局忧，无策驱胡虏"的郁闷苦痛而来，是"冀得壮士辅"的满腔热望而来的。好了，这儿什么都有，什么都准备好了，请你迎接吧，施展吧。真是要革命，到东京啊！

## 二、革命是什么：办报、开会、演说

近代中国人之留学日本，始于1896年也即光绪二十二年。那一年，驻日公使裕庚由于使馆业务的需要，到国内招募了13名学生到日本，直接送到日本所办的学校就读。时值维新变法思潮高涨时期，派遣学生留学日本的呼声甚高，主要原因即如张之洞在《劝学篇·外篇》所言，第一，路近，容易前往；第二，费省，可以多派；第三，文字相近，容易通晓；第四，情势、风俗相似，便于仿行；第五，西学烦琐，凡其中不切要者，日本人已经删节而酌改。当然这最后一条的真正用心，是认为西洋的民主政体中国断不能去学习，而日本政体"立宪以尊君权而固民志"，才真正适合中国人去模仿。但是接踵而来的戊戌变法和八国联军之役，使得派遣学生留学日本的工作无形停顿。八国联军之役以后，朝廷的危机感才真正深刻起来，认识到改弦易辙的紧迫性。1901年1月29日，还在西安"行在"的慈禧太后发布诏令，要求内外臣工各抒己见，提出改革的办法。在内外臣工纷纷上折提出的改革措施中，说最多的就是"多储人才以济时艰"，也就是要多派留学生。代表性的如两江总督刘坤一、湖广总督张之洞联合提出的"变法三折"，其中最主要的意思就是"设学堂、停科举、奖游学"。这一建议为朝廷所采纳，1902年新由总理衙门改设的外务部就制定了《出洋游学办法章程》，鼓励国人留学。而日本就是人们的首选地，理由已于上述。

那么在日本方面呢？它也很欢迎中国人去。表面上，它说为中国培养学生是为了"倍敦友谊"，但其真实目的，即如当时的日本驻华公使矢野文雄给外交大臣西德二郎的信中所言，"如果将在日本受感化的中国新人才散布于古老帝国，是为日后树立日本势力于东亚大陆的最佳策略。"所以，为容纳中国留学生的到来，为中国留学生所设的预备学校如雨后春笋一般涌现出来，著名的如弘文学院、日华学堂、东京同文书院、成城学校留学生部、振武学校、东斌学堂、经纬学堂、法政大学附设法政速成科、早稻田大学清国留学生部、实践女子学校附属中国女子留学和师范、工艺速成科等。这实践女校，就是秋瑾留学的学校。

而对于怀着爱国热忱的中国人来说，甲午战争的惨败，已使他们在心灵深处上深受震撼；八国联军进占北京，更使他们创巨痛深，愤不可抑，迫切寻找救国的出路和办法。到西洋或东洋寻找富国强兵之道，是当时大多数人的想法。又如以上所说，到日本有路途近、费用低等有利条件。对于日本政治家想通过留学生教育控制中国的图谋，中国人是有所警惕的。如当时上海的一家报纸发表评论说，日本"美其名曰扶持中国的文明，切其辞曰博爱主义，吾国民方感其雅意之殷勤，而不察其阴谋眈逐。"一个署名为"独立苍茫子"的留学生也写道："甲午之役，庚子之战，日人与我外交之断绝已非一次，彼特鉴于吾祖国民气，尚未瓜熟，始一变方针，以强取之不如吸收也。……所谓东亚和平也，热心教育也，不过戴假面具以欺人，其居心乃不可究诘。"

所以，在以上种种因素的联合作用下，20世纪初年赴日留学迅速形成高潮。1904年，当秋瑾到达东京的时候，中国的留学生已有一千三五百人之众。他们大约有三种来源，一是贵胄学生，即皇室亲贵王公大臣的子弟，这一类人数很少；二是官派学生，包括由京师大学堂、各省督抚学政、各大臣所选送的公费生；三是游学学生，即自费生。当然，新到的秋瑾，是这第三类中的一个。

那么，这些人怀抱着学习富国强兵之道的目的来日本，怎么大多数人很快就变成反清的革命党人了呢？其转折的关键，就是上一节已经提到的留学生拒俄运动。

1903年4月18日，沙俄政府向清政府发出照会，要求对中俄《交收东三省条约》的规定进行修改，提出七项新条件，拒绝撤兵，妄图在我国东三省无限期驻扎下去。信息传来，全国激愤，上海学生市民首先发起声势浩大的集会抗议。

日本留学生闻风而动，4月29日，留学生五百多人在东京留学生会馆集会，抗议沙俄的侵略行径，会议决定成立"拒俄义勇队"，致电北洋大臣袁世凯，要求赴东北参加抗俄战斗。没想到，这样的爱国热忱并没有得到清政府的赞同和支持，反而认为留学生是"名为爱国，实则革命"，如临大敌，要加以镇压。清政府通过驻日公使要求日本政府对留学生严加限制，在国内则密谕各省督抚，对回国参加拒俄运动的留学生要"暗为防堵"，"遇有行踪诡秘，闻有革命本心者，即可随时获到，就地正法。"

一次纯粹为国家御侮的爱国斗争，为清政府所阻挠、镇压，这是参与拒俄运动的留学生们所没有料到的。爱国有罪，报国无门，让许多留学生痛哭流涕，陷入绝望。他们痛感朝廷之不足为，由此得出"欲强中国，必自排满始"的结论。从此以后，革命成了日本留学生的主流，保皇立宪的话题在人前都不敢说，而反清革命则理直气壮，振振有词。反清革命的各种报刊、集会、组织，像雨后的蘑菇一般不知从哪儿冒了出来。

秋瑾就是在这样的形势下来到了东京，她以最快的速度、最大的热情、最决绝的姿态，投入到这一潮流之中。

于是，秋瑾先让自己到中国留学生会馆设立的日语讲习会补习日语，虽然她在北京时向铃木信太郎学习过日语，但真要在日本学习生活，那还远远不够。一个月以后，又通过服部繁子的介绍，她进入了下田歌子校长的实践女校师范专业。然后，她以彻底洗净了妇愁闺怨以后的全新的热情、开朗、活跃的姿态，投入到各种各样生气勃勃、令人激动的留学生革命活动中去。

当时，留日学生都组织有同乡会，比如湖南同乡会、浙江同乡会。她是浙江人，她就参加了浙江同乡会的集会和活动；又因为她是湖南人的媳妇，所以她又参加了湖南同乡会的集会和活动。通过同乡会，她认识了许多人，比如湖南的黄兴、宋教仁，浙江的陈仪、龚宝铨，通过陈仪，她又认识了对她有重大影响的陶成章。通过这些关系，她首先加入了留学生组织"演说练习会"，并被推为会长。她热情洋溢地倡导演说，认为演说有五大好处："第一样好处是随便什么地方，都可以随时演说；第二样好处，是不要钱，听的人必多；第三样好处，人人都能听得懂，虽是不识字的妇女、小孩，都可听的；第四样好处，只需三寸不烂之舌，又不要兴师动众，捐什么钱；第五样好处，天下的事情，都可以晓得。"她还认为，中国各处方言不同，影响演说效果，所以她提出演说会应附设普通话研究会，研究和倡导普通话，达到所有演说皆用普通话。她进入实践女校时，恰逢女校举行毕业典礼，其中的毕业生有中国籍的陈彦安和孙多琨，她们准备不久离日回国。秋瑾和她们刚刚结识，但已经有了感情，现在马上又要分手，不免惜别。为此，她填写了一首词为她们送行，在词中表达了深深的忧国伤时之心和对两人所寄托的期望。什么期望呢？就是期望二人开启粲花莲舌，用演说唤醒大众：

### 望海潮·送陈彦安、孙多琨二姊回国

惜别多思，伤时有泪，内绌外侮交讧。

世局堪惊，前车可惧，同胞何事懵懵。

感此独心忡。

美中流先我，破浪乘风。

半月比肩，一时分手叹匆匆。

从今劳燕西东；

算此行归国，立起疲癃。

智欲萌芽，权犹未复，期君力挽颓风。

化痼学应隆。

仗粲花莲舌，启瞽振聋。

唤起大千姊妹，一听五更钟！

词的上半阕是惜别和伤时，下半阕是鼓动陈彦安和孙多琨两位姐妹回国以后，不忘国家"智欲萌芽，权犹未复"的现状，用粲花莲舌去演说，唤起无数的姐妹。固然，既然说的是"姐妹"，那么"智欲萌芽"指的是妇女的智识等待着开启；"权犹未复"指的就是女权还未伸张。秋瑾就是这么可爱的执着和真诚，自己刚刚被推为演说练习会会长，她就要求别人

去做演说，也不管人家是否喜欢演说，有没有能力演说。

　　成立了演说练习会以后，秋瑾马不停蹄又创办了《白话》杂志，作为演说练习会的会刊。她自任主编，在杂志上自撰文章，以"鉴湖女侠"的署名发表了《演说的好处》（第一期，8月）、《敬告二万万中国女同胞》（第二期，9月）、《敬告我同胞》（上，第三期，10月）等文章。在《敬告中国二万万女同胞》中她写道："诸位，你要知道天下事靠人是不行的，总要求己为是。当初那些腐儒说什么'男尊女卑''女子无才便是德''夫为妻纲'这些胡说，我们女子要是有志气的，就应当号召同志与它反对。"并说"我们自己要不振作，到国亡的时候，那就迟了"。字里行间充满了一个妇女解放运动先驱向旧势力宣战、争取妇女解放的激情。

　　《白话》以干支纪年，设论说、教育、历史、地理、理科、时评、谈丛、歌谣、戏曲、小说、实业、传记、时论等栏目，积极为女界呼吁，主张男女平等和婚姻自由，鼓励妇孺识字，反对缠足。并用通俗白话向人们宣传清政府已经沦为帝国主义列强奴役中国人民的工具，鼓吹反帝爱国，号召人们奋起斗争，争当国家的主人。杂志共发行了6期。

　　她又听说著名的《苏报》创办人陈范的女儿陈撷芬，在头年发起组织了"以拯救二万万之女子复其固有之特权，使之具国家之思想以得尽女国民之天职为宗旨"的妇女组织"共爱会"。但建立以后，人数不多，活动也很少，秋瑾就特地到横滨去找陈撷芬把"共爱会"恢复起来，改名为"实行共爱会"，推举陈撷芬为会长，自己则任"招待"。现在已经没有人知道这个"招待"的职务是做什么的，推测起来，应该相当于秘书长。

　　说到"楚南女子"陈撷芬，也是晚清一位杰出的、叱咤风云的女性。她的父亲陈范，曾任江西铅山县知县，因办理教案落职。他痛恨官场的腐败，转而以言论救国，于1900年出资承办《苏报》，聘请爱国学社的蔡元培、吴稚辉、章炳麟等人为主要撰稿人，以章士钊担任主编，成了革命党人的重要舆论阵地之一，拥有广大的读者。1903 年，《苏报》发表章太炎的文章，直指光绪皇帝的名字，并斥之为"小丑"，说是"载湉小丑，不辨菽麦"，被清政府告到租界的法庭，酿成了轰动一时的"苏报案"。陈撷芬从 16 岁登上新闻舞台，她创办的妇女刊物《女报》（后更名《女学报》，又称《女苏报》），自任主编，她就成了近代中国第一个女子刊物的主编。这份"女苏报"内容新鲜、文字大胆、鼓吹女权、提倡女学，极其引人注目。而那些新鲜活泼、犀利大胆的文字大多出自陈撷芬的手笔。1903 年 7 月，《苏报》案发，陈撷芬父女避走日本，《苏报》《女学报》报馆均被封闭没收。

这样一位杰出的女性，当然是秋瑾极为钦佩的，所以不但赶去横滨会见她，与她共同恢复重组共爱会，后来办《中国女报》，也想把它办成像"女苏报"这样一份报纸。秋瑾而且还为她打抱不平，据理力争，改变了陈撷

秋瑾主办的刊物《中国女报》

芬的命运。原来，说起来也奇怪，就是出生于这么一个家庭，这么一个倡导妇女解放的女才子，父亲陈范却要把她嫁给人做妾，而陈撷芬自己也竟然同意。当然，这样的事说奇怪也不奇怪，中国最早反对纳妾、倡导妇女解放的先驱者之一康有为，自己不也是纳了好几个妾吗？这就是传统向现代过渡的时期特有的现象。然而秋瑾闻讯大怒，在出面跟陈范交涉没有结果的情况下，秋瑾召集女留学生开会与陈范斗争，终于迫使陈范取消了婚约。后来，陈撷芬就读日本横滨基督教共立女学校，毕业后嫁四川人杨镌，双双赴美留学。1923 年，陈撷芬逝世，年仅 40 岁。

秋瑾在湖南的时候写过一首诗，题目叫《旧游重过不胜今昔之感口号》，诗云：

> 去年曾此踏青来，联袂堤边印碧苔。
>
> 并语却怜花样异，同心正好别情催。
>
> 题愁壁上诗犹昔，留约闺中人唯回。
>
> 独自沉吟欲求友，林间愧乏左芬才。

诗中表达了秋瑾对友谊的珍视和渴望，特别是对杰出女友的珍视和渴望。这首诗，让秋瑾想起了自己在湖南的意气相投的女友唐群英。

唐群英也是一位才华出众、性格刚强的女性。还在十五六岁的时候，她就吟出"斗室自温酒，钧天维唤风"这样豪气万丈的诗句。秋瑾与她因为双方婆家有沾亲带故的关系，两个人因此相识，而且一见倾心，互相欣赏。唐群英出嫁以后刚过几年，丈夫就病逝了。按照当时的传统和夫家的族规，她应在婆家守节，才不失为"名门闺秀"。但唐群英生性豪放，蔑视礼教，不管有什么夫死守节训诫，毅然回到娘家居住。在日本，秋瑾想起唐群英，还有湖南的认识不认识的许多姐妹，为什么不到日本来学习新知，实现自己的凤志呢？加上当时的留学生写信回家乡，敦劝家乡的有志之士出来留学的风气很盛，像鲁迅等人就给绍兴的父老乡亲写过信。所以也秋瑾热心地致书湖南第一女学堂，鼓励那儿的"诸姐妹"出国留学。

在信里，秋瑾告诫她们"切勿因此一挫自颓其志，而永沉埋男子压制之下"，又初步提出妇女解放的途径："欲脱男子之范围，非自立不可；欲自立，非求学艺不可，非合群不可。东洋女学之兴，日见其盛，人人皆执一艺以谋身，上可以扶助父母，下可以助夫教子，使男女无坐食之人，其国焉能不强也？我诸姐妹如有此志，非游学日本不可"，并表示"如愿来妹处，俱可照拂一切"。另外又给吕碧城、唐群英等女友单独写了信。

吕碧城没有来，但是唐群英来了，不但她一个人来了，湖南还有黄萱佑、许馥、张含英、吴珊、王昌国、黄国厚等二十多个女子都赴日留学来了，由此可见当时湖南得风气之先之一斑。

唐群英到日本后，先自费进入青山实践女校，成为秋瑾的同学。两年后，她又转入成女高等学校师范科，因成绩优异，由湖南当局改为官费生。在东京求学期间，唐群英结识了刘揆一、刘道一、黄兴、赵恒惕等湘籍人士。1905 年 5 月，经赵恒惕介绍，她加入黄兴等人发起的华兴会，后又经黄兴介绍会见了孙中山。从此，唐群英积极参加留日学生的各种革命活动，担任过"留日女学生会"的书记，后被选为会长。1905 年 8 月 20 日，兴中会与华兴会等革命团体合并，成立了中国同盟会。唐群英作为华兴会唯一的女会员转入同盟会，成为同盟会中第一个女会员。由于唐群英比相继加入同盟会的何香凝大 3 岁，比秋瑾大 6 岁，所以同盟会的会员都尊称她为"唐大姐"。有意思的是，这位"唐大姐"刚烈如火，出手不凡。民国之初，为争取妇女的参政权，她曾率领二十多个女干将，砸了南京临时参议院的会场，因为参议员不同意把妇女参政权写入民国《约法》，而《临时约法》中却是有的。

后来在北京的国民党成立大会上，因为多数男性代表不同意在党章中列入妇女参政的条款，唐群英怒不可遏地冲向主席台，揪住主持会议的宋教仁当众给了他一个耳光，逼得孙中山只好出来调停。这位"唐大姐"就有这么厉害，也说明争取女权走过了多么艰难的路。

秋瑾参加那么多活动，她还正经读书吗？当然读。实践女校校规很严，功课也很重。秋瑾修读的是师范科，课程有日语、教育、心理、理科、地理、历史、算术、图画、体操、汉语、唱歌等。每周有 33 个课时，外加 6 小时自修课。秋瑾还自学了护士知识，参考各种书籍，编写了《看护学教程》。又要上课，又要参加那么多社会活动，又要写诗作文，所以事实上秋瑾是非常繁忙的，她经常通宵达旦，吮笔辍文，写到愤激之处，往往捶着自己的胸口慷慨激昂地说："你自名为鉴湖女侠，又不能洗雪国耻，你活着还有什么意思！"

看来，峻急的秋瑾对于开会、演说、办报这样的革命活动慢慢地感到不满足了，她要寻求更为激烈的途径。这样的机会来了。1904 年的秋冬之际，她的朋友李自平找来了。李自平是冯自由的妻子，也是陈撷芬的好朋友，秋瑾上次去横滨拜访陈撷芬时与她相识。这次，李自平受丈夫冯自由之托来找秋瑾，邀请秋瑾去横滨。

## 三、女侠与剑

李自平的丈夫冯自由特意来请秋瑾到横滨去做什么呢？热心交结朋友的秋瑾跟着李自平去了，但是心里充满了好奇和猜测。

秋瑾有所不知的是，这时以孙中山为首的革命党人联合会党进行"驱除鞑虏，恢复中华"的革命斗争已经好几年了，兴中会成立不久领导的两次反清武装起义即 1895 年的广州起义和 1900 年的惠州起义，就是孙中山依靠会党头目郑士良等人联络广东沿海的三合会、绿林、营勇等为起义的主要力量发动的。

早在少年时代，孙中山就听够了会党"反清复明"的故事，对广东会党的发展规模有相当的了解。所以后来，他谈到广东惠、潮、嘉三府的会党情况时曾经说："其人民十居八九已入反清复明之会，其人亦最强悍，官府不敢追究之。"会党的巨大力量和民族意识给他留下了难以磨灭的印象。1886年秋，孙中山转入广州博济医院附设南华医学堂学习，在这里他结识了郑士良。郑士良是个少有大志，曾经跟乡中父老练习拳技，与邻近绿林豪侠及洪门会党交往很深，具反清复汉思想三合会会员。孙中山与他在"反清"这点上一拍即合，引为知己。通过郑士良，孙中山开始意识到会党中蕴藏着巨大的反清能量，是一支值得整合利用的队伍。后来孙中山曾说："予由谈论时代入于实行时代之动机，则受郑君所赐者，甚多也"。1893年，孙中山在广州行医，郑士良、尤列、陈少白等经常来这里促膝密谈。谈什么呢？谈"如何联络会党的计划"！

1894年，孙中山北上投书李鸿章失败，从此他坚定地"转向下层，转向华侨和会党"。也就是不理体制内官僚那个茬儿了，准备另起炉灶自己干。果然，这年秋孙中山来到檀香山，在会党邓荫南等人的帮助下，创立了"驱除鞑虏，恢复中华，创立合众政府"的兴中会。那么最初加入兴中会的都是什么人呢？在现在有据可查的四十九个会员中，十四人属秘密会党，约占总人数的三分之一。由此可见孙中山与会党，特别是华南和海外会党的深刻渊源。

冯自由把秋瑾请到横滨，正是按照孙中山的意图，利用会党的形式发展革命力量。

冯自由出生于日本的一个华侨家庭。父亲冯镜如在香港出生，取了一个洋名叫金赛尔，后到日本长崎从事文具印刷业，他的公司也取名为"金赛尔公司"，主要进口一些文具商品及出版一些儿童读物，在长崎华侨中颇有声望。孙中山在 1894 年于檀香山组织了兴中会，同年及次年冬途经日本，散发会章，发动爱国华侨参加兴中会，在日本成立支部。这时，冯家开始与反清政治活动发生联系。翌年，孙中山又来日本，和冯家来往密切，在长崎组成了一个小规模的支部，冯镜如被选为支部负责人。1895 年，14 岁的冯自由也加入了兴中会，是年龄最幼的会员。

从此，冯自由就成为孙中山最得力的助手之一，追随孙中山做了许多工作。1905 年，他参加中国同盟会，任评议员。稍后受孙中山指派赴香港、澳门，1906 年任同盟会香港分会会长、同盟会机关报《中国日报》社长兼总编辑，着重传播孙中山的政治纲领，鼓吹革命，抨击清政府的专制统治。1911 年 10 月，武昌起义成功，冯自由被派往南京协助建立中华民国临时政府，孙中山任中华民国临时大总统后，冯自由任总统府机要秘书。

"二次革命"失败后，孙中山派冯自由去美国负责中华革命党党务，冯到旧金山出版党的机关刊物《民口杂志》。1919 年中华革命党改组为中国国民党，冯自由拥护孙中山的三民主义，在《中国日报》上发表《民生主义与中国政治革命之前途》的文章，要求人们要特别注意孙中山的民生思想。

1924 年 1 月，孙中山着手改组国民党，实现第一次国共合作，但冯自由却反对孙中山联俄、联共、扶助农工的三大政策，因而未被选为中央执行委员，从此离开了政治中心。他把兴趣转到历史方面，利用香港《中国日报》及他自己多年笔记、往来书信，任民国政府临时稽勋局局长时的调查表册等资料编写《革命逸史》，成为最有根据、最有价值的正史材料，只是"暂以革命逸史名之"。从 1895 年参加兴中会起，冯自由曾亲历辛亥革命史上的许多重大事件，与孙中山、黄兴、章太炎、秋瑾等革命史上异彩夺目的关键人物都非常熟悉。即如这一次，秋瑾到横滨来加入他组织的"三合会"这件事，就被他载入《革命逸史》之中。

这是 1904 年 10 月的一天晚饭后，秋瑾被带到了横滨一条叫"南京街"上的一个广东商店里，进入里屋，灯光幽幽的，秋瑾感觉气氛有些神秘。过了一会儿，陆续到了几个人，秋瑾熟悉的湖南人王时泽、刘道一、刘复权和浙江人龚宝铨都在其中，共有十人；冯自由和梁慕光也到了。人到齐后，冯自由就开始讲话，原来是要他们加入秘密组织"三合会"，其宗旨就是结纳同志、推翻清朝、恢复中华。秋瑾的眼睛亮了，兴奋起来：这个宗旨不是自己一直在思考寻觅的吗？今天终于有了一个明确的表达，而且还有秘密组织！一种诗一样的激情在秋瑾心中回荡，秋瑾感受着、体味着，寻找着这一激情的诗的韵律和音调。

冯自由接着向大家交代了宣誓的程序和问答语言，加入"三合会"是要经过严格宣誓仪式的。交代完了，由梁慕光主持开始正式的宣誓仪式。

梁慕光手执一把钢刀，架在宣誓人颈上，由各人依次宣誓。轮到秋瑾宣誓了，梁问："你来做什么？"

秋瑾看了一眼架在脖子上的钢刀，按照冯自由嘱咐的话回答：

"我来当兵吃粮。"

梁问："你忠心不忠心？"

秋瑾答："忠心。"

问："如果不忠心，怎么办？"

答："上山逢虎咬，出外遇强人。"

每个人都按这个模式宣誓了一遍。全体宣誓毕，梁慕光与冯自由横牵出一幅六七尺长的白布，上书斗大的"反清复明"四个字，命各人俯身鱼贯从布下穿过，以示忠于主义。又在室内烧起一堆火，命各人从火上跳过去，表示赴汤蹈火，在所不辞。然后杀了一只大公鸡，把鸡血接在一个大碗里，每个人又歃了血，滴进碗里，共饮了雄鸡血酒。大家都极其严肃，默默无言地按要求做了。

整个仪式到此才算完成，冯、梁二人当场又向大家说明，这个团体叫"三合会"，是取其天、地、人三者皆合之意，又交代了一些会内之人今后相见的一些规矩，如见面手势如何摆，如何问话答语，又如进门要用右脚向前跨，握手时要捏紧对方的无名指等。交代完毕，又拿出一本书给刘道一，叫大家互相传抄。秋瑾拿过书来一看，里面是关于会规、暗号、旗帜的样式等内容。最后，每人交纳入会费十元日金。

在这次仪式上，刘复权被封为"洪棍"，秋瑾被封为"白扇"，也就是俗称的军师，刘道一被封为"草鞋"，也就是俗称的将军。这三个人就是所谓的"洪门三及第"。这三个人后来会怎么样呢？三人之中的刘复权后来变节投敌，沦落为两江总督端方的侦探，辛亥革命时被民军押解到南京，由黄兴下令枪决。刘道一后来潜回湖南，发动了声振全国的萍浏醴起义，事败身死，成为名垂青史的英烈。那么秋瑾后来呢？这正是本书所要写的，不必急于提前交代。现在我们所知道的是，加入"三合会"，后来虽然没有什么活动，因为接踵而来的更为统一广泛的同盟会等现代政党组织把它给替代了，但是通过加入"三合会"的仪式，秋瑾对于会党内部的仪式、暗号、暗语、宗旨、会簿、会规、会费、旗帜式样及领导机构等情况就都熟悉了，这对于她今后回国，在浙江联络、部勒会党，提供了有利的条件和身份背景。

回到东京，过了年就是 1905 年初了，这时候秋瑾见到了从国内来的绍兴同乡陶成章，是龚宝铨带他来访秋瑾的。现在有的资料说秋瑾与陶成章相见，是通过与陶成章有亲戚关系的陈仪介绍的，此说不确。在日本，秋瑾跟陈仪仅仅是同乡关系，没有特别的来往；而与龚宝铨则不同，她与龚宝铨在不久前一起加入了"三合会"，二人有一种心照不宣的亲切感。从陶成章与龚宝铨的关系来看，二人也非同一般。1903 年他们为谋划进入军队，获取军权，龚宝铨就与陶成章、徐锡麟等人一起到日本，想入成城学校学军事而没有成功。结果陶成章、徐锡麟回国而龚宝铨则留在日本上学。所以，陶成章来日本试图建立光复会东京总部，也肯定先来找龚宝铨。

秋瑾早就耳闻陶成章其人，但还没有见过面。几年前秋瑾跟丈夫一起赴北京住在南半截胡同的山会会馆旁边，曾经住过山会会馆的陶成章那时已经离开了。陶成章与陶杏南是同族，秋瑾就是从陶杏南那儿第一次听到了陶成章的名字。而当秋瑾来到日本的时候，本来在日本留学的陶成章却因参加拒俄运动，回国搞军国民教育会去了。所以两人始终没有机会见过面。秋瑾只是约略知道陶成章是个坚韧而偏激的人，所以热心交友的秋瑾怀着一种好奇而盼望的心情，等着陶成章的到来。

傍晚时分，在龚宝铨的陪同下，陶成章来了。秋瑾见到了一个脸庞略圆、双眼虎虎有生气的中等个子男人，他衣着极其寒素，西装的袖子已经很破了，但看起来比自己年轻好几岁。秋瑾凭感觉对来人就有了好印象。

三人在秋瑾房间坐定，互相聊了几句作为绍兴同乡通常会关心的家乡的情况，然后像当时许多革命者惯常的那样，以互相询问对国事的看法来展开话题。

陶成章说："甲午之役，中国割台湾，赔巨款；不数年，八国联军进京，焚烧掳掠，蹂躏殆尽，数百年都城满目疮痍。当时陶成章正在北京，亲眼看到种种惨状，不禁捶胸泣血，愤不可抑。"

陶成章说："面对这样的奇耻大辱，那拉氏照样满不在乎，居然要'量中华之物力，邀与国之欢心'！再看一班文武大臣，文恬武嬉，贪渎成风。"

陶成章说："他于甲午以后，即三上北京，一出满洲，审察天下之大势，强烈感觉到清朝王气真正已尽，摧枯拉朽，推翻满清王朝，时机已经到了。"

陶成章说："自己幼喜读史，又通读乡先贤黄宗羲先生遗著，于明末亡国之恨，鞑虏仇汉之酷，未尝一刻去心，常思复仇。于异族之专制，社会之暗塞，常思革命而扫除之。"

陶成章说："绍兴先贤曾经说过，会稽乃报仇雪耻之邦，非藏垢纳污之地。吾侪生长是乡，难道能没有一种卧薪尝胆、昭吴复越的志气吗？"

陶成章说："现在唯有以铁血主义之手段，联络会党，行中央革命，才能扫荡鞑虏，复我汉族。"

陶成章说的每一个话题，秋瑾都有无数的话语来参与、来呼应，两人越谈越兴奋，越谈越投机，龚宝铨在一边也不时插话，三个人或激昂，或沉痛，或愤懑，或开怀大笑，或细语悄悄，等他们注意到时间的时候，已经落月西沉，晨曦初现，一眨眼一个晚上已经过去了！

秋瑾激奋不已。这一生她还没有听到过像陶成章这样能够唤起自己心底里强烈共鸣的话语，而且她已经隐隐感觉到陶成章在国内已经做了许多布置了，虽然他没有明说。所以陶成章临走时，秋瑾就要求他给自己介绍一些人，因为她想回绍兴一趟，筹措学费，陶成章想了一下同意了，他说会写两封信让秋瑾带回国去。

陶成章和龚宝铨告别了，但是秋瑾睡意全无，她回忆着刚才的激动人心的谈话，这是不是预示着要从言论时代真正入于实行时代了？只有实行，鉴湖女侠才真正是鉴湖女侠。一段时间以来萦绕在心头的那一缕缕诗情又开始升了起来，像有一种音乐从遥远的地方过来，越来越清晰、越来越宏大。她坐不住了。她洗了一下脸，喝了口水，打开门走到外面。外面已是红日普照，人们已经开始一天的生活了。

秋瑾信步走去，见到有十一二岁的日本男孩正拿了一把一尺多长日本小刀在削着什么玩，她心里一动，停了下来跟男孩说："好玲珑可爱的一把刀啊！"日本男孩见这么友好的一个大姐姐，就把刀递给秋瑾。秋瑾把刀拿在手里，反复把玩，有点爱不释手。她灵机一动，把系在腰间衣服里的一个香囊解了下来，要跟男孩换这把刀。想不到男孩欣然同意，高高兴兴地拿着香囊走了。

秋瑾缓缓往回走，两只手托着这把刀仔细端详着，渐渐地，她觉得这不是一把日本小刀，而是千金难求的金错刀，欧冶子锻造的干将莫邪。越王勾践灭吴复仇的时候挥舞过它，汉高祖邙山斩蛇的时候挥舞过它，荆轲刺秦王的时候也挥舞过它，现在，鉴湖女侠要用它来澄清天下，雪洗国耻！有了这把宝刀，自己的侠气、侠骨、侠胆和侠魂，终于找到了一种的表达，一个意象。秋瑾忽然忆起自己少年时期在萧山跟表哥骑马学剑的情景，那时候多么年轻、多么矫健、多么俊俏啊！想到这儿，秋瑾的双眼不禁饱含了热泪。

她走到桌前坐下来，伸纸握管，一首绝唱喷涌而出：

### 剑 歌

炎帝世系伤中绝，茫茫国恨何时雪？

世无平权只强权，话到兴亡眦欲裂。

千金市得宝剑来，公理不恃恃赤铁。

死生一事付鸿毛，人生到此方英杰。

饥时欲啖仇人头，渴时欲饮匈奴血。

侠骨峻缯傲九州，不信太刚刚则折。

血染斑斑已化碧，汉王诛暴由三尺。

五胡乱晋南北分，衣冠文弱难辞责。

君不见剑气棱棱贯斗牛，胸中了了旧恩仇？

锋芒未露已惊世，养晦京华几度秋。

一匣深藏不露锋，知音落落世难逢。

空山一夜惊风雨，跃跃沉吟欲化龙。

宝光闪闪惊四座，九天白日闇无色。

按剑相顾读史书，书中误国多奸贼。

中原忽化牧羊场，咄咄腥风吹禹域。

除却干将与莫邪，世界伊谁开暗黑。

斩尽妖魔百鬼藏，澄清天下本天职。

他年成败利钝不计较，但恃铁血主义报祖国！

浑莽而来，不见涯涘；历史的深广、现实的忧愤、生命的压抑与张扬，如钱塘秋潮般汹涌，如夏雨般急骤，如狂风卷过千山般的气势出现在诗的音韵、平仄、对仗、排比之中。这首诗没有线索，没有层次，也不能分析不能解读，只能一遍一遍地吟咏，感受她扑面而来的剑气英风，感受她沉雄忧愤的情感。诗、剑、忧国和救国，三者的融合终于使"鉴湖女侠"横空出世，这是秋瑾十几年对自身经历、抱负、激情和幽怨的长期诗情酝酿的产物，是满腔诗情的凝聚，是秋瑾终于找到了一个表达，找到了表达自身的一个意象。这首诗标志着秋瑾的诗歌创作达到了一个高峰。

写完，秋瑾掷笔而立，久久没有动一动。

## 四、初识徐锡麟

1905 年年初，秋瑾给他在北京谋职的大哥秋誉章写信道：

"大哥大人手足：妹因师范尚未开班，大约四月暑假不放，故于近日归家一行。并携有一蔡姓女子，因其人为是夫所弃，人复老实无用，非妹援手，实无依靠，故在东京为其筹款归国……"

信里的这段话说了两件事，一是跟大哥报告她要与近期归国到绍兴，二是归去的时候还要带一名女子同去。

秋瑾赴日留学才半年多一点，为什么那么快又要回去了呢？原因是她没有钱了，也就是没有留学的生活费用了，要回国去筹钱。那么秋瑾到日本去时，难道连一年之用的生活费也没带够吗？在实践女校留学的费用大致是每学期学费十六元，另外个人的生活费用，加上衣服、书籍、纸笔、零用等，每月约需三十元。如果照此计算，一年的费用也就四百元左右。秋瑾在日本的生活极其节俭，平时连公共汽车一般都不坐，出门办事访友，都是步行。那么难道秋瑾从北京出发时，连四五百元钱都没有带上吗？不是的。是她把带来留学的钱捐出去了。

1904 年，在国内革命党人中有一股暗杀的思潮悄然蔓延。先有王汉计划在顺德，趁陆军部大臣铁良返京之时狙而杀之，事败，王汉自杀。接着就有章士钊、万福华在上海英租界刺杀王之春事件的发生。章士钊当时在上海蔡元培所办的学校教书，暗中谋划一两起谋杀案来，以造成革命的风潮。

他们选定的目标是广西巡抚王之春。此时王之春正在上海，大放厥词，说可以把东三省割让给俄国，引起举国痛恨。章士钊、万福华商定，由万福华找定枪手，而章士钊则负责假造一份请柬，以他外舅的名义邀请王之春在某时某地赴宴，因为章士钊的外舅跟王之春有交情。

一切看似安排妥当。王之春果然坐着马车，持着请柬，来到了金谷香番菜馆的二楼，由仆人跟着"噔噔噔"上楼去了。而楼上包厢，早已有万福华找来的枪手埋伏其间。章士钊和万福华则在楼下望风。

王之春上楼了，章士钊和万福华在楼下等着，紧张激动得心怦怦跳，但等了很久都没听到动静。非但没有动静，王之春与仆人又下楼来了。在此成败关头、间不容发之时，万福华拔出手枪对准王之春就放。但是枪是坏的，不管如何扣动扳机，子弹就是出不来。一时间，两人都呆若木鸡，木然不知所为。而此时已是围观者聚集，警察随即而至，万福华就这样被逮捕了。原来，万福华找的那个枪手临阵变节，在纸上与王之春笔谈数语，让他快走。

说到当时的革命党人，大都是涉世未深的年轻人，像在日本的留学生，大多是二十岁出头，像秋瑾这样三十岁左右是很少的。行事稚嫩，在此可见。就说章士钊行刺未成，趁乱逃了出来，却公然地于第二天到狱中探监去了。官府正在找万福华的同党，就被拿个正着。顺着章士钊，官府又抓到了隐藏在章士钊所设的余庆里招待所的黄兴、张继等二十多人。

消息传到日本，日本的留学生又是一阵骚动，群谋营救的办法。办法就是去贿赂官府、警察、监狱，那就大家捐钱。热心仗义而豪爽的秋瑾一激动，把生活费都捐出去了。不知她捐了多少钱，估计总在上千，所以章士钊几十年以后还满怀感激地写道："本案爆发，革命阵营之中外同志，交相震动，尽可能设法善后，秋瑾即为此中捐款出力最显著之一人。"

所以秋瑾要回国，找娘家想办法来了。从北京到日本以后，她与丈夫和婆家就没有联系，她不给丈夫写信，丈夫也没给她写信。

1905年三四月间，秋瑾回到了离别几年的绍兴老家。她上次回家看望母亲哥嫂，还是1902年从湖南赴京的时候，在上海折回绍兴的。

现在，三四年过去了，母亲头上的白发增多了没有呢？秋瑾坐船回到上海，拿着陶成章的信去拜访了蔡元培，然后启程回绍兴。这天，秋瑾身着男装，脚登黑皮鞋，梳一条辫子，跨进和畅堂家门，首先迎出来的嫂嫂张淳芝。见到秋瑾这个模样，她几乎都认不出来了，不禁半是惊疑，半是好笑。

嫂嫂说："是你……怎么穿着男人的衣服啊？"

秋瑾笑嘻嘻地说："是啊，嫂嫂，好看吗？"

嫂嫂说："还好看，人家要笑话死了。"

秋瑾坦然地说："让他们笑话好了。"

嫂嫂张淳芝问："那你不怕？"

秋瑾说："笑话就随人家笑话吧，有什么好怕？那年我们一家去台湾，浪头那个高，船要翻都好几次，我也没有怕，不是好好的吗，又没有淹死。"说完笑了起来。

张淳芝也笑了，说："那是在海上，没有办法，只能硬挺着。"

秋瑾幽幽地说："嫂嫂，现在我们有办法吗？我们家衰落成这个样子，不硬挺着，还有办法吗？"

张淳芝想到几年来家中的变故，先是公公去世，再是钱庄倒闭，现在自己的丈夫还在北京谋职，没有一个固定的事情做，心里不禁黯然。见这个自己喜欢的小姑如此念着娘家，一口一个"我们家"，又不禁有些欣慰，平添了几分信赖的感觉。

母亲单夫人看上去又增添了一些白发，老了许多。她得知秋瑾回国省亲是为了筹措学费，二话没说，答应去典卖一些首饰衣服，勉力筹措几百银圆，让秋瑾带去日本。秋瑾深知这些钱倾注了慈母的全部心血，来之不易。所以她回日本后的生活更节俭了，返日途中，竟乘坐了三等舱，与"苦力"挤在一起，以至到日本以后就病倒了，"催疾数月"。现在，她带着感激和欣慰的心情回到自己的房间，房间内印花蓝布帐低垂，笔筒旁正铺开纸笔。自从她上次探亲回来住过以后，这个房间就一直没有动，现在已经由嫂嫂打扫得干干净净了。秋瑾心里不由得一丝感动和温馨。这家的感觉，已经多少年没有了？

办完了家里的事，落实了留学的费用，又把带来的蔡姓女子安顿好，就住在秋瑾娘家。为此秋瑾对嫂嫂十分感激，嫂嫂对此不但毫无怨尤，而且这些都是她安排的。安排妥当以后，秋瑾拿着陶成章的一封信去见徐锡麟。

徐锡麟家住离绍兴府城约十五里的东浦孙家溇，有船可通。这天一大早，秋瑾雇了一只乌篷船，往东浦划去。孙家溇的梅生师爷家乡人都知道，到了东浦，秋瑾略一问，乌篷船就直接划到了徐锡麟家大宅子的后门。秋瑾打量了一番，这是一间坐北朝南、相当气魄的三进屋宇，整座楼房均为砖木结构，以三拼石墙打底，看上去十分坚固。绕到前门，是两扇乌漆大门，进了大门就是第一进，这是一排平房，中间的一间为出入通道，两边各有一间耳房。耳房两边是走廊，它把三进房屋都贯通了起来，通过走廊可以走到三进房屋的任何一进。从第一进往里走，会看到一个相当宽敞的院子，院子的东西两边是石砌的花坛。紧挨东边花坛的那段走廊上，建有一个砖砌的石库墙门，门楣上镌着两字曰："梅墅"。过了院子就是第二进，那是三开间的厅堂，有两层楼高，屋脊上筑有二龙抢珠的屋栋和镂空挑角，正面是高大落地的多扇雕花大门为墙。

秋瑾由徐锡麟领着，从大门进来，又在厅堂停留了一会儿。见厅堂正中挂着一块匾额，上书"贻经堂"三个大字，匾额之下挂着名人字画，抱柱上挂着一副对联。上联是：天下奇观书卷好，下联是：世间美味菜根香。三开间大厅用六座木制屏风象征性地隔成三间，分别摆放着画桌、八仙桌和椅子。画桌两头放置着古瓷瓶、鸡血石瓶等摆设。厅堂东西两端有小门，秋瑾跟着徐锡麟从小门进去，就来到徐锡麟的书房。见过了他家的房子，秋瑾心想，这可是一户殷实人家啊！

在徐锡麟的书房坐定以后，秋瑾仔细地打量了一眼徐锡麟，这是一个年龄跟自己差不多大的男人，脸型略长，脸上带着一副近视眼镜，眼镜后面的双眼不大，但是在镜片后面炯炯有神。给人的感觉，既文质彬彬，又干练机警。秋瑾已从陶成章那儿知道，徐锡麟中过副贡，是"半个举人"，还精通数学，去年年底刚刚辞去了绍兴府学堂副监督的职位，现在在自己老家东浦办了一所热诚小学堂。

秋瑾也向徐锡麟介绍了自己的一些情况，如何跟做官的父亲到了湖南，如何去了北京，如何从北京到日本留学。说到东京，徐锡麟微微一笑，说："我也去过。"

秋瑾问："感觉如何呢？"

徐锡麟叹了口气说："一言难尽哪！"

接着就把他1903年去日本参观本次大阪博览会，看到日本人如何于"人类馆"内设置一两个中国人，表演中国人缠小脚、抽大烟的旧俗陋习；又竟将福建省的物产工艺附设于台湾馆等事情说了一遍，说着说着就激动起来。

他说："甲午的惨败，朝廷与日本签订了丧权辱国的《马关条约》，台湾岛已经被日本人占了。在博览会上不设福建馆，把福建的物产工艺放到台湾馆展出，其居心和用意不就是要把福建也纳入囊中吗？把三寸金莲、鸦片烟具等陋俗也展示出来，不是对中国的蓄意侮辱吗？"

徐锡麟又说："后来幸有中国留学生秦毓鎏等人严正抗议，总算把台湾馆的福建省物品工艺移至湖北馆，三寸金莲、鸦片烟具也从展馆上撤掉了。国家贫弱到这个地步，不管是西洋鬼子，还是东洋鬼子，都可以随意欺负你。朝廷腐败无能，一味丧权辱国，五千年的古国就要亡了，汉族也要灭绝了。"

徐锡麟这番话使秋瑾一下子拉近了与他的距离，她感觉到两个人的心是相通的。她也把八国联军在北京的暴虐行径，数百年都城的种种惨状说了一遍。

两人越说越觉得意气相投，又从中国悠久的历史，汉唐的强盛，说到明末的痛史，浙东抗清斗争的惨烈，再说到清初大儒黄宗羲对异族专制的批判；再从乡贤黄宗羲说到越王勾践"十年生聚、十年教训"报仇雪耻的传统，"会稽乃报仇雪耻之邦，非藏垢纳污之地"的凛凛正气，越说越觉得志同道合，相见恨晚。

秋瑾感到，与陶成章、徐锡麟等谈，几乎每一句话都会引起强烈的共鸣，而跟宋教仁他们几个人谈呢，他们那些"宪法"啊，"政党政治"啊，"议院内阁"啊等等话题，就总觉得有些隔阂，觉得不着边际。她想，真正可以歃血以盟，真正可以一起雪国耻、报国仇、干出惊天动地的大事来的同志，还是这几个人。他们就是她一直苦苦寻觅的壮士！

徐锡麟也深有同感，别看眼前这个女流之辈，她穿着男装，可并不是要耸动人的眼目，她有一腔的热血，脱俗的抱负，纯粹的志向，是那种横行天下堪托死生的豪杰之士。她说她的号是"鉴湖女侠"，名实相符啊！

从上午谈到傍晚，两个人在吃饭的时候也没有停止交流，徐锡麟觉得他已经完全了解这位"鉴湖女侠"了。他觉得，可以把光复会的事跟她谈了，陶成章的来信中，隐晦曲折地不是也有这个意思吗？

徐锡麟告诉秋瑾，蔡元培、陶成章和自己刚刚组织了一个反清秘密组织"光复会"。"光复"之名，来自章太炎先生为邹容《革命军》所撰序文："改制同族，谓之革命；驱逐异族，谓之光复。"他后来还有解释：革命、光复，从俗言之，则曰革命；从吾辈之主观言之，则曰光复。所以，就把组织定名为"光复会"。光复会的目的就是要结合同志，举行武装起义，实行暗杀，筹划革命。最后，徐锡麟郑重地、一字一顿地说出了光复会的入会誓词："光复汉族，还我山河，以身许国，功成身退"。徐锡麟还特意说明，蔡元培先生被推为会长，因为他名望大，有号召力强。有蔡先生做会长，一定能吸引天下更多的有志之士，共图反清"排满"的大业。徐锡麟告诉秋瑾，在绍兴，他已发展好多人入会了，自己的好朋友陈燮枢、陈子英、曹钦熙、王世裕等，都已经加入。

秋瑾毫不犹豫地说："我也要加入。"

徐锡麟郑重而兴奋地说："就等着你这句话。"

秋瑾回到城里家中，又办了一些琐事，本想这次回绍兴，动员几个女子赴日本留学，但是没有成功。秋瑾把此归咎于绍兴妇女风气闭塞，知识未开，自己离开绍兴多年，没有太熟悉的人，于是作罢。又在家陪了母亲和嫂嫂一些天后，于 6 月 28 日，也即农历五月二十六离开绍兴，到上海乘坐 7 月 17 日的海轮返回日本。

为了省钱，她这次坐的是三等舱，又挤又热又脏，她就长时间在甲板上待着。她默默地看着海天，回想着这段时间与陶成章、徐锡麟的结识和倾谈，她感觉她从此已从"言论的时代"一步跨到"实行的时代"了，有那么多志同道合的志士在一起，今后一定可以大干一场了。正想着的时候，一个日本人又慕名前来，手上拿着一幅画，叫做《江山万里图》，请秋瑾题诗。秋瑾心里正有无限的诗情在奔涌，也没在意画的内容是什么，挥笔就题上：

### 题《江山万里图》应日人之索

万里乘风去复来，只身东海挟春雷，

忍看图画移颜色，肯使江山付劫灰？

浊酒不消忧国泪，救时应仗出群才。

拼将十万头颅血，须把乾坤力挽回！


她的心情已经与第一次赴日的时候不同了，那时候，她是"冀得壮士辅"，希望能结识"壮士"一起来成就一番大事业，现在，壮士已经出现了，而且不止几个！个个都是"出群之才"，抱有满腔的热血和才华！那么，只要能挽回乾坤，拯救祖国于陆沉，自己抛头颅、洒热血，不是十分应该的吗？

回到日本，秋瑾就病倒了。毕竟，船上的条件太差。一病近月，连孙中山自欧洲来东京于 7 月 30 日与各省革命党的留学生和旅日华侨七十余人举行的同盟会筹备会议，以及 8 月 13 日东京留学生一千三百余人在富士见楼举行的欢迎孙中山的盛会、8 月 20 日的同盟会正式成立大会，她都没赶上参加。在同盟会成立一周以后，才由冯自由介绍给黄兴加入同盟会。尽管没参加这些会议，但基于秋瑾历来参加革命活动的积极性和热心办事的能力，她还是被推为同盟会评议员和浙江分会的主盟人。

病愈以后，秋瑾除了上课以外，还全力翻译《看护学教程》，她觉得病人看护是非常重要的事情，而且也为妇女提供了适合他们自身特点的职业。另外，秋瑾也是想把此书翻译出版，获取稿费，她的经济太困难了。正在翻译的时候，又发生了一件大事。

当时的 1905 年，中国留学生已增至八千人，革命倾向日趋强烈。1905 年 11 月，清政府得知孙中山等革命党人在留日学生中宣传革命，还成立了中国同盟会，恐慌不安，要求日本政府驱逐留日的革命党人，并限制留日中国学生的活动。日本政府为"贪中国之权利"，与清朝政府勾结起来。通过清政府驻日公使杨植做工作，日本文部省颁布了《关于清国人入学之公私立学校之规则》共十五条，对中国留学生提出了种种限制。这就是俗称的所谓《清国留日学生取缔规则》。

《关于清国人入学之公私立学校之规则》颁布后，激起中国留学生的强烈反对，一场轰轰烈烈的斗争随之掀起。

秋瑾和陈天华是这场抗议运动中最激烈的分子，他们开大会、发演说，号召全体留学生归国以示反对的决心。秋瑾还倡议全体留学生联合罢课，被实践女校校长勒令退学，立刻离开学校宿舍。而陈天华则于 12 月 8 日在东京大森海湾投海自杀，并留下绝命书一封，劝告留日学生要坚持爱国，奋斗到底。

陈天华（1875—1905），字星台，别号思黄，湖南清新化县（今荣华分栗树凤阳坪）人。自幼丧母，随做塾师的父亲识字读书。因为家境贫寒，乃营小卖以补济，然坚持好学不辍。常向人借阅经史之类的书籍，尤喜读传奇小说，亦爱民间说唱弹词。后经族人周济，入资江书院读书，又考入新化实学堂，光绪二十六年春考入省城岳麓书院，成绩名列前茅。其时，某县令赏识他的才华，欲以女妻之。陈天华乃婉言谢绝，说："国不安，吾不娶"。他后来撰写的《猛回头》和《警世钟》两本书，以血泪之声，深刻揭露帝国主义列强侵略中国和清廷卖国投降的种种罪行，风行于世，影响甚大。中国同盟会在日本东京成立，陈天华为重要发起人之一，任书记部会章起草员，又任同盟会机关报《民报》编辑，他发表《最近政见之评决》《中国革命史论》《狮子吼》等政论和作品，引起强烈反响。因抗议"取缔规则"，1905年12月7日，陈天华写下绝命书，8日投海自尽，以死报国，时年30岁。

陈天华的死令秋瑾极其悲痛。他的《警世钟》《猛回头》等曾给秋瑾极大的感动和启发，秋瑾后来写的弹词等通俗文学作品就是学陈天华的。这位血性男儿的死，给了秋瑾极大的刺激，使她坚持义不受辱，决定立刻回国。

第四章

# 大通学堂与
# 皖浙起事

部勒会党

湖畔白云，萧萧易水

箭在弦上光复军

## 一、部勒会党

1907 年，即光绪三十三年，初春的一天早上，绍兴府城，秋瑾身着一袭月白色竹布衫，脚穿一双皮鞋，完全一身男性装束，但是头上还是梳着一根女性的辫子；从家里坐上乌篷船，沿着曲曲弯弯的河道，不到二十分钟就来到设在西郭门内鲤鱼桥下古贡院的大通学堂，径直向学堂的大门进去。秋瑾在此任大通学堂督办已经半个多月了。

秋瑾来到自己的办公室，看到桌上有一个新送来的邮包，打开一看，是印刷厂把刚印制的第二期《中国女报》送来了。秋瑾颇感欣慰，坐下来，拿起其中的一份仔细看起来。这一期的版头印着 1907 年 3 月 4 日出版，秋瑾知道这是编辑完成的日期。由于经费的原因，编完以来又过去好几天了。秋瑾看到这一期用纸改为了道林纸，比起第一期的普通纸，已经是相当精美了，她不由得拿手摩挲了一下纸面。内容和篇幅也比第一期有了扩充。《中国女报》为装订成册的杂志形式，除了继续刊登《创办中国女报之章程及宗旨广告》，希望热心之士以资捐助外，这一期刊登了秋瑾自己的作品《感时》《勉女权歌》，译作《看护学》教程等。看到《勉女权歌》，她忽然想起了什么，又把第一期的《中国女报》找了出来，上面有自己写的《中国女报发刊词》。这第一期，还是在上海虹口北四川路厚德里 91 号编辑出版的，时间是 1907 年 1 月 14 日。秋瑾看着第一期的封面，"中国女报"四个字的报名为印蓝色，居中，从右方向左方下斜，右下方的空白处是一幅妇女画像，双手高攀一面旗帜，象征着女界的团结和觉醒。封面不用清帝年号而用干支纪年。32 开本每期 60 页，拿在手里还是很有分量的。秋瑾对这一封面设计和装帧相当满意。当时，秋瑾请来了陈伯平任总编辑，徐双韵任校对，而发行、总务等均由自己一人担任。秋瑾看了一遍目录，上面的撰稿人有陈伯平、吕碧城、陈志群、钝夫等都是自己熟悉的。

秋瑾翻到自己写的发刊词，又看了一遍。

## 中国女报发刊词

世间有最凄惨、最危险之二字曰：黑暗。黑暗则无是非、无闻见，无一切人间世应有之思想行为等等。黑暗界凄惨之状态，盖有万千不可思议之危险。危险而不知其危险，是乃真危险，危险而不知其危险，是乃大黑暗。黑暗也，危险也，处身其间者，亦思所以自救以救人欤？然而沉沉黑狱，万象不有，虽有慧者，莫措其手。吾若置身危险生涯，施大法力，吾毋宁脱身黑暗世界，放大光明。一盏神灯，导无量众生，尽登彼岸，不亦大慈悲耶？

夫含生负气，孰不乐生而恶死，趋吉而避凶？而所以陷危险而不顾者，非不顾也，不之知也。苟醒其沉醉，使惊心万状之危险，则人自为计，宁不胜于我为人计耶？否则虽洒遍万斛杨枝水，吾知其不能尽度世人也。然则盍一念我中国之黑暗何如？我中国前途之危险何如？我中国女界之黑暗更何如？我女界前途之危险更何如？予念及此，予悄然悲，予怵然起，予乃奔走呼号于我同胞诸姊妹，于是而有《中国女报》之设。

夫今日女界之现象，固于四千年来黑暗世界中稍稍放一线光矣；然而茫茫长路，行将何之？吾闻之："其作始也简，其将毕也巨。"苟不确定方针，则毫厘之差，谬以千里。殷鉴不远，观数十年来，我中国学生界之现状，可以知矣。当学堂不作，科举盛行时代，其有毅然舍高头讲章，稍稍习外国语言文字者，讵不曰"新少年、新少年"？然而大道不明，真理未出，求学者类皆无宗旨、无意识，其效果乃以多数聪颖子弟，养成翻译、买办之材料，不亦大可痛哉！十年来，此风稍息，此论亦渐不闻；然而吾又见多数学生，以东瀛为终南捷径，以学堂为改良之科举矣！今且考试留学生，"某科举人"、"某科进士"之名称，又喧腾于耳矣！自兹以后，行见东瀛留学界，蒸蒸日盛矣！

呜呼！此等现象，进步欤，退步欤？吾不敢知。要之，此等魔力必不能混入我女子世界中。我女界前途，必不经此二阶级，是吾所敢决者。然而听晨钟之初动，宿醉未醒；睹东方之乍明，睡觉不远。人心薄弱，不克自立；扶得东来西又倒，于我女界为尤甚。苟无以鞭策之、纠绳之，吾恐无方针之行驶，将旋于巨浪盘涡中以沉溺也。然则具左右舆论之势力，担监督国民之责任者，非报纸而何？吾今欲结二万万大团体于一致，通全国女界声息于朝夕，为女界之总机关，使我女子生机活泼、精神奋飞、绝尘而奔，以速进于大光明世界：为醒狮之前驱、为文明之先导；为迷津筏、为暗室灯。使我中国女界中放一光明灿烂之异彩，使全球人种，惊心夺目，拍手而欢呼。无量愿力，请以此报创。吾愿与同胞共勉之！

秋瑾从头到尾阅读了一遍，颇感欣慰，她又拿起第二期上自己写的《勉女权歌》一读：

> 吾辈爱自由，勉励自由一杯酒。
>
> 男女平权天赋就，岂甘居牛后？
>
> 愿奋然自拔，一洗从前羞耻垢。
>
> 愿安作同俦，恢复江山劳素手。
>
> 旧习最堪羞，女子竟同牛马偶。
>
> 曙光新放文明候，独立占头筹。
>
> 愿奴隶根除，知识学问历练就。
>
> 责任上肩头，国民女杰期无负。

诗册（局部）

两相对照，她觉得发刊词和歌，两者的意思能相通互补，比如发刊词的"人心薄弱，不克自立；扶得东来西又倒，于我女界为尤甚"这几句，跟歌里的"旧习最堪羞，女子竟同牛马偶"可以互相对应。她琢磨着怎么样才能扩大女报的发行量，心里祈祷有越来越多的读者。

整理报纸的时候，秋瑾回忆起这份报纸创办的经过。从1905年底愤然从日本退学回来，她先是在为解决从日本归国留学生的学习问题而创办的上海公学做事，然后受邀赴湖州的南浔镇任浔溪女校教师。不到半年，学校的一些校董大概是不满秋瑾的一些做派特别是着男装这一点，放出风来要她走人，这时正好有同志邀她去爪哇办教育事业，她心里跃跃欲试，极想去那个南方海洋中的地方。就辞了浔溪女校的教职到上海，准备赴爪哇。但是有些同志坚决不让她走，要她留在上海。秋瑾说："我在上海做什么呢？"他们灵机一动，说："你为什么不办一份报？在日本你办《白话》杂志不是办得很好嘛，现在正需要加大革命宣传的力度。"秋瑾心里一个咯噔，潜意识中浮现出她还是一个孩子的时候，在厦门第一次看到《申报》时的惊喜心情。她还记得她问爷爷：

"皇上能看到这张报纸吗？"

爷爷哈哈大笑，说："当然能看到，只要他想看。"

当时秋瑾就很惊讶于报纸的魔力，现在她何不自己办一份报？他们的主意正中她的下怀。她跟人说："现在二万万男子已渐渐进了文明新世界了，这都得益于从前书报的功效。二万万女子要有自由权，以速进于大光明世界，也得靠书报。"而且秋瑾有一个不甚明确的想法，报纸办起来以后，报社就是全国女界之总机关，可以联络各方，结成一个全国性的女界团体。

但是办报的事，说起来容易做起来难，事情千头万绪，件件都很困难。稿子还好办，写信到各处请朋友寄来。像天津的吕碧城就寄来了《女子宜急结团体论》等。最难办的是筹集报纸的股本，有钱的不肯出，肯出的没有钱。秋瑾真是"日冒风雪走求援助，栖栖不以为苦"，但是筹到的钱几乎是九牛一毛，完全不顶用。登广告征求入股更是应者寥寥。正在一筹莫展之际，她的盟姐徐自华闻讯慨然，拿出了一千元钱来，徐自华的妹妹徐蕴华，还是个女孩子，也捐了二百元。靠了这些钱，才把第一期出版了。没有她们仗义支持，办报就更困难了。徐自华还写了一首《问女报入股未见踊跃感而有作》：

医国谁谋补救方，提倡女报费周张。
□除奴性成团体，此后蛾眉当自强。

她对秋瑾办报的宗旨抱负了解的多么透彻！真是自己的一个知心姐妹！

想起徐自华，秋瑾脸上浮现出感激、温馨和欣慰的笑容，不由得回忆起自己跟徐自华相处的日子，相见相知的过程。

1906 年 2 月，秋瑾从日本回来，正待在上海，嘉兴的褚辅成来介绍秋瑾到湖州的南浔镇浔溪女学任教。时年 34 岁的徐自华正是这个学校的校长。秋瑾不知为何跟这个比自己大两岁的女子一见如故，在相处的几个月里，二人"日夕欷歔，纵论家国，如同骨肉姊妹"。徐自华还有一个当时正在浔溪女学读书的妹妹徐蕴华，秋瑾与她也是亲如姐妹。徐自华有一首七律《赠秋璇卿女士》（二章），记述了二人结为至交时的情景：

> 每疑仙子隔云端，何幸相逢握手欢。
> 其志须眉咸莫及，此才巾帼见尤难。
> 扶持祖国征同爱，遍历东瀛壮大观。
> 多少蛾眉雌伏久，仗君收复自由权。
>
> 萍踪吹聚忽逢君，所见居然胜所闻。
> 崇嘏奇才原易服，木兰壮志可从军。
> 光明女界开生面，组织平权好合群。
> 笑我强颜思附骥，国民义务与平分。

　　诗作表达了徐自华结识秋瑾时的欣喜、钦佩乃至相见恨晚之情，受秋瑾影响萌发的男女平权思想，以及争取民族自由与解放的革命思想均有所流露。秋瑾记得自己很快和了一首，其中有"英雄事业凭身造，天职宁容袖手观。廿纪风云争竞烈，唤回闺梦说平权"这样的句子。两人诗酒唱和，惺惺相惜，十分契合，没过多久就结为了盟姐妹。

　　徐自华（1873—1935），字寄尘，号忏慧，浙江石门县（今桐乡市）人。她的祖父徐宝谦，光绪六年进士，曾官至安徽庐州知府。徐自华自幼即随兄、姐师从舅父马薇卿先生习诗文，"十岁即解吟咏"，长成后更表现出出众的诗才，吟诗作词，俱擅胜场。

1893 年夏秋间，21 岁的徐自华嫁于湖州南浔镇梅家。南浔是江南名镇，"梅于南浔为巨室，阶籍门荫，席丰履厚。"知情者评述徐自华的这桩婚姻时说："梅君才不及女士，嫁后，不无天壤王郎之感。顾闺房静好，琴瑟犹未异趣。"

既然是"犹未异趣"，说明夫妻关系还不错，但是徐自华出嫁后第四年，祖父在石门县浯溪家中病故。又过三年，1900 年农历正月丈夫梅韵生因病早逝，年仅 28 岁的徐自华，从此"寡鹄孤雏，形影相吊"，独自抚养着一双儿女。

秋瑾觉得徐自华的身世与自己非常相像，才华和自己也是旗鼓相当，而且秋瑾发现徐自华心底里也蕴藏有一段义侠之念，不禁对徐自华更为敬佩、同情，有强烈的知己之感，就把自己的身世和婚姻也给徐自华和盘托出，两人从此惺惺相惜，义逾亲姐妹。

现在，身在大通学堂的秋瑾，回忆起自己跟盟姐的一段交往，不禁分外想念，赶快起身把一份《中国女报》装好了，写好徐自华的地址，她知道徐自华现在石门娘家，那就把报纸寄到那儿。

拆完了邮件，把应回复的都回复了，秋瑾起身向门外走去。她上任半月以来，每天都习惯把整个学堂认真地巡视一遍。秋瑾知道，徐锡麟、陶成章他们创办这个学校的时候，原是把校址选在东浦的，但是徐锡麟的父亲梅生公从中作梗，又刚好当时豫仓的主持人也热心办学，就把地方借了出来。所以这个大通学堂之所在，原为贡院，后改为豫仓，有五十多间房屋，坐北朝南的平房建筑，整体布局分三进，第一进为门厅，两边的房间是教职员的办公用房。第二进为教室，第三进主要是学生和部分教员的宿舍。

秋瑾沿着走廊慢慢走着，她心里清楚，这个大通学堂，是徐锡麟、陶成章等以响应朝廷发展学堂教育、倡办团练为名办起来的，而其真正目的，是训练会党头目，培养和发展光复会骨干，是金华、处州、绍兴三府会党荟萃之所。徐锡麟以所捐道台的资格去安庆任职，打入官场，他去安徽前派王金发到上海，请秋瑾回绍兴主持大通学堂的事务时，也是这么交代的。但是如何把大通学堂办成为光复会本部的活动中心，并且办成为浙东会党的联络中心，这是要好好筹划的事情。秋瑾清楚，虽然大通学堂规约规定："凡本学堂卒业者，即受本学校办事人之节制，本学校学生，咸为光复会会友。"但是浙东各地之会党山堂林立、名目繁多、各踞一隅、互不相属、各行其是，皆是草泽英雄，绿林好汉，部勒节制起来相当困难。幸亏，秋瑾对会党这一套并不陌生，她在横滨已经加入了三合会，而且被封为白扇子，级别不低。她来主持大通学堂，龙华会首领张恭、周华昌，平阳党的竺绍康、乌带党的王金发等都服她，这应该也是一个原因。

1907 年 4 月，秋瑾到杭州运动武备学堂和弁目学堂的新军学生，回来以后，她在大通学堂校规"本学校学生，咸为光复会会友"的基础上，函召各属会党头目绍兴到议事，在深受秋瑾信任的会首义乌吴琳谦、金华徐顺达和武义周华昌的大力协调下，各属会党头目络绎而来，准时到达，表示一定听从秋瑾的调度。于是秋瑾把凡在大通学堂受过训的光复会员分为十六级，以她所撰的七绝诗一首为表记和序列。这首诗是这样的：

黄河源溯浙江潮，为我中华汉族豪。

不使满胡留片甲，轩辕神胄是天骄。

就像常见的家族用几个字或一句话，每代人的名字用同一个字来标记一样，秋瑾规定：这首诗的第一个字"黄"，是首领的标记，推徐锡麟为首领；"河"字为协领，由秋瑾自己担任；"源"字为分统，由竺绍康、张恭、王金发、吕逢樵等各会党首领担任。而且明确规定，当秋瑾本人有事外出时，大通学堂的校务由吕逢樵负责。"浙"字以下为部长、副部长等职，分头由各地二级会党头目担任。各职员均以金指环为记，指环文字即以自己职衔的标记刻上去。分统以下辅以 ABC 等英文字母，作为序列之中的小序列。这么一整理，每个人在光复会系统的哪一级、哪个位置上，谁负责什么事就清清楚楚。以前漫无统属、互相扯皮、乱哄哄一团糟的局面明显改观。这么一来，除了金华、处州、绍兴三府的会党皆受秋瑾管理以外，其他府县的会党亦多受其部勒。

经过如此整顿以后，秋瑾在大通学堂附设了体育专修科，对会党基层骨干实施军体训练。春夏之际，秋瑾派人在嵊县、新昌、缙云等地招收学生百余名，进入体育专修科。大通学堂内的地方不够了，就借了城内诸暨册局的房子。体育课的内容包括兵式体操、器械体操，科目有队列训练、射击、跑步、行军、游泳、过天桥等。秋瑾自己则骑着马，亲自带领学生到城外操练。这些人，大多是使拳弄棒的乡间农民，相当强悍，也相当散漫，他们肩挑被褥盆碗到册局来报到，那种吵吵嚷嚷、乱哄哄的场面，秋瑾当时见了不禁皱了一下眉头。

整顿完学堂以后，为了与在安庆的徐锡麟共谋大举、分途起事，秋瑾又于 5 月初以龙华会与平阳党为主力组建"光复军"。她首先拟定光复军军制，共设八军，用"光复汉族大振国权"八个字作为八个军的番号。每军都设立了大将、副将、参谋和副参谋等军职。然后把会党群众都编入到军里面。还规定了光复军军衣、旗帜、令牌等式样与颜色。设计光复军的旗帜用白色，中大书一个黑色"汉"字；士兵的服装是短衫、对襟、黑色，用白色包头布。军官皆用胸带，犹如西洋人所挂的斜胸带，以颜色标记等差：黄色最高，白色次之，红又次之，浅蓝又次之。

通过上述的组织联络部署，短短一两个月时间里，秋瑾已经把一切打理得初具规模，颇有头绪，同浙江各地的会党、驻杭新军、武备学堂和弃目学堂的学生，也建立了密切的联系，共吸收六百多人加入光复会。成效之大，显示了秋瑾不同凡响的组织能力和领导能力。起义军编成以后，秋瑾就与竺绍康、王金发、吕逢樵、张恭等"源"字头的光复会的领导也即会党头目立即制订起义计划。他们商定，浙皖起义以两地同时发动，相互策应为原则。起义计划的具体内容是，先由浙江中南部的金华发动起义，处州响应。待省城杭州的清军赶往金华镇压起义部队时，处于杭州东南而与杭州一江之隔的绍兴，即以绍兴义军乘虚渡江袭击杭州，以杭州新军为内应。万一杭州攻而不克，起义军就返回绍兴，下金华，经处州，出江西以通安庆，与徐锡麟的安庆之师会合。

　　后人了解秋瑾这段历史，对她既钦佩又惋惜。钦佩的是秋瑾作为一个才女、一个留学日本的演说练习会会长，她是从哪儿学来、哪儿练就的这一套组织领导的本领？她先是整理光复会和大通学堂，把"党"和"党的机关"给整顿理顺了；然后又开始整顿"军"，把散乱的会党群众也给组织起来了，编成军了，任命了各级的指挥官。这策略、这手段、这顺序，难道仅仅是靠她在横滨加入三合会那点经历吗？简直是女中豪杰、无师自通！惋惜的是，他们这个架构是建立起来了，但是是否运作灵便可靠？能够令行禁止吗？他们如果能"试运行"一下该多好！对于他们的起义计划，后人曾给予高度评价："服其布置之周，任事之勇，以为自革命以来，其预备固未有若斯之完美也。"自"革命"以来没有这样完美的，这样的评价或许是没错，孙中山那些起义计划确没有"若斯之完美"。但是计划是用来执行的，不是用来互相比的。即使有完美无缺的计划，但若执行起来漏洞百出，那么"完美无缺"不仅毫无意义，甚或耽误大事。从现有资料提供的信息来看，秋瑾他们的计划很有问题，理想的成分居多。比如说，绍兴的义军攻打杭州不克的话，就撤回到绍兴来。试问有没有考虑万一撤不回来，就在杭州被牵制住了，或者竟然全军覆没了呢？即使被他们撤了回来，然后他们还要南下到金华，出江西，然后到安庆与徐锡麟会合。这么漫长的路途，清军难道不会来堵截吗？即使不来堵截你，任你自己走，还要穿过一个省境的那么遥远的路途，你路上渴了怎么办，饿了怎么办？考虑过给养吗？

这样分析并非抹杀先贤的历史功绩，而是说，有些事情的失败，倒不是什么"资产阶级的软弱性""会党流氓无产阶级的散漫性"所致，而是技术操作上有问题。

当然，秋瑾是不会这样看的，处于她的位置，她也看不到这一点，她认为已经万事俱备，只欠东风。于是，她起草了作为起义宣言的《普告同胞檄稿》和《光复军起义檄稿》等起义文告，预备在起义后发布。两篇檄稿内容大致相同，都是分析时势，指出亡国灭种的危机迫在眉睫，而满洲统治者却不思变计，压迫汉族如故，"举其防家贼、媚异族之手段，送我大好河山"，"嗟夫！欧风美雨，咄咄逼人，推原祸始，是谁之咎？虽灭满奴之族，亦不足以蔽其辜矣！"最后号召民众起而响应："张我旗鼓，歼彼丑奴，为天下创。"谨引用其中一个：

## 普告汉族同胞檄稿

嗟夫！我父老子弟，其亦知今日之时势，为如何之时势乎？其亦知今日之时势，有不容不革命者乎？欧风美雨，澎湃逼人，满贼汉奸，网罗交至，我同胞处于四面楚歌声里，犹不自知，此某等为大义之故，不得不恺切劝谕者也。夫鱼游釜底，燕处焚巢，旦夕偷生，不自知其频于危殆，我同胞其何以异是耶？财政则婪索无厌，虽负尽纳税义务，而不与人以参政之权；民生则道路流离，而彼方升平歌舞。佥言立宪，而专制乃得实行；名为集权，则汉人尽遭剥削。南北兵权，既纯操于满奴之手；天下财赋，又欲集于一隅。练兵也，加赋也，种种剥夺，括以一言，制我汉族之死命而已。夫闭关之世，犹不容有一族偏枯之弊，况四邻逼处，彼乃举其防家贼、媚异族之手段，送我大好河山。嗟夫！我父老子弟，盖亦一念祖宗基业之艰难、子孙立足之无所，而深思满奴之政策耶？

某等眷怀祖国之前程，默察天下之大势，知有不容己于革命，用是张我旗鼓，歼彼丑奴，为天下创。义旗指处，是我汉族，应表同情也！

这天深夜，秋瑾起草完这两份文稿，想像义军一样，将这两张布告张挂出去，会引来多少人仰首观看！她不由得踌躇满志、激情难抑，感觉到她平生立志要做出惊天动地大事来的志愿就要实现了，多年来挽祖国之陆沉、救民族于危亡的目的就要达成了，鉴湖女侠的剑锋指处，就能直取黄龙。她不由得豪情万丈，沉浸在巨大的成功的喜悦之中，秋风秋菊，再也不是愁苦忧愤的代名词，而是激越昂扬成功的象征。她一无倦意，奋笔写道：

### 秋风曲

秋风起兮百草黄，秋风之性劲且刚。

能使群花皆缩首，助他秋菊傲秋霜。

秋菊枝枝本黄种，重楼叠瓣风云涌。

秋月如镜照江明，一派清波敢摇动？

昨夜风风雨雨秋，秋霜秋露尽含愁。

青青有叶畏摇落，胡鸟悲鸣绕树头。

自是秋来最萧瑟，汉塞唐关秋思发。

塞外秋高马正肥，将军怒索黄金甲。

金甲披来战胡狗，胡奴百万回头走。

将军大笑呼汉儿，痛饮黄龙自由酒。

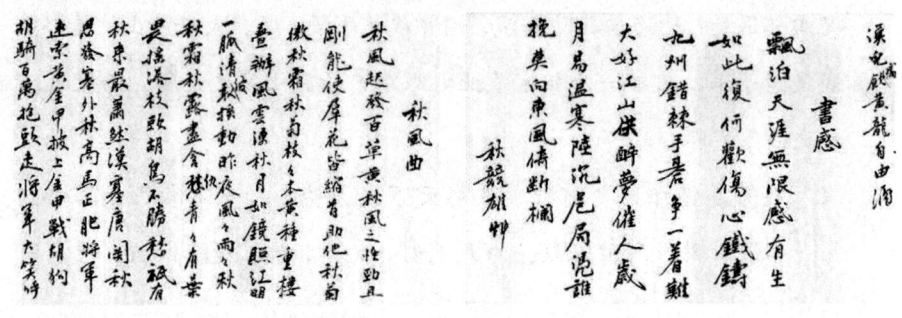

秋瑾手书作品《秋风曲》《书感》

全诗以一"秋"字一贯到底，似疾风骤雨，又如马蹄飞溅，宛如浪激水送，又像狂风卷飞乌云，把秋风、秋菊、秋月、秋霜、秋思等一个个意象推送出来，而所有这些意象，都指向、引出、起发、烘托大笑的、黄金甲的将军。这个将军是谁呢？就是秋瑾：光复军"河"字头协统。

## 二、湖畔白云，萧萧易水

秋瑾部署已定，但是还缺一样东西，这就是钱。俗话说，兵马未动，粮草先行。但是秋瑾到哪里去筹钱呢？此前曾经派人持信到东京，跟黄兴联系，请他接济枪械和军饷，对浙江的起义部署做出指导，但是黄兴没有回应。孙中山呢，秋瑾知道孙中山是不会有钱的，去年也就是1906年上半年，孙中山坐船经过上海，向上海的同盟会同志要钱，还是秋瑾在同志处凑够了一千元送到泊于黄浦江口的船上去的，因为孙中山正遭朝廷的通缉，无法下船。

秋瑾已经无计可施，她又想到了徐自华。这位盟姐的婆家是南浔有名的富商，而且又最理解自己，一向支持自己的事业。只好向她去筹款了。1907年6月23日即农历的夏至日，秋瑾来到石门徐自华家。

当时，徐自华父亲去世了，所以徐自华从湖州的浔溪回到娘家石门居丧。秋瑾的到来，给陷于父亲去世悲哀中的徐自华一些安慰。秋瑾到徐自华父亲的新墓前去叩了头、上了香，秋瑾又跟徐自华谈到自己母亲去世时自己的悲痛心情，又给她背诵了自己纪念母亲的《临江仙·题秋灯课诗图》词，以及《挽母联》，上联是：树欲宁而风不静，子欲养而亲不待，奉母百年岂足？哀哉数朝卧病，何意撒手竟长逝？只享春秋六二；下联是：爱我国矣志未酬，育我身矣恩未报，愧儿七尺微躯，幸也他日流芳，应是慈容无再见，难寻瑶岛三千。

徐自华知道秋瑾母亲是本年春节刚过去世的，秋瑾对母亲的感情极为深厚；也知道秋瑾谈起这件事，是为了分担自己丧父之痛。就把自己悼念父亲的诗也给她看了，两个人又是一阵相对落泪。

二人自春天在杭州一起游览西湖以后，又两三个月没有见面了。徐自华见秋瑾这次明显比上次见面时瘦了，就问起她近来的状况。秋瑾原原本本把她三次去浙西、浙中等地，节制会党、组织光复军、准备起义的情况，向徐自华说了。徐自华听了又是惊讶、又是钦佩、又是担忧。她本想劝阻秋瑾，又一想，秋瑾从事的，是千古义举，再说这位盟妹下决心要做的事，任谁也阻止不了。

徐自华就问秋瑾，既决心已定，举事在即，为什么还赶那么多路来石门？

秋瑾坦率地说，一是向姐姐告别，二是举事的军费无着，特来向姐姐筹钱。

秋瑾接着向徐自华说起了自己如何殚精竭虑，甚至丢弃自尊去筹钱的事。

前段时间，秋瑾为维持大通学堂的运转，计无可出，忽然想到她的湘潭婆家。王家是湖南当地著名的富商，怎么能向他们去要些钱呢？刚一想到这个主意，秋瑾自己马上就否了。一来自她赴日本留学以后，就没有再跟王家，跟王子芳有过联系，而王家、王子芳也没有给她写过信。她跟王子芳可以说是恩断义绝，她甚至都好几次想过跟王子芳离婚。二来她即使去了，王家会给钱吗？左思右想，最后还是决定去尝试一下。她让竺绍康陪着自己，又带了大通学堂两个人，到了湘潭。秋瑾让竺绍康等人待在船上别出来，自己硬着头皮来到王家。这时王子芳尚在北京做他的小京官，她就见了婆婆屈氏，说了要钱急用。没想到婆婆把钱给秋瑾了，但要求她在家住着，哪儿也别去了。秋瑾只好先住下，而且她多么想见到她的儿子和女儿啊！他们一个10岁了，一个也有6岁，几年不见，他们长得怎么样了呢？

见到孩子，他们都好像不认识母亲了，秋瑾心里一阵发酸，告诫自己说，这时候万不能心软！等自己做出大事来，再来接他们，他们会理解母亲的！

徐自华听到这儿，问道："那你就走了？"

秋瑾说："先到船上，跟竺绍康他们几个一起回绍兴了。"

徐自华问："那临走的时候跟孩子说了吗？"

秋瑾潸然泪下，说："没有，一说他们就不让我走了。这次我死了，他们就会懂得我这样做的原因了，他们会原谅我的。"

徐自华也不由得流下泪来，她毅然站起来，走到里间，拿出三十两黄金，郑重地交到秋瑾手中，说："你为这个国家连孩子、性命都不要了，我留着这些干什么！"

秋瑾感激地说："姐姐厚意，我用什么来报答！"说着脱下手上的一只翡翠手镯说，我这次去不知以后还能不能见面？就用这个作为一个留念吧，姐姐以后别忘了我俩的"西泠埋骨之盟"！

徐自华知道秋瑾说的"西泠埋骨之盟"。今年春天的时候两人游览西湖，远望岳墓，慨然吟起岳飞的《满江红》词来，秋瑾忽然对自己说，我求姐姐一件事！

徐自华吃了一惊，忙问什么事。秋瑾说："我死了以后求姐姐把我的尸骨埋在岳墓的旁边！"

徐自华当时以为秋瑾是玩笑，就漫应道："好啊！"

没想到，秋瑾在那个时候就已经抱着必死之心，她并不是开玩笑！

秋瑾当然不是开玩笑。早在年底，徐锡麟赴安徽，要求秋瑾到绍兴主持大通学堂工作的时候，他们已经相约埋骨西子湖畔了。那次，徐锡麟赴安庆，路经杭州，秋瑾前来送他。先是在西湖边的白云观，几个人密谋良久。他们根据陶成章"中央革命"的观点，认为在浙江、安徽、江西等长江中下游地区寻找机会发动起义，条件最好。徐锡麟这次要去的安徽，恰好就是长江中下游的中心省份之一，地理位置十分重要，如果在安徽起事，可以北指京津，东出上海、南京，南应湖北、江西。如果皖浙同时起义，必能引起连锁反应，革命成功的希望甚大。他们约定，要加紧制订具体的计划。

秋瑾记忆犹新，当他们几个人走出白云庵，徐锡麟指着东边隐然矗立的雷峰塔，手指划过面前波光粼粼的西湖，又遥指南边的南屏诸峰，忽然说道，昔者章太炎先生曾言，今日出涌金门外，望南屏诸山，有岳鄂王之墓、肃愍之墓、张苍水之墓，这三个人，都是舍身赴义，为国捐躯的人。面对西湖的大好河山，谁能不痛感我大汉沦落异族数百年，以致列强欺凌，国家残破！今天我徐锡麟的感觉跟太炎先生一模一样。

秋瑾当时闻听此言，不禁热泪盈眶。她慨然说道："成败即在今年，不成功，宁死耳！"

徐锡麟慷慨道："革命若要成功，必有人为之流血。我这次去安徽，就是预备流血的。有一天我牺牲了，同志诸君切不可因此悲悲切切，产生退缩的心思。"

秋瑾说："到现在为止，为国家牺牲的，已有谭嗣同、吴樾、陈天华多人，但还没有一个女的为国家流血，这实在是我女界的耻辱，让我来用我的血洗刷这个耻辱吧！"

从此以后，秋瑾就是以这样一种信念来从事一切的，这件事，秋瑾从没有向徐自华说过，现在就更不必说了，所以徐自华怎么会知道"西泠埋骨之盟"的这个背景呢。

现在秋瑾又重提"西泠埋骨之盟"，徐自华不禁悚然惨然，她站起来走到秋瑾目前，庄重地说："妹妹以生死相托，姐姐夫复何言！"

第二天秋瑾就走了，她留下两首诗：

### 五月十四日夜别寄尘

此别深愁再见难，临岐握手嘱加餐。

从今莫把罗衣浣，留取行行别泪看。

珍重香闺莫太痴，留卿小影慰卿思。

不为无定河边骨，吹聚萍踪总有时。

秋瑾留下照片，留下了"此别深愁再见难"的诗句，叮咛了"西泠埋骨之盟"的约言，她已经预见到了什么，她已抱定必死的信念！

春秋战国之时，有刺客荆轲，在燕国即将被强大的秦国吞并、面临亡国绝种的时候，受燕太子丹之托，前往咸阳刺杀秦王，以挽救燕国之存亡。临行那天，许多人在易水边上为荆轲送行，皆知荆轲此去义不生还，不禁泣下数行。荆轲击筑，慷慨悲歌道："风萧萧兮易水寒，壮士一去兮不复还！"从此，"易水萧萧"成为中国传统文化中象征舍生忘死、慷慨赴义的一个激动人心的意象。

## 三、箭在弦上光复军

上文说到，光复军以会党为基础和主力。

浙江的会党，源于明末清初秘密反清团体天地会，由哥老会的别支终南会发展而来。主要会党有二十多个，其中与革命党人有联系的大约有七八个。

最大的会党是张恭、周华昌、沈荣卿等创建的龙华会，总部设在金华，由张恭主持，由"红旗"管理会务。在永康和武义设有分部，分别由沈荣卿和周华昌负责，龙华会号称五万，实有两万余人。

张恭自幼天资聪慧，少即能文，7岁时就有"神童"之称。当时的金华知府继良，曾亲至其家面试张恭，甚为赞赏。光绪十四年（1888年），张恭12岁，就考取秀才，被继良收为义子。光绪二十八年（1902年），26岁的张恭中壬寅科举人，取得了步入仕途的资格。亲友祝贺，弹冠相庆。但张恭却于1900年在杭州紫阳书院读书时，接受了湖南"自立军"首领唐才常弟弟唐才中授予的"富有票"（唐才常召集同志入"自立会"的会证），由此萌发了武装推翻清政府的思想。开始以赈灾为名，组织"积谷会"，动员热心公益的社会人士捐谷备荒。此举取得社会广泛的同情和支持，参加者越来越多。张恭乘势将积谷会改为千人会。他在千人会会员中发现和培养了许多英俊之才，如徐顺达、汪海水、倪金等人，后来都成为龙华会的重要骨干。

金华历来会党林立，后来逐渐统一到终南会。终南会的会主何步鸿、副会主朱武，原系左宗棠湘勇的营官，后被遣散。因此不满于清廷，开创了终南会。张恭取得二人的信任，加入此会，成为"牌把九爷"（负责处理日常事务），到第二年就晋升为"新副"（"内八堂"的副堂，执掌交际）。

不久，何步鸿病卒于永康，朱武离开浙江，群龙无首，终南会遇到严重危机。张恭趁机建议，利用当时金华"若要天下真太平，除非龙华会上人"的民谣，建立龙华会。在1901年或1902年的5月13日（关羽的生日），在金华关王殿成立龙华会，众推沈荣卿为会主，张恭、周华昌为副会主。光绪三十年（1904年），光复会负责人陶成章等拜会张恭。接着，徐锡麟、秋瑾也先后到金华与他共商革命大计。张恭亲率龙华会骨干到绍兴大通学堂学习。

龙华会势力强大，除本部设在金华，由张恭亲自掌握外，府属八县皆有其分部，由"红旗"管理其事，"草鞋"为基层头目。永康分部由沈荣卿主持，分管东阳、衢州一带会务，义乌则由吴琳谦负责。此外还有仙居的应师杰部，天台的陆显元部，各有五六百会众，乃精锐之师。缙云县吕嘉益部亦有三千人左右。其他如诸暨、嵊县、青田、温州等县市亦有分部，然势力较弱。龙华会员遍及城乡，以农民为主，兼有手工业工人、演员和少数知识分子。这是一支颇具战斗力的群众队伍。难怪秋瑾把龙华会作为其大本营了。

竺绍康创建的"平阳党"，是光复军的重要组成部分。每个会员均发有画着"瓶""羊"的执照，取其谐音"平洋"之意。

竺绍康（1877—1910），浙江嵊县（今嵊州）金庭乡灵鹅村人。因生肖属牛，人们昵称"牛大王"。至今，民间还流传着"牛大王"的歌谣："灵鹅有个'牛大王'，百亩良田都卖光，组织一个'平阳党'，联络好汉徐、秋、王。"徐即徐锡麟，秋即秋瑾，王是王金发。

竺绍康出身于一个财主家庭，为人豁达，重侠义，自幼好学，22岁时中秀才。淡泊功名，以向仕途求功名为耻。游历新昌、奉化、余姚等县，积极宣传反清灭洋的思想。他广交青年朋友，并被推为朋友中的"盟长"。

当时，嵊东四明山、大湖山一带盗匪蜂起，周边村庄屡遭其害，官吏束手无策。竺绍康"斥私财，制战具"，组织团练以抗击盗匪，并进而攻破他们的巢穴，地方得以安宁。时有邻村土豪蔡旭人，因与竺绍康父辈有私怨，竟诬告竺绍康结伙"沿溪勒索"，绍兴知府受理此案。竺绍康当庭侃侃陈词，揭穿阴谋，使蔡旭人无言以对。在场观审的徐锡麟见竺绍康"雄辞伟辩，英挺磊落"，当晚便挽人介绍至竺寓会晤。两人相见互倾肺腑，共谋推翻清廷事宜。

当时，清军镇海炮台司令的张伯岐，因打抱不平犯下命案，遭清廷缉捕，闻知竺绍康在嵊结党反清，便率二十四名把兄弟投奔而来。乌带党首领王金发也与竺绍康联络，作为平阳党的别支开展活动。竺绍康则变卖田产，充作活动经费，明以御盗，暗中以"反清抗洋"为号召，发展组织，号称万人。在此期间，他多次秘密领导农民暴动，抗捐抗税、杀官夺械，清兵不能禁控。

1905年，徐锡麟至灵鹅拜访竺绍康。竺绍康应徐锡麟之邀率领王金发、张伯岐等二十余名会党骨干来到绍兴，入绍兴普通陆军中学校（大通学堂前身），由徐锡麟任总理，竺绍康任襄办。1906年1月，徐锡麟去日本学习军事，竺绍康接办大通学堂，训练会党骨干，并奔走各地募款筹饷，购置武器。

1907年春，竺绍康陪同秋瑾赴金华、义乌、武义、天台等地联络会党，筹谋浙江武装起义，与秋瑾一起制订浙、皖同时举义的方案。

农历六月初五，竺绍康在嵊城南门外"恒源兴"秘密集结部众。当天下午，得到徐锡麟发动的安庆起义失败、绍兴秋瑾被捕、大通学堂被查封的消息后，竺绍康就昼夜奔赴各地，通知会党兄弟分散待命，并密谋劫狱，终因清兵防范严密，没有成功。他被清廷悬赏千元通缉，先后避往台州、上海，不久加入同盟会。

1910年，竺绍康响应孙中山、黄兴等策划的江、浙、皖、赣、闽五省武装大起义，联络各地会党，运送武器，协同筹款。次年，竺绍康等革命党人在嵊县清风岭劫囚车，救出张伯岐。因为多年为反清奔走呼号，历尽艰险，最终积劳成疾，病逝于上海，年仅32岁。

平阳党的别支乌带党，以王金发为首领，会众以腰缠玄色丝带作为标记，刊有"狮象图"作为联络暗号，故人称之为乌带党。乌带党是光复军的另一支重要力量。

王金发生于1883年，年近弱冠，始稍折节读书。20岁时，居然考上秀才，实则是迫于母命，其志固不在此。时当庚子之变，有志之士均凛国亡之无日，瓜分之祸，迫在眉睫。以康、梁为首的改良派，倡维新之说；而以孙、黄为首的革命派，则认为非推翻清廷，无以救中国，革命反清空气，播至山陬海隅。王金发目睹清廷对内残酷镇压，对外辱国丧权，每与朋辈谈国事，辄握拳切齿，大骂清廷腐败无能。时国内之民族革命运动，已风起云涌，浙省各地山堂会党之势亦极盛，反清、仇洋、闹教的反帝反清爱国斗争，如火如荼。嵊县一隅，竺绍康所领导之平阳（洋）党，即号称万人；裘文高、张云岳等据山结寨，众亦逾千；王金发的乌带党与竺绍康、裘文高等互相呼应，多次领导农民暴动，抗捐、抗税，戕官夺械，清兵不能禁。又以保卫地方为名，倡办团练，作为组织义勇队的基础，以团结地方上一部分士绅。

辛亥革命，浙江光复，王金发任绍兴军政分府都督，为秋瑾复仇。于1915年被浙督朱瑞杀害。

除以上各个主要会党以外，嘉兴的敖嘉熊创办了温台处会馆，以联络浙江会党，并创办了"祖宗教"组织革命力量。

濮振声以严州和处州为中心，修改了白布会的章程，制定了白布会的军制，自任统帅，创建宁清团。

大开和尚创建了以东阳为中心的"九龙党"。

光复会成立前后，陶成章和魏兰等革命党人深入浙江各地，做了大量的宣传和联络工作，争取把会党力量纳入反清革命的阵营之中。陶成章和魏兰首先取得白布会首领濮振声的信任，带着他的介绍信和名片，遍访桐庐和分水的白布会成员。又前往处州和金华，在丽水结交了双龙会副会主阙麟书，由阙麟书陪同会见了双龙会正会主王金宝。魏兰在处州府城会见了龙华会首领丁荣，又由丁荣陪同到缙云壶镇结识龙华会的首领李造钟、吕逢樵及其族侄吕嘉益。魏兰由吕嘉益介绍，到永康结识了龙华会正会主沈荣卿。最后通过沈荣卿介绍，到金华会见了龙华副会主张恭。

　　陶成章和魏兰联络会党时，还带去大批《猛回头》《革命军》等革命书刊，大力宣传资产阶级民主革命思想。革命党人将会党的"仇洋"目标扩展为"排满"。

　　会党各有"山堂"，口号暗号不一，洪帮和青帮的家规堂章各殊，要把会党纳入革命组织，确有重重障碍。光复会经过反复商讨，决定凡是会党加入光复会者，所有会党口号暗号，各家各教一律不变，完全依照洪帮和青帮的旧规。由此使会党首领消除了顾虑，纷纷加入光复会。

　　秋瑾联络、运动会党，就是在上述陶成章、徐锡麟等人基础上进行的。1905 年 6 月，秋瑾二次赴日之前，在上海经陶成章介绍结识处州龙华会首领丁荣和吕熊祥，此为秋瑾与浙江会党发生关系之始。接办大通学堂以后的三四个月间，她三次赴浙东联络会党，不辞辛苦，跋山涉水，风尘仆仆于浙东三府十余县之间。试想当时的交通，对陶成章、徐锡麟这样的男子来说都是十分艰难的事情，陶成章芒鞋斗笠，日行百里，为革命党同仁所敬佩叹服，称为"艰苦卓绝"。何况秋瑾一个女性，一双旧时小脚，皮鞋里面是用布垫起来的。怪不得这次徐自华在石门家中见到她，会惊讶她的消瘦。

　　秋瑾共三次亲赴各地联络会党。第一次是在 1907 年的春节前，她从绍兴出发，经诸暨、义乌至金华，在金华寓于龙华会的联络站金阿狗家。这次，她赠诗当地的学者、会党首领蒋鹿珊，诗中说："风潮奔腾复澎湃，保守激进本无派。协力同心驱满奴，宗旨同时意气洽。"又提出："我欲为君进一箸，时机已熟君休虑。成功最后十五分，拿破仑语殊足取。"用赠诗和诗的方式拉近关系，交结朋友，本是秋瑾的专长，但在这首诗里，秋瑾实际上提出了与会党联合的共同奋斗目标和策略。目标就是"驱满奴"，策略就是"时机已熟"，抓紧动手。用这种传统的喜闻乐见的赠诗方式做组织联络工作，是秋瑾和陶成章、徐锡麟的不同之处，也是她更有魅力、更有说服力和凝聚力的地方。

刚过完新年，秋瑾第二次深入浙中、浙南地区运动和联络会党，再由诸暨经义乌至金华，想见龙华会的首领张恭而未如愿。可见会党也在观察、试探和考验秋瑾的态度和气量。从上面简单的介绍就可以看出，会党头目也绝非是等闲之辈，他们豪侠仗义，而且也知书识礼，有些甚至有过功名。

春天，秋瑾第三次出发联络和运动会党，经诸暨，过东阳，入永康，抵缙云，复返绍兴。至此，会党首领彻底被秋瑾炽热的爱国救国的热忱、艰苦卓绝的精神、豪爽义侠的性格、丰富的学识和才华所折服，她赢得了他们的尊敬和拥戴。她也才拥有了节制、部勒、指挥会党的资格。

现在，秋瑾从徐自华处得到三十两黄金的捐助，军饷多少有了着落，秋瑾认为已经可以行动。她从石门匆匆赶到上海，与担任秋瑾与徐锡麟之间联络的陈伯平、马宗汉会面，要他们马上通知徐锡麟，浙江方面已定于7月6日（农历五月廿六）起义。陈伯平和马宗汉马上写信将情况通知了徐锡麟。

陈伯平、马宗汉是皖、浙之间，秋瑾和徐锡麟之间的交通联络人。

陈伯平，字墨峰，别号光复子。这年25岁。浙江绍兴平水人，生于福州。

陈伯平从小"性慧，喜读书，乐闻故事"。1898年于福建武备学堂肄业，1901 年入湖南石门县学堂就读，因不堪日本教师凌辱，愤而离校回到绍兴，杜门潜修，勤练武术不辍。19 岁考中秀才，徐锡麟"见而大奇之"，深为器重，介绍参加光复会，并进入大通学堂学习。1906 年初，陈伯平随徐锡麟东渡日本留学，入支那学堂，谋学陆军未成，改学巡警。在日本应秋瑾电召回国，曾想药物暗杀清朝大臣铁良，为徐锡麟劝阻。7 月由秋瑾介绍，到中国公学任教习，与秋瑾、尹锐志等组织锐进学社，以此联系长江一带会党。1906 年 8 月，与秋瑾在上海秘密研制炸药，在一次试验中因配方错误引起爆炸受伤，回绍兴治愈后再赴日本攻药物化学。1906 年 11 月，在上海协助秋瑾创办《中国女报》，任主编。此年冬，随徐锡麟去安庆，往来于安徽、浙江之间联络会党。1907 年 4 月，还应秋瑾之邀到绍兴大通学堂，一起研讨《光复军军制》和《光复军起义檄稿》。在随后徐锡麟的安庆起义中，与徐锡麟一起刺杀安徽巡抚恩铭，率巡警学生攻占军械局，在与敌军相持中牺牲。

马宗汉，字子畦，别号宗汉子，余姚人，时年 23 岁。1902 年马宗汉考入浙江高等学堂，开始接触革命思潮，结识了不少热血青年。次年 3 月因参加学生罢课而退学回家。光绪三十年，勉强依从祖父和父亲之命，考取甲辰年秀才，但无意仕进，回到浒山在三山蒙学堂任教。1906 年徐锡麟在绍兴创办大通学堂，马宗汉前来求学，并加入光复会。是年冬，随徐锡麟、陈伯平等东渡日本，进东京早稻田大学预科，第二年 4 月与徐锡麟、陈伯平一同回国，在家乡教书并结识秋瑾。徐锡麟捐得道员，分发安庆，任巡警学堂会办，来函邀马宗汉共同参加安庆起义。马宗汉极为振奋，向学生告别说："吾此行不能灭虏，终不返矣！"即与在上海的陈伯平同赴安庆。这时，徐锡麟已升任安徽巡警处会办兼巡警学堂会办，即与陈伯平一起奉徐锡麟之命，返上海与秋瑾作最后磋商并采购武器。返回安庆后，即与徐锡麟、陈伯平等起事，击杀巡抚恩铭。后于攻占领军械所的战斗中，奉徐锡麟之命越墙潜出，于半途被捕。在狱中，马宗汉备受毒刑，坚不吐实。8月24日，被杀在安庆狱前。

秋瑾把起义日期定下之后，还不忘与在上海编辑《中国女报》的陈志群联系，商谈出版女报第三期的事务；与徐自华在上海爱国女校读书的妹妹告别。徐小淑也是秋瑾在浔溪女校教书时的学生，二人虽曰师生，但情同姐妹，经常有诗词唱和。秋瑾赠她手巾、小照，说：从此永诀！就匆匆辞别。

"我欲为君进一箸，时机已熟君休虑。成功最后十五分，拿破仑语殊足取。"回到绍兴，秋瑾发布了一系列起义的命令：

命赵洪富赴金华武义一带向会党传达起义的日期；

命周亚卫、邵杰扮作僧人赴嵊县命竺绍康、王金发做好起义准备，并赴温州、处州传达起义的日期；

命叶颂清率敢死队三十二人赴杭城埋伏，以为内应；

命周华昌率部下会党二百人至杭州江干集结待命；

……

正在命令传达于各地之际，秋瑾忽然接到陈伯平、马宗汉来信，报告在上海因购枪械困难，二人要在农历五月廿五即7月4号才能离沪赴皖。由此，秋瑾当即推迟了起义日期，改为农历六月初十，也即7月19号。因为按原定日期，安徽方面肯定来不及了。

然而起义延期的命令还未到达，各地会党已经骚动不安，纷纷出事。

五月廿一（7月1日），武义党案爆发；

五月廿三（7月3日），金华党案爆发；

五月廿五（7月5日），永康党案爆发；

……

在武义，光复军起义的消息被一个叫聂李唐的会党分子所泄露，一时谣言四起，大街小巷惊恐不安。武义民众唯恐在战乱中财产遭受损失，争先恐后拿去当铺典当，致使当铺倒闭；大量抢购大米和食盐，一时间食盐告罄；武义知县闻讯大惊，急电省城支援。浙省巡抚派兵至武义，逮捕聂李唐，聂李唐又供出了光复军首领刘耀勋，和其他光复军其他骨干。刘耀勋立即被抓，与这些人近三十人一起立刻被杀。聂李唐还供出了大通学堂职员赵洪富，金华知府嵩连致电巡抚张曾敭，张曾敭即转告绍兴知府贵福，要求查拿大通学堂赵洪富其人。

在金华，徐顺达为秋瑾极为信任之人，任光复军参谋，负责指挥金华、兰溪、浦江、汤溪四县军事。而于起义命令下达前与豪绅争讼田产而被官府关押。金华党人数度谋划劫狱而事未果。适秋瑾定于农历五月廿六起义令下达，光复军交通部长倪金赴狱中告知其事，并携数百银圆往商店购买黑布，店主觉得很奇怪，因为一般都不会买那么多的黑布，讯其用途，则答曰制作光复军的号衣。店主惊骇不已，以为是一个疯子，拒不卖布，结果发生争吵。适逢有衙役经过，把此事报告金华知府嵩连。嵩连立刻逮捕倪金，又牵连到徐顺达，结果二人一起被杀。金华会党骨干二十余人亦被捕遇难。一时群龙无首，光复军首领张恭被通缉，逃往山中避难。一时群龙无首，光复军最重要的基地金华的力量陷于瘫痪。

在兰溪，秋瑾派往兰溪联络的蒋纪云携光复军信符，号令会党各管事，声称从绍兴运来快枪二百支，要求集合光复军二百人至某学校领取，以便破袭兰溪县城，接应金华义师。各会党头目信以为真，集合一百余人前往学校，结果学校里不见蒋纪云踪影，而校中师生，突见晚上来了这么多人，以为是乱党哄抢财物，急走告县令。结果这一百余人一哄而散，不复成军。总之是乱哄哄，不明所以。

在嵊县，稍早些日子，平阳党分支乌带党头目裘文高不征得竺绍康同意，即私自募集台州义勇，从东阳开赴嵊县，在西乡廿八都揭竿而起，树革命军旗帜，与清兵激战，结果兵败，退入东阳山中，由此累及竺绍康和王金发，二人皆被清军悬赏通缉。

清政府本已怀疑大通学堂，在该年春天的时候，就派员到大通学堂暗中察访。现在，武义、金华、嵊县、兰溪等地的事变，无不牵连大通学堂，武义聂李唐供出的赵洪富，也是大通学堂的职员。浙江巡抚张曾敭也已致电绍兴，要求查拿赵洪富其人。这时，知府贵福已得绍兴劣绅告密，获悉秋瑾将于农历六月初十（7月19日）发难，故急发电省城，要求派兵增援绍兴。

这时，只有竺绍康一支队伍，于农历六月初五（7月14日）在嵊城南门外"恒源兴"秘密集结。

以上各路失事的消息，像冰雹那样一阵接一阵向秋瑾袭来。起义的计划在传达过程中就已被打乱，起义军的主力也已损兵折将，群龙无首，几近瘫痪，秋瑾的起义计划陷入危难之中。

第五章

从容就义
世纪留香

危急与从容

白练垂天轩亭口

生死姐妹

诗魂永恒

## 一、危急与从容

农历五月廿七（7月7日），金华知府嵩连致电浙江巡抚张曾敭、两江总督端方：

> 武义获匪聂李唐等，供出羽党甚众。内有赵洪富，缙云人，在绍兴体育学堂司帐，勾结大通学堂党羽，希图接应起事，请申饬密拿。

同日，浙抚张曾敭收到此电后，即致电绍兴知府贵福：

> 本月二十七日据金华嵩守电称：武义获匪聂李唐等，供出羽党甚众。内有赵洪富，缙云人，在绍兴体育学堂司帐，勾结大通学堂党羽，希图接应起事，请申饬密拿等语。查现在各处党匪蠢动，该郡无论何项学堂，但查有缙云赵洪富其人，立即密拿拘禁，电禀候夺。

上述两电已经说明，武义党案的泄露，聂李唐的招供，已经牵连到了绍兴大通学堂，将要暴露出秋瑾。正在这个时候，绍兴劣绅，时任绍兴劝学公所所长的胡道南，来向贵福告密：秋瑾准备于农历六月初十起事，而且还告密了秋瑾的同党吕逢樵、竺绍康等人。竺绍康的情况已于上述。吕逢樵，原名东升，字耀初，缙云壶镇人。少时读私塾，后经营合盛南货店，往返于金华、杭州、上海、绍兴一带。1903年入龙华会，为处州首领。第二年由陶成章介绍入光复会，在嘉兴敖嘉熊的温台处会馆任执事，联络会党进行革命活动。1905年任绍兴大通学堂襄理，组织光复会会员练习兵操。秋瑾接办大通学堂，协助秋瑾管理校务。

农历五月廿八（7月8日）绍兴知府贵福致电浙抚张曾敭等，报告了胡道南告密的内容：

> 抚、藩、臬宪均鉴：越密。前据胡绅道南等密称："大通体育会女教员秋瑾及吕逢樵、竺绍康等，谋于六月初十日起事。竺号酌仙，平阳党首领，羽党万人，近已往嵊县纠约来郡。"请预防。

　　胡道南为什么要告密呢？胡道南是秋瑾留学日本的同学。据说，有一次留学生开会，由于意见不合，秋瑾当场骂胡道南为"死人"，因此胡道南怀恨在心。但是在绍兴的方言里，"你是死人啊"一语，并非十分恶毒的咒语，比如乡间老婆骂丈夫，也往往说"你这个死人"，所以胡道南为什么要告密，其真正的原因还有待于资料的发现。

　　第二天即农历五月廿九（7月9日），浙抚张曾敡把徐锡麟在安徽起事的消息电告绍兴知府贵福，嘱他务必谨慎。

　　浙抚张曾敡致电绍兴知府贵福：

> 昨日皖省有革命党倡乱且系学界。足下办理此事，当加意谨慎。至要。

　　贵福接电后感觉事态愈加严重。因为徐锡麟是绍兴人，而且大通学堂就是他创办的。当日晚，贵福换掉官服，穿上普通百姓的服装，连夜赶赴省城，请示应付的办法。农历六月初一（7月10日），贵福自省回郡。

　　贵福还在回绍路上的时候，浙抚张曾敡接到两江总督端方的数个来电，得知了安徽事变更加具体的情形。他深感事态严重，陡增恐惧。一个巡抚，朝廷的方面大员，封疆大吏，被公然枪杀了。绍兴府兵力薄弱，假如又碰到一个徐锡麟，怎么办？而且绍兴会党党徒众多，如有事，比徐锡麟还严重！张曾敭当即觉得应立即按贵福之所请，派兵去绍兴以防不测。他随即写了亲笔信给贵福，密谕解决绍兴党案的原则和办法。

农历六月初三，一支军队离杭赴绍，这是由浙江常备军步队第一标第一营管带，徐管带率领的两队官兵。晚清新军的编制序列，为镇、协、标、营、队、排、班，相当于现代军队的师、旅、团、营、连、排、班。派到绍兴的是两队官兵，那就相当于现在的两个连，近三百人。

现在，这两队官兵正向绍兴开来。

在这危急存亡之秋，间不容发之际，秋瑾在做什么呢？这时候秋瑾的表现似乎令人费解，她并没有对一系列的突发事件做出反应。早几天，农历五月廿四（7月4日），她给在上海负责《中国女报》的陈志群写信，敦促他赶快来绍兴："请速来绍为要"，"君速来勿迟，因有要事也。"农历五月廿九（7月9日），她还在大通学堂送教员，二十岁不到的许则华赴杭州度暑假。似乎并没有感觉到迫在眉睫的事态严重。直到农历六月初一（7月10日），上海的各种报纸到达绍兴，她方看到徐锡麟起义失败身死的消息，方执报痛哭，就像突然崩溃一般，把自己关在办公室，不吃饭也不说话。

当日，她给在上海爱国女校读书的学生兼友人徐小淑发出了一封信，但没有任何别的话，只有一首诗：

痛同胞之醉梦犹昏，悲祖国之陆沉谁挽？

日暮途穷，徒下新亭之泪；

残山剩水，谁招志士之魂？

不须三尺孤坟，中国已无干净土；

好持一杯鲁酒，他年共唱摆仑歌。

虽死犹生，牺牲尽我责任；

即此永别，风潮取彼头颅。

壮志犹虚，雄心未渝，中原回首肠堪断！

"新亭之泪"这一典故，指的是东晋时候，丞相王导在建康（今南京）的新亭宴客，座中有人回忆西晋时候先帝也在此宴客，深深感觉到江山的变异衰落，便泪流满面。后来就把"新亭之泪"喻为痛惜亡国的伤心之泪。

"招魂"这一典故，用的是屈原《招魂》诗的含义，意即要唤起国魂。

"鲁酒"指的是很差的酒，典出《庄子》"鲁酒薄而邯郸围。"

"摆仑"即英国诗人拜伦，他作有《哀希腊》十六章，哀悼希腊的亡国，在当时有极大的影响。

秋瑾这首诗，后人把它取了一个题目叫《致徐小淑绝命词》。可以看到，秋瑾在这时已经放弃做最后的挽救，唯以一己的赴义为交代。

农历六月初三（7月12日）早晨，杭州武备学堂的光复会员密信到了，告知浙江常备军步队第一标第一营管两队官兵已经出发来绍。这时候，大通学堂的学生纷纷来见秋瑾，要求提前起义，先杀知府贵福，占领绍兴府城，再图其余。但被秋瑾否决了。她"以谋为日后之应援"为由，让大通学堂内的学生赶快出走。

有些学生就走了，还有一些不忍离开的，秋瑾就带着他们把学校所有的枪支给藏了起来。

农历六月初三晚上，是秋瑾家里祭祀祖宗的日子。秋瑾像往常一样回了家，与哥哥秋誉章、弟弟秋宗章一起吃过晚饭。晚饭以后，一家人还像往常一样，坐在一起聊会儿天。然后秋瑾叫哥哥秋誉章到旁边的房间去了一会儿。二人出来以后，哥哥秋誉章又把弟弟秋宗章叫走了。过了一会儿两人回来，哥哥就说亲戚家村里有庙会，命仆人准备船只前往观看。这时秋宗章按照哥哥的布置，争着说也要去。哥哥开头装着说不同意，然后秋瑾在一边为弟弟帮腔，说小弟刚放暑假，年少爱玩，为什么不带他一起去呢？秋誉章假装着只好同意。兄弟二人就这样趁着夜色离开了绍兴府城，避到秋誉章的岳父家躲了起来。

这天晚上，秋瑾又与她从浔溪带到自己家里来生活的女学生吴瑛一起，把家中的信札、文件、有碍的书籍，烧毁或者转移，处理完毕。和畅堂的后面有一个小花园，花园里有一口井，许多文件信札都烧在这口井里了。

农历六月初四（7月13日）上午，王金发乔装潜来大通学堂，两人商讨良久。王金发认为即时起义已经不可能了，秋瑾也觉得不可能了。王金发极力劝说秋瑾暂时离开绍兴，急速到嵊县山区躲避，以图改期举事，被秋瑾拒绝。同时她严词催促王金发赶快离开。王金发无奈，只得"怅然离去"。

农历六月初四下午四时左右，杭州来的清兵才会同山阴县令李钟岳、会稽县令李瑞年来到大通学堂。在这个时候，还有人劝秋瑾从后门乘船逃走。因为绍兴城里的河港四通八达，大通学堂的前门和后门都通着河道。

秋瑾神色自若，只是令在校的学生和办事人员先走，自己坐于办公室，丝毫没有离去的意思。

听说学校已经被包围了，一些人慌张起来，从前门和后门，都有人跑出去的。

两队清兵既然从远远的杭城开来，总不能什么事儿也没有，他们见有人跑出门来，就开了枪。说实在的，要是有人抵抗和反击，他们很可能不堪一击，早就作鸟兽散了，但现在没有人抵抗，他们又觉得不满足，有些失望；所以一有人跑，他们就开了枪。就在跑的过程中，有一人被打死，有一人被打伤。

但是，尽管官兵如临大敌，绍兴城里的市民却围着在看。

请看著名历史学家范文澜在1956年的回忆。那时候还没有对秋瑾的种种演义，也没有特左的那种阐释，他的回忆是比较可信的：

我哥哥范文济是大通学堂的学生，他上操上得好，被提升为一个学生队的队长。1907年暑假，大通学堂放学了，我哥哥还住在学堂里。有一天午饭后（农历六月初四），我母亲煮了两只螃蟹，叫我去找他回家吃蟹。我走到学校大门口，正好，不需要请门房进去通知，他摇着芭蕉扇已经走出大门来。他说蚊子咬得慌，睡不着午觉，想回家来休息。我们到家不过几分钟，听到外面有枪声，他把螃蟹放下，叫我出去看看有什么事。

　　我出去一看，满操场都是兵，也有一些衙门里人打扮的，簇拥着一个披袍褂的人立在操场的河岸上。那边又响了几声枪，操场上的人都显得非常紧张，披袍褂的人慌忙钻进一只小乌篷船里，看的人都笑了，说这是会稽县知县。一忽儿，看见秋瑾穿着白汗衫，双手反缚，被一个兵推着走，前面有几个兵开路，又有几个兵紧跟在后面，他们都端着上刺刀的枪，冲锋似地奔过我家门旁的锦麟桥，向绍兴知府衙门的路上奔去。秋瑾严肃镇静的神情和那群狗子们疯狂凶恶的可憎相，我虽然是个小孩，不知道什么是革命，什么是反革命，但是看得很分明，自然要同情秋瑾，厌恶那群狗子们。


　　请看，场面非常平和，几乎没有什么戏剧性，既没有什么"开枪拒捕"，也没有什么错综复杂，秋瑾就这样平平静静地被带走了。

　　需要说明的是，范文澜这儿说的会稽县知县就是李瑞年；他说的秋瑾穿着白汗衫，其实那是秋瑾的月白竹布长衫，秋瑾到大通学堂做督办以来，就穿着这一式样的男装。小孩子不太懂得服装，所以记错了。

　　为什么要"开枪拒捕"呢？要是说开枪，秋瑾可以不把枪支藏起来，直接武装学生，跟官兵干一阵，这样不是更过瘾吗？要是说拒捕，她前两天逃走不是更方便吗，还拒什么捕呢？

后来有一种传说，说是前往逮捕秋瑾的官兵非常害怕，不敢进入秋瑾的办公室，因为他们知道秋瑾曾骑马击剑，有"鉴湖女侠"之号，生怕他们一进入房间，秋瑾使起什么功法，把他们的小命搞丢了。那怎么办呢？说是最后有一个认识秋瑾的油嘴滑舌的绍兴本地衙役，斗胆进入秋瑾办公室，屈膝作一个揖，口称"秋太太"，说知府请你去一趟。秋瑾从椅子上站起来就跟着他走了。

我觉得，这是最接近实际的一种描述。

除了秋瑾以外，清兵还抓走了程毅、徐颂扬、钱应仁、吕植松、王植槐、石宝煦、蒋继云等大通学堂的师生员工十八名，搜出七响小手枪一柄，枪内满贮子弹。又获九响毛瑟枪二十四支、枪弹数百粒。前膛枪一杆，骑马四匹，驴一匹，九响毛瑟枪一杆。

这些，都是执行搜捕任务的浙江常备军步队第一标第一营徐管带在给绍兴知府贵福的咨呈中载明的，最为准确。

## 二、白练垂天轩亭口

对秋瑾的讯供其实很简单，因为她于农历六月初四被捕，至六月初六被杀，才三四十个小时。对她的讯供共进行了三次。

第一次，是农历六月初四下午秋瑾被捕，立即被押去由贵福亲自审问。

贵福还没有开口，秋瑾就责问他说："我犯了什么罪，把我抓到这里来？"

贵福说："因为你身藏手枪之故。"

但他马上觉得这个回答很愚蠢，因为大通学堂有体育科，当时徐锡麟办学申请的时候，附带说还要办团练，帮助官府绥靖地方，持枪是官府批准的。所以他马上改口问道："你跟徐锡麟真的认不认识？"

秋瑾回答道："曾经认识。但这次皖变，却并不知情。我所主张的，是男女革命，而不是满汉革命。"

因为报纸都已大量报道了徐锡麟的供词"为'排满'事，蓄志十几年，多方筹划，为我汉人复仇。故杀死'满人'恩铭，后欲杀端方、铁良、良弼等人。"徐锡麟革命的宗旨已经人人皆知。

第一次讯供的内容大概就是这些。

第二次讯供，是在被捕的第二天上午，也即六月初五的上午。由山阴县令李钟岳主审。颇为同情秋瑾的县令李钟岳说："你不想说可以，可以写下来。"说着就拿来了纸笔。秋瑾拿起笔，先写了一个"秋"字，左思右想，没什么可以写的，就写了"秋雨秋风愁煞人"七个字，搁笔不写了。所以仍然没有什么实际的内容。

知府贵福颇责李钟岳讯供不力，主要是说他没有动刑。下午就派了幕僚李某刑讯，这就是第三次。第三次也没有讯出什么来。

在审讯的同时，贵福又派山阴知县李钟岳搜查了秋瑾和畅堂的家。番役先把前后门守住，不许人出入。然后逐房逐屋地搜，翻箱倒箧之际，也顺便把一些东西装到自己口袋里。但李钟岳还是很正派的，每到一个屋子，他都亲自督察，不许番役任意干没。所以秋家损失也不大。以至于秋瑾的弟弟秋宗章多年以后回忆此事，还对李钟岳充满好感。

最为侥幸的是他们把东南角上秋瑾的卧室漏掉，忘了搜查了。这个房间里有倭刀一柄、勃朗宁手枪一支，秋瑾作为防身之具，夜则置于枕头旁边，白天则随身携带。最关键的是秋瑾的衣柜里面，还藏有莲蓬式九响手枪两支、子弹数百发。另外，后面房间有个小圮楼，楼上搁着一个藤筐，里面有秋瑾一些日文书籍和留学日本时的家信等，这些都没有搜出来。这是李钟岳有意疏漏的吗？

总之，搜查也一无所获。

绍兴知府贵福在农历六月初四（7月13日）致浙抚张曾敭电：

> 卑府星夜请兵，蒙派到郡。今日申刻往大通学堂及嵊县公所起军火。该匪等开枪拒捕，兵队还击，毙两匪，并获秋瑾及余匪六人。起出后膛枪二十五杆，子弹数百枚，夺获秋瑾六门手枪一支。探得该匪等因徐匪刺皖抚后，谋俟竺匪纠党到绍，开会追悼，即行起事。知其事者，惊惶万状。现讯秋瑾供，坚不吐实。查看该匪亲笔讲义，斥本朝为异族，证据已确。且据余党程毅等，亦供秋瑾为首（唯尚无起事准期，若竺匪一到，恐有他变），应请将秋瑾先行正法。余匪讯有实据，再行电禀。

浙抚张曾敭在农历六月初五（7月6日）致电绍兴知府贵福：

> 府越。秋瑾即行正法。速严讯程毅等，各头目姓名踪迹，设法严拿。徐匪家属，一并掩捕。入杭学生，若有匪首在内，究出姓名，速电复。嵊匪最多，应严饬秦令及提标兵，赶紧设法搜捕，闻竺匪已于日前由嵊纠三十人到绍，应购线密拿，并商同徐管带，酌留数排驻城，余仍令捕贼为主，并嘱时刻警备，毋为所乘。获匪均何姓名？起获后膛枪是何种？匪枪究有若干？

浙抚和绍守的往来电文，一个是汇报情况，异常严重紧急；一个则授予种种机宜。但最关键的是："秋瑾即行正法。"

接到电文的次日，也即农历六月初六，天还没亮，知府贵福就派县令李钟岳来执行了。

根据记载，那天深夜或说是凌晨，秋瑾正跟女看守商量，想要让她给自己解开刑具，提供纸笔写点东西，忽然牢房的门传来急骤的敲门声。女看守急忙问什么事？隔着门回答是要提审。女看守开门一看，门外灯火烛天，兵士列队如逢大敌。女看守回过头来远远望着秋瑾，一下子浑身哆嗦着说不出一句话来。秋瑾说："你别害怕，让我去看一下。"她到门口一看，是这么一个阵势，知道要发生什么了，她平静地对兵士说："你们先把灯熄一会儿，让我闭着眼睛静一下。"

过了一会儿，秋瑾出来了，她对县令李钟岳说："我有三个要求：第一，让我给亲友写封信；第二，临刑不能解衣带；第三，不得枭首示众。"

县令李钟岳答应了后面两个事。秋瑾对他表示感谢。

过来两个士兵，要想一边一个挟着她走，秋瑾说："这是干什么，我还不能走吗？"

秋瑾穿着一套玄色生纱衫裤，足穿皮鞋，脚上带着铁镣，两手背绑，前面有一个兵士牵着，后面是三四个士兵端着枪跟着，边上还有山阴县都戎府、省派练军、山阴、会稽两县巡警弹压。秋瑾走出山阴县署，向着刑场——熟悉的轩亭口走去。

秋瑾的头上还是一条女性的辫子；她脸色沉静，静静地走在这个她出生、她热爱、她一离开就非常想念的古色古香的街道上。她多少次在诗里写过若耶溪、鉴湖、绍兴的九节兰啊！她看到周围一片寂静，似乎听到了那家家户户沉睡的鼾声。她忽然想起了她小时候非常熟悉的那种情景，随着天一点点发亮，早起的人们开了门，来到后门的河边淘米，那清清的河底下，影影绰绰地可以看到一些米粒；她又想起有一次她和母亲、新嫁的嫂嫂，由哥哥陪着划一条乌篷船去鉴湖。那一天，她是多么快乐啊！想到母亲，她的眼睛忽然湿润了。

她在心里说："母亲，我来了，我来陪你来了，我知道你很寂寞，但

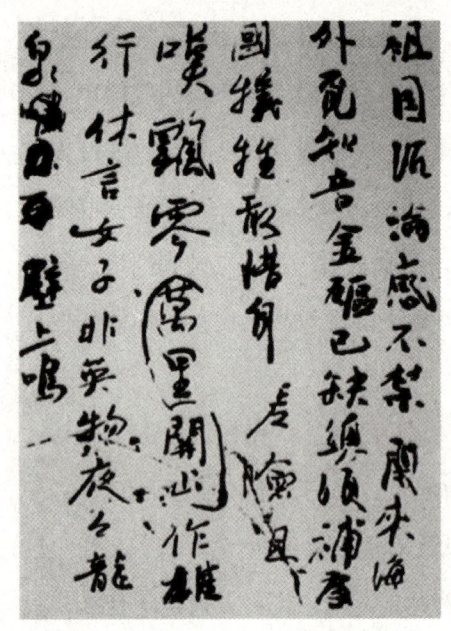

秋瑾绝命诗

是我也很寂寞呀，只有跟你在一起，我才开心、放松，像个女孩。"那是一个明月之夜，秋瑾跟着母亲牙牙学语：床前明月光……秋瑾似乎听到了自己童稚的声音。

秋瑾静静地走着，听着脚镣拖擦着街道的地面，发出木然的声音。她想着，我为什么要回绍兴来？因为绍兴是生我、养我的故土，这儿有我的祖宗，有我的高祖秋学礼，有我的爷爷秋嘉禾，我的父亲秋寿南。我不回来谁回来，我不爱这片土地谁来爱？

但是绍兴怎么要让一个满族人来做太守呢？这个满族人好吗？他送掉了台湾，放弃了东北的利权，居然让日本和俄国在中国的领土上打仗。这样的统治者是好的统治者吗，让他们再这样继续下去,中国不是迟早要亡吗？

她忽然感觉到她的腿好痛，这不是给脚镣磨的，这是她今年以来三次外出，赴浙南浙中浙西走路走伤的。她想这些会党头目多么可爱啊，现在，秋瑾给你们有一个交代了！

天渐渐亮起来了，由刚才灰里透出一点儿亮，变成现在亮里还留着一点灰。秋瑾看着天空，脑子里忽然闪过丈夫王子芳的面影，不由得在心里叹了一口气。这个男人啊，白白净净，性格温和，要是能多读一点书就好了，他现在在哪里呢？还是不要去想他了吧。

不远处就是轩亭口，秋瑾知道自己已经没有时间来想什么了，她也不想再想什么了。她做了自己该做的，得到了自己想要得到的。秦良玉、罗兰夫人、索菲亚，不都这样的吗？求仁得仁又何怨？

轩亭口到了，刽子手在做准备，而且已经准备好，向她走来。秋瑾突然说："等一下，我看看有没有亲人来送我！"刽子手顺从地站住了。

秋瑾举目四望，没有一个亲人。她的嘴角动了一下，是失望还是宽慰？是她自己让她的哥哥弟弟逃走的，他们怎么会突然出现在这儿呢。秋瑾安详地闭上眼睛，脑子里突然闪过许多许多的面影，她的儿子、她的女儿、她的盟姐、她的母亲，还有常德阳光明媚的书房、鉴湖岸边的杨柳、剑，甚至还有从来没有见过面的高祖。她突然想大喊一声："我多么爱你们啊！"然而刹那间她什么也不知道了……

这个时候，是农历六月初六，岁在丁未，公元 1907 年 7 月 15 日凌晨。

秋瑾的死是平静的，但是她死后的中国，却是再也不能平静了。

秋瑾遇难的消息，犹如十二级台风，刹那间刮过整个神州大地。这股台风，首先就是报纸掀起的。各种不同背景的报纸迅速对秋瑾一案作了详细报道，《神州日报》连续公布浙江省发布的有关通报、函电、文告，并转录外电、外报刊出的有关消息。《时报》除了对秋案始末做了连续报道之外，还发表了几十篇有关秋案的评论文章和诗词、漫画。《申报》发表了各种体裁的有关报道、评论等三十多篇，累计达三万多字，包括秋瑾被捕与就义的报道、官府公布案件的证据、秋瑾被害之余波、秋瑾男装持手杖照片、秋瑾生前演说稿以及徐自华撰文、吴芝英书写的秋瑾墓表等。《大公报》《中外日报》《文汇报》《杭州白话报》《新闻报》《民主报》《神州女报》等亦有大量关于秋案的报道、评论及各种纪念诗词文章。

纵观以上各报,虽政治立场不尽相同,但在秋瑾一案的报道上,却如出一辙,口径如一,同声谴责官方的暴虐,并对秋瑾的遇害抱以哀悼和同情。所有的报纸,不管是革命派的,保皇派的,中间派的,都在报道、评论、分析秋瑾的死,都在谴责、讥议杀害秋瑾的凶手;都在痛哭、纪念、颂扬秋瑾。即以上海的报纸而论,《申报》《时报》和《神州日报》,分别代表了中间、改良、革命三派的政治力量,而其在秋瑾被杀一案的报道与评议上,却显示了空前的一致。

首先是对秋瑾的纪念和歌颂。上海妇女界为了纪念她,决定将《新女子世界》和《中国女报》合而为一创新刊即《神州女报》,该报继承了《中国女报》的革命精神。其发刊辞中说:"《神州女报》何为而作乎?为鉴湖秋女士流血之大纪念而作也。"该报创刊号刊载了大量悼念秋瑾的诗词、联语,歌颂这位女革命家,称赞她为"神州女界新伟人"。并重新发表了秋瑾的《敬告姊妹们》《演说的好处》《中国女报发刊辞》《中国女报章程》及书信、诗词等,以示纪念。有一篇题为《敬告女界同胞 —— 为浙江明道女学堂女教员秋瑾被杀事》的文章说:"至于以国民之权利、民族之思想,牺牲其性命而为民流血者,求之吾中国四千年之女界,秋瑾殆为第一人焉。今则以巾帼而具须眉之精神,以弱质而办伟大之事业,唤起同胞之顽梦,以为国民之先导者,求之吾中国二万万之女界,秋瑾又为第一人焉。"

其次是谴责。舆论众口一词,认定秋瑾一案是"冤案"。于是许多涉嫌杀害秋瑾的官员都受到报纸的强烈谴责与声讨,比如绍兴府中学堂监督袁翼、绍兴士绅胡道南、巡抚幕僚姜梅和章介眉、率兵到绍兴的标统徐方启。尤其是浙江巡抚张曾敭、绍兴知府贵福。当时的舆论矛头也的确主要对准了贵福和张曾敭。《申报》于秋瑾被杀后的第10天发表了题为《论绍兴冤狱》

的评论，直接指出秋瑾被杀是绍兴府假公济私、捏造告急所造成的冤案。《文汇报》也撰文说："绍府贵守，无端杀一女士，竟无从证实其罪，是诚大误。"《申报》1907年8月10日发表《论法部严禁各省州县滥用非刑事》，指出"刑律既已减轻矣，枭首、凌迟、戮尸等律已删除矣，何以皖省之变起而徐锡麟有剖心之事？何以徐锡麟之案发而绍兴大通学堂之秋瑾女士有不得口供而冤杀之事？徐之罪诚当死，而剖其心得不谓之滥刑乎？秋瑾女士既指为徐之同党，何以不明暴其罪于天下，而贸然杀之，得不谓之滥刑乎？"

强大的舆论压力，迫使官府公布"秋案"的证据。为平息民间对于政府的指责，官方公开了大量的秋案断案凭证。包括当地乡绅的密报、徐锡麟的弟弟徐伟及金华、武义党人的供词、学堂内搜出的大量军火等等。然而实际上还有大量的证据在搜查时未被发现。其中包括秋瑾家中所藏的枪支弹药、书籍及秋瑾留日时的家书。这一情形，以至于秋瑾弟弟都感叹："侥天之幸，均未败露。非然者，瓜蔓之抄，贵福亦当振振有词"。尽管如此，社会还是舆论认为，官府制造秋瑾案件，是为邀功请赏、升官发财。连清政府登报向社会的解释，也被冠之以"强词夺理，护短饰非""矫揉造作""锻炼周纳"等字眼；官府是有意借"公论"之名，掩盖其"所杀、所查抄、所拘系"的暴行，是"蔑视法律，鱼肉我同胞"的行径。

8月13日，由贵福提供的秋瑾供词率先在各报发表。但此举并未如浙抚绍守所愿，起到澄清事实的作用，相反却招来了更多的斥骂。《申报》在抄录口供的同时，又加按语，揭发其"可疑"，指责为捏造："然死者已死，无从质证，一任官吏之矫揉造作而已，一任官吏之煅炼周纳而已。然而自有公论。"即使四天后，贵福匆忙将搜获的"罪案"文件一并公示报端，秋瑾之为革命党、策划暴动各情已彰昭著，上海报界的挞伐仍不遗余力。《申报》也照样刊出《敬告为秋女士呼冤者》一文，依据中国现实，理直气壮地为革命党秋瑾进行合法辩护。

舆论的声讨还直接影响了制造秋案的当事人的命运。张曾敭在浙江巡抚任上已无法安身，被朝廷调往江苏，但是 9 月 5 日调其为江苏巡抚的上谕刚一见报，就立即遭到江苏士绅的群起抵制。在报纸的推波助澜下，清廷最后不得不收回成命，将张改派山西。

绍兴知府贵福更是坐卧不宁，他想调任浙江衢州，衢州的士绅联名反对，想调安徽，安徽和江苏两省的名士上书朝廷，不许其上任。他后来只好改名换姓为"赵景琪"，辗转各地。最后，他害怕自己死后会被刨坟掘墓，就预定自己的墓一定要用水泥加固、深埋在父母陵墓附近一个秘密的地方。但具戏剧性的是，2000 年春天，在北京西山卧佛寺附近，贵福本人立着无字碑的墓，最终还是被施工人员无意间掘了出来。

还有一位就是秋瑾死刑的执行者，山阴知县李钟岳。他原本就对秋瑾十分同情，出于无奈执行了逮捕、审讯、搜查、行刑等一系列任务。但在大通学堂，他明令士兵"但加逮捕，弗许伤害"。秋瑾被捕后被押在山阴狱中，贵福多次要求李钟岳严刑拷问，但李钟岳却始终不肯刑讯逼供；农历六月初六凌晨，李钟岳提审秋瑾，明言"事已至此，余位卑言轻，愧无力成全，然汝死非我意，幸亮之也。"说毕，"泪随声堕"。

秋瑾就义后不久，他就离开绍兴寓居杭州。赋闲之际，终日寝食不安，忧伤叹息："我虽不杀伯仁，伯仁因我而死。"对秋瑾之死愧疚不已。无人时，他常拿出秘藏的侠女遗墨"秋风秋雨愁煞人"，注视良久，默默诵读，直至泣涕不止，遂萌以身殉道之念。由于家人警觉，几次自尽未成。后随从一时疏忽，他便自缢身亡，时距秋瑾遇难仅六十八天。后人称他为"专制时代之良吏"，亦可慨也。

秋瑾之死，为什么会引出这样的结果？还是秋瑾的盟姐吴芝瑛在《祭秋女士瑾文》中说得深刻透彻。她说，秋瑾有没有起义的证据，那都不重要。"今日之争，不必问秋女士之革命，真与不真；但当问官吏之杀我同胞，当与不当。"

其意谓：这么腐朽的一个政府，这么腐败无能的一个政府，这么一个最高统治者会拿海军军费去修私家园林的政府，这么一个丧权辱国的政府，还有什么资格惩治人民，无论杀得对还是不对，无论是合乎法律的规定还是不符合法律的规定，他都失去了执政的合法性。吴芝瑛说得对，秋瑾之死，与其说它是革命党投向清朝专制的一颗炸弹，还不如说是一把尺子，它量出了这个封建王朝的气数究竟还有多长。果然，不到五年，这个皇朝就在辛亥革命的漫天巨浪中崩塌了。

## 三、生死姐妹

秋瑾被杀，对她知根知底、与她惺惺相惜、和她志同道合的两个盟姐吴芝瑛与徐自华，不禁义愤填膺、悲愤欲绝。吴芝瑛这时住在上海。自1904年送秋瑾去日本留学之后，她目睹清廷昏聩腐败，毅然劝说任户部郎中的丈夫辞官，回到上海筑小万柳堂隐居。万柳堂是其丈夫廉氏在元朝的先祖廉希宪任右承相时于北京广渠门所筑，"小万柳堂"即是秉承此名。秋瑾自日本归国，在上海创办《中国女报》，吴芝瑛乃一如既往，鼎力相助。秋瑾于1907年7月15日死难的消息传来，吴芝瑛不胜悲愤。仅过五天，就不避嫌疑，冒着被指为"女匪"同党的巨大风险，在《时报》上发表《秋女士传》，记述秋瑾之生平大节，并且大书曰："三十三年五月廿六日，徐锡麟之狱起于皖，浙中大吏指女士为同党，杀之，年三十有一。"进而论曰："女士生平好侠负气，今之死非其罪，纵官吏横暴，不至若是之酷。是必有挟私愤而陷害之者，假手于乱党，以为献媚长官之计，而其咎不尽在官吏也。呜呼！此之谓预备立宪！"

这个"论曰",事实上指出了三点。一是为秋瑾鸣冤,谓秋瑾"死非其罪";二是指出遭冤之由,在于官吏横暴,献媚长官;三是隐指秋瑾之死,证明了朝廷预备立宪虚伪不可信。

至于吴芝瑛所说的秋瑾的年龄,沿用的是秋瑾婚配时媒婆口说的那个年龄,秋瑾在婚后也将错就错,再也没有纠正。而徐自华就比吴芝瑛更知内情,给秋瑾所作的墓表中,就载明"年三十有三"。

又仅过了十天,吴芝瑛以"我与女士有一日之雅,又能道其生平"的知情人身份,在报上发表《记秋女士遗事》,记述秋瑾的性格志向和风采义侠。她写到秋瑾的诗歌《宝刀歌》《剑歌》等作品,有上下千古,慷慨悲歌的韵致;又写到秋瑾与维新人士王照本不相识,当得知王照因主张维新而入狱,在狱中困苦万端,就以卖掉首饰所筹集的留学费用给王照送去,并且不留姓名;她记述了秋瑾留学的艰苦,坐三等舱,与苦力等杂处,以倭刀防身,一病几不起;她描写了秋瑾酒罢拔剑起舞,慷慨悲歌,令人肃然动容。

在吴芝瑛笔下,秋瑾为人是如此热心义侠,才情是如此充沛激越,性格是如此坚韧耐苦,风格是如此英俊飒爽,这样一个优秀杰出的女子竟被官府杀了,这样的人官府为什么要杀她?最后吴芝瑛以豁出去不要命的姿态,慷慨激昂地写道:"愿以身家性命,保秋氏家族,望当道负立宪之责任者,开一面之网,饬属保全无辜,勿再罗织,成此莫须有之狱,诬以种种之罪状,使死者魂魄为之不安。"

紧随其后,徐自华在《神州女报》第一号上发表了《祭秋女士文并序》。祭文以五个"呜呼睿卿"领起五大段韵文,悲痛欲绝地回忆了与秋瑾的交往,秋瑾婚姻的隐痛,秋瑾的才华,秋瑾之死的惨烈和冤屈,呼天抢地,声泪俱下,悲愤不已。读了这样的祭文,没有人会不动容、不痛惜、不愤懑、不切齿。没有人不会为秋瑾喊冤:子独何辜,罹此冤狱?

吴芝瑛、徐自华的诗文，很大程度上引发了秋瑾就义以后，那场以报纸为平台，对清政府所制造的秋瑾血案的声讨、控诉、口诛笔伐，对被害人秋瑾的同情、赞美、悼念、哀痛的风潮。她们在秋瑾被杀、外界莫名所以的最初时刻，挺身而出，以她们独特的身份，冒着为"女匪"、为革命党鸣冤叫屈的巨大风险，迅即作文写诗，并且公开发表于报端，揭露秋案，引导舆论的指向，引起了社会各界，特别是国内精英界的关注，秋瑾之死、之事，由此在社会各界广泛传播；使秋瑾之志，得以表露于天下。

　　不但如此，当她们闻讯秋瑾就义以后，无人收尸，骸骨暴露于外，死者魂魄不得安宁，更加痛心疾首，复又为安葬秋瑾遗骸奔走呼号，风雪渡江，按照秋瑾生前的志愿，把秋瑾安葬在杭州西湖之旁，终使西湖秋墓成为反清革命的一个象征。吴芝瑛、徐自华真可谓秋瑾的生死姐妹。

　　秋瑾遇难前，已经通知家人防范，哥哥秋誉章、弟弟秋宗章和其他亲属秘密疏散到附近乡村。当她遇难消息传来，亲属恐遭株连，躲进僻山寺院。所以秋家无人收尸，遗骨由绍兴同善局草草成殓，裸葬于绍兴府城外卧龙山西北麓。直至两个月以后，凶险的气氛有所缓和，其家人感觉到被株连的可能性不大，哥哥秋誉章秘密雇人，将秋瑾遗体挖出放入棺木，迁往绍兴常禧门外严家潭殡舍暂放。可是不久，殡舍主人得知这是"女匪"秋瑾的棺木，便令秋誉章迁走。万般无奈的秋誉章只好将棺木移至附近一荒地，以草扇覆盖其上，聊以遮挡日晒雨淋。

　　得此情况，刚刚经历了爱女夭折的徐自华哀痛欲绝。她想起自己与秋瑾在数月以前游览西湖岳坟时，秋瑾"埋骨西泠"的恳求；想起二人石门之别，秋瑾又重申前请，而徐自华也郑重肃穆地予以承诺。想到这儿，徐自华食不下咽，夜不能寐，忧心如焚，发誓遵秋瑾遗愿，"卜地西湖西泠桥畔，筑石葬之"。她与吴芝瑛密商，在吴芝瑛鼎力相助下，在西湖边购妥墓地。知吴芝瑛因有孕在身不能亲赴绍兴，徐自华遂于 1907 年 12 月 31

日，强忍着刚刚痛失爱女的悲伤，冒着漫天飞雪，独自渡过钱塘江至绍兴，与秋家密商在西湖边安葬烈士之事。徐自华有诗记其事道：

### 十一月二十七日为璿卿葬事风雪渡江感而有作

哭女伤心泪未干，

首途急急觅君棺。

一腔热血依然在，

纵冒风霜不怕寒。

四合彤云起暮愁，

满江风雪一孤舟。

可堪今日山阴道，

访戴无人为葬秋。

真是重然诺、仗义侠，道义在肩、义无反顾啊！

秋瑾的棺椁从山阴运往杭州

随后，她与秋瑾哥哥秋誉章，把秋瑾灵柩冒险护送到杭。1908年1月25日秋墓成，秋瑾灵柩终于安葬于西泠桥畔。秋瑾之墓，墓碑上大书："呜呼！鉴湖女侠秋瑾之墓"十字，后又有墓表，由徐自华亲撰，吴芝瑛书，金石名家孙菊令篆刻，时称"三绝"。墓表曰：

## 鉴湖女侠秋君墓表

君讳瑾，字睿卿，又字竞雄，自号鉴湖女侠，越之山阴人也。家世仕宦。少长闽中，复随父湖湘，适湘乡王氏。生平忼爽明决，意气自雄，读书敏悟。为文章，奇警雄健如其人；尤好剑侠传，慕朱家郭解之为人。丰貌英伟，闲于辞令，高谈雄辩，惊其座人。自以与时多忤，居常辄逃于酒。然沉酣以往，不觉悲歌击节，拔剑起舞，气复壮甚。所夫固纨绔子，至是不相能。

值庚子变乱，时事益亟，君居京师，见之，独慨然太息曰："人生处世，当匡济艰危以吐抱负，宁能米盐琐屑终其身乎！"

洎甲辰夏，乃东渡海，赴日本肄业。稍暇，与其同志重兴共爱会，而己为之长，誉日鹊起。东国留学慕君者众。每际大会，辄以得君一临莅为荣，而君亦负奇磊落，往会，则抠衣登坛，多所陈说。其词悲感激切，荡人心魂。人闻之者，未尝不泣数行下，而襟袖为之渍也。又好节己费以助人学，从之游者莫不叹服。

居东二岁，而取缔事起，学子骚然。君以外权之横，不忍独留，亦导同志拂衣归。归，益引女学为己任，提倡不遗余力。主讲浔溪学校，教育弥至。有吴生者，艰于资，将中辍。君深慨之，挈往上海，俾成业焉。因留办《中国女报》，冀以少警聋瞶。而闺阁荏弱，匡助不闻，经费坐支绌。君经营周倦，编纂益力，并日冒风雪，走求援助，栖栖不以为苦。呜呼！洎可谓热心公益而历世摩钝者矣。以母丧，乃暂还越，后乃往来吴越间。至丁未五月，皖中事起，而君方自沪归，居大通学校。大通者，徐锡麟所兴创，而君素赞成之者。故浙大吏谓君同党，遽杀之，时六月六日也，年仅三十有三。呜呼！惨已！

迹其行事，不拘小节，放纵自豪，喜酒善剑，若不可绳以礼法。然其本衷，殊甚端谨。在稠人广坐，论议风发，志节矫然。人辄畏重之，无有敢一毫犯其辞色者。虽爱自由，而范围道德，固始终未尝或踰者也。徒以锋棱未敛，畏忌者半。呜呼！此君之所以死欤！尝生子女各一，今在湘中。

后七阅月，石门徐自华，哀其狱之冤，痛其遇之酷，悼其年之不永，憾其志之不终，为约桐城吴女士芝瑛，卜地西泠桥畔葬焉。用表其墓，以告后世。俾知莫须有事，固非独南宋为然，而尚想其烈，或将俯仰徘徊，至流涕不忍去，例与岳王坟同不朽云。

谨表。

为秋瑾营葬后不久，徐自华又在《时报》刊登《会祭鉴湖公函·致学界同人》。在徐自华等人的筹划下，1908年2月25日，各界数百人，齐集杭州凤林寺，为秋瑾开追悼大会。追悼会由徐自华主持，秋瑾哥哥秋誉章演说其妹一生事迹，并集体谒墓致祭。会上还成立了以纪念秋瑾、继承秋瑾遗志为宗旨的秋社，并公推徐自华为社长。这无疑是对清廷的公开抗议和示威。

这就又引起了轩然大波，转瞬即起。清廷巡查御史常徽，到杭州西湖游赏，见此坟墓，极其反感，尤其是墓碑上所书："呜呼！鉴湖女侠秋瑾之墓"，最触满人之忌。认为西子湖畔，葬此大逆不道之"女匪"，大有攻击朝廷之嫌。立即上章弹劾，奏请平墓，并严惩营葬发起人吴芝瑛与徐自华等人。清廷准奏，发出"廷寄浙抚，查照办理"的朝旨，下诏平墓。吴、徐二人闻之毫不畏惧，吴芝瑛发电给两江总督端方，疾呼"彭越头下，尚有哭人；李固尸身，犹闻收葬"；慨然声称"因葬秋获谴，心本无他，死亦何憾"！因而无论是否其所作所为，均"愿一身当之"，只求"勿再牵涉学界一人，勿将秋氏遗骸暴露于野"。而且还从医院中出来，于家中坐等朝廷的捉拿。迫于强大的舆论压力，两江总督端方并没有惩办营葬具体人，但强令秋墓迁葬。1908 年 12 月，秋瑾家人被迫将西湖畔的棺梓迁回绍兴城外严家潭暂放。翌年秋，由其夫家出面，棺骨被远迁湖南湘潭昭山，与秋瑾的丈夫王子芳合葬。辛亥革命成功后，秋瑾灵柩被安葬在长沙岳麓山烈士陵园。在浙江革命党人和徐自华要求呼吁下，1913 年秋，秋瑾还葬杭州西湖西泠桥西侧原葬处原墓地，并修建了风雨亭和秋瑾祠堂。

1912 年 12 月 9 日，孙中山先生一行从梅花碑行台出发，至西泠桥西祭奠秋瑾，并与吴芝瑛、徐自华和徐小淑摄影留念。然后应秋社社长徐自华之请，孙中山挥毫题写：


鉴湖女侠千古

　　巾帼英雄

　　　孙文


又手撰楹联一副，文曰：


江户矢丹忱，感君首赞同盟会；
轩亭洒碧血，愧我今招侠女魂。


1939 年春，时任国民政府军事委员会政治部副部长的周恩来，于视察浙东江防之际路过绍兴，为其表妹王去病题词：

勿忘鉴湖女侠之遗风，

望为我越东女儿争光！


1981年，浙江省及杭州市人民政府在西泠桥东南堍重建秋墓，穴中遗骨骨殖坛内，置石砚一方，上刻"秋瑾墓一九八一年九月自鸡笼山迁西泠桥畔"十九字。新墓墓基高两米，米黄色花岗石贴面。墓座上端为汉白玉石雕秋瑾塑像，高两米七，头梳髻，双眼凝望西湖；上穿大襟唐服，下着百褶散裙，左手叉腰，右手按剑，端庄英武，潇洒飘逸。墓座正面镶嵌大理石碑石，为当年孙中山先生挽悼秋瑾时所题之笔迹，墓座背面为徐自华撰文、吴芝英题书之《鉴湖女侠秋君墓表》。

每当清明时节，人们络绎来到墓前为秋瑾献花的时候，似乎又会听到吴芝瑛、徐自华的吟咏：


一身不自保，千载有雄名。

莫抛儿女泪，继起是英雄。


## 四、诗魂永恒


秋瑾远去了，她为祖国献身的悲情壮举和面对死亡的无畏坦然留下来了，她的诗歌也留下来了，或许会留存更长的时间。

作为近代最为出色的抒情诗人，秋瑾留给我们二百多首诗词。当然，这只是我们现在所见到的，她创作的诗章数量肯定远远不止这一些，有人说过，秋瑾出嫁前就写了很多诗。但是秋瑾对自己的作品并不刻意保存，生前也没有出版过诗集。又加上她的被杀，当时是震惊朝廷、震动全国的大案，一些手头有她诗作的人，可能会由于惧祸而把稿子毁了；也可能由

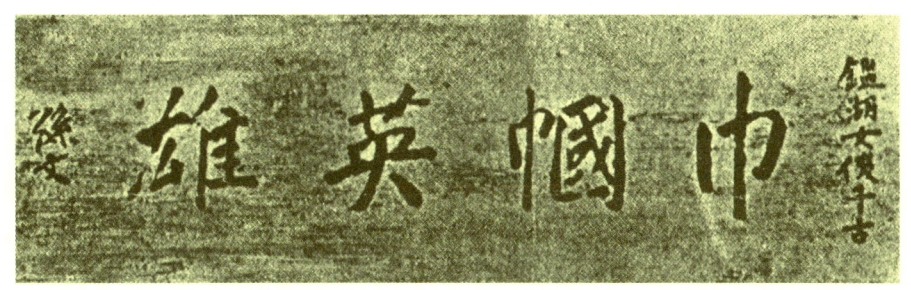

孙中山先生亲书追悼秋瑾的挽幛

于其他各种各样的原因而散失。比如有人就说："济南朱幼玉，藏有秋瑾的诗文集残稿，不知后来流落何处。"又有人说："他读过很多秋瑾的诗，也都不见现在的秋瑾诗集中"；还有人说："自己曾经保存过秋瑾的自书诗七首，后来被人拿走，不见了"。因此可以说，读者现在读到的秋瑾的作品，只是她的创作的一部分。

尽管如此，我们现在读到的作品对于秋瑾作为近代最为出色的抒情诗人，已经绰绰有余了。一个世纪以来，她的诗歌不知道感动激发了多少人的心灵和情志，而且今后还将持续下去。她的诗歌，经过一个世纪岁月的冲刷淘洗，无疑已经进入了中国文化琳琅满目的经典作品之列。她的诗魂，犹如她慨然赴死的壮举，都是永恒的。

那么我们吟咏品味秋瑾的诗歌，感觉到她的诗魂的本质是什么呢？秋瑾的《满江红·小住京华》词有一句："身不得，男儿列；心却比，男儿烈。"一个"烈"字，可以说就是秋瑾诗魂的本质，或者说，最突出的质素。这个烈，有时候是浓烈，有时候是强烈，有时候是激烈和壮烈，有时候甚至是惨烈。只活了三十三岁的秋瑾，她的爱恨情仇，极为丰富复杂，她对母亲、对兄弟姐妹、对朋友、对祖国，对祖国悠远绚烂的历史文化，对列祖列宗，有着无比浓烈的爱。她面对明月而思念母亲，就说"愁见楼头月影圆，思亲空剩泪潺湲"；她思念出嫁的妹妹，就说"惆怅寸怀言不尽，几回涕泪湿衣裾"；经过已经去世的年轻女友的居所，她也会"栏杆敲遍纱窗下，鹦鹉无言泪满襟。"即使对那个毫不理解她的懦俗的丈夫，在关系尚未彻底破裂前，她也情不自禁地含情脉脉，去送行他的时候作诗相赠，表达"未免有情烟树黯，相留无计落花愁"的缠绵的情愫。秋瑾的爱如斯之浓烈，似乎一提起她所爱的这些人，她就会热气贯胸，热泪盈眶。

而面对受够列强欺凌蹂躏的残破的祖国，她的痛心和屈辱就变得无比的强烈，要为国家民族报仇雪耻的决绝和献身精神，就无比的激烈和壮烈。"拼将十万头颅血，须把乾坤力挽回"；"经营恨未酬同志，把剑悲歌涕泪横"；"领海无权悲索寞，磨刀有日快恩仇"；"无限伤心家国恨，长歌慷慨莫徘徊"；"愿从兹以天地为炉、阴阳为炭兮，铁聚六洲；铸造出千柄万柄宝刀兮，澄清神州；上继我祖黄帝赫赫之威名兮，一洗数千数百余年国史之奇羞！"像这样壮怀激烈、令人感奋神往的诗句，在她的诗集里触处皆是。值得注意的是，秋瑾对祖国的爱，有她独特的角度和出发点，她是扎根于祖国灿烂悠远的历史文化，基于对这一历史文化的命根子一般的感情，来爱这个祖国的。在一首诗里秋瑾这样写道：

### 宝刀歌

汉家宫阙斜阳里，五千余年古国死。

一睡沉沉数百年，大家不识做奴耻。

忆昔我祖名轩辕，发祥根据在昆仑。

辟地黄河及长江，大刀霍霍定中原。

痛哭梅山可奈何？帝城荆棘埋铜驼。

几番回首京华望，亡国悲歌泪涕多。

北上联军八国众，把我江山又赠送。

白鬼西来做警钟，汉人惊破奴才梦。

主人赠我金错刀，我今得此心雄豪。

她强烈所爱的是"轩辕"的祖国，痛心的是"汉家宫阙"在残阳里死去。正是有着如此深厚悠远的历史感情，所以对赠送掉列祖列宗江山的统治者会如此刻骨痛恨：

不观荆轲作秦客，图穷匕首见盈尺。

殿前一击虽不中，已夺专制魔王魄。

我们默默地吟诵着这些诗句，遥想年轻的秋瑾在百年前祖国风雨如晦的时代，犹鸡鸣不已，要用长剑挥去祖国天空的阴霾，用双手挽起祖国的陆沉，即使用生命去殉也在所不惜，不由得感到那种悲壮之气、英烈之气，像无边无际的大海巨浪一样，迎面扑来。

最能表现秋瑾诗魂之烈的，是她一种叫"歌行体"的七言长诗。像她的咏唱宝刀的，宝剑的，如《剑歌》《宝刀歌》《宝剑行》《泛东海歌》等。这些诗一般都很长，是一首律诗的好几倍，虽然四句一转韵，在形式上有明显的层次，其实它的内容一气贯注，回环往复，浑然一体，无法分析无法解说，只能用心去感受。比如下面的这首：

### 剑　歌

若耶之水赤堇铁，铸出霜锋凛冰雪。

欧冶炉中造化工，应与世间凡剑别。

夜夜灵光射斗牛，英风豪气动诸侯。

也曾渴饮楼兰血，几度功铭上将楼。

何期一旦落君手，右手把剑左把酒。

酒酣耳热起舞时，天矫如见龙蛇走。

肯因乞米向胡奴？谁识英雄困道途。

名刺怀中半磨灭，长歌居处食无鱼。

热肠古道宜多毁，英雄末路徒尔尔。

走遍天涯知者稀，手持长剑为知己。

归来寂寞闭重轩，灯下摩挲认血痕。

君不见，孟尝门下三千客，弹铗由来解报恩。


全诗换了六次韵，似乎是六个层次和段落，但又不是。每个段落都是咏剑，每个段落又都在咏人。人与剑是分开的，但又好像是一体的，分不清是人是剑。就像一个剑侠，在酒酣之时，在天地之间，在寂静无声月光如雪的夜晚，抑郁愤懑之气无可发抒，唯有抽剑起舞，锋逼斗牛，才可以稍稍舒展她愤郁的心胸。我们看那闪闪的寒光裹住了人、裹住了月、裹住了天地间的一切，也正是在人、剑一体的混茫之中，一个渴望建功立业、壮怀激烈的英雄魂魄才突出地展现在我们眼前。秋瑾的诗集里，艺术水平最高、创新性最强，最能感人肺腑、撼人心魄的，就是这些诗。

秋瑾的诗魂之烈，是她用炙热的心血、用生命铸造的。她短短的一生，从书香门第无忧的才女，到饮刃刑场从容赴死的英烈，期间经过无数的外在生活的折磨和内心的熬炼。由于她天性中纯正强烈的爱，这种折磨和熬炼没有把她摧垮，反而使她的爱更真更纯，更强烈更深沉。她以这种纯真强烈的爱关注亲人、友朋，关注国家民族的兴衰存亡，又把这种关注倾注到诗里，于是就铸就了她"烈"的诗魂。

秋瑾身着男装，一心要做惊天动地的大事，要在青史上留一个姓名，似乎她是一个传统的男性化了的女人，一个真的想做男人的女人。其实完

秋瑾肖像邮票

全不是这样。她的男装，是对男权社会里女性即使再有才华再有能力也得不到施展的现实一种反叛的呐喊，是对现存秩序一个刻意的捣乱。在她的内心深处，她依然坚守着女性的柔软和美丽。在天津，她与吕碧城同住一个房间，吕碧城早上醒来，先是看到秋瑾的男靴吓了一跳，但接着就看见秋瑾在往鼻子上搽粉。这个细节就很值得人们回味。还有她即使身着男装，但始终留着辫子。她那种辫子可不是清朝男人把四周头发剃掉，留下中间一缕的那种，那只是接受异族压迫奴役羞辱的象征，而秋瑾的辫子是真正女性的。这也不是能说明问题吗？但是要真正理解懂得秋瑾这一点，还是要阅读她的诗歌。秋瑾的诗歌，烈是她的突出的主调，但是在主调的周边，则是围绕烘托着清丽、秀美、烂漫、轻倩等多种音调和色彩。不要说她的前期诗歌，就是她后期的《别小淑》："况复平生富感情，《骊歌》唱彻不堪闻。重来敢爽临岐约？此别愁心半为君。"如此缠绵和轻倩，难道不是内心深处女性美的真实表达？风格的多样当然是诗人才华丰富的表现，但是这又不仅仅是风格的问题，从中也可以看到诗人内心真实的追求和坚守。

　　古人说，读其书，想见其为人，目追心慕，不能自已。我们读秋瑾的诗歌也是这样。特别是对照着她的传记来读，更觉得她的诗魅力无穷，她的诗魂撼人心魄，她的诗集回味深长，不忍释手。可以肯定，一代一代的读者，都会有人来读秋瑾，有兴趣来阐释、深研、欣赏她，只要中国文化是存在的，汉字是存在的。

# 秋瑾年谱简编

秋瑾，原名闺瑾，赴日留学前自己删去"闺"字。乳名玉姑，字竞雄，号旦吾，又号鉴湖女侠。绍兴府山阴县（今绍兴市）人。

父亲秋寿南，原名官谦，字研孙，号益山。生于1850年（道光三十年），同治癸酉科举人。

母亲单氏，候补县丞单良翰之长女，生于1845年（道光二十五年），绍兴府萧山县（今杭州市）人。

兄秋誉章，字徕绩，号莱子。生于1873年（同治十二年），县学附生，候选训导。

祖父秋嘉禾，字露轩，别号诲老人。生于1831年（道光十一年），同治乙丑补行咸丰辛酉科并壬戌恩科举人。

祖母俞氏，山阴人。

曾祖秋金，改名家丞，字砚云，嘉庆癸酉科举人。历任奉贤、江阴、上海等县知县，官至邳州知州。

高祖秋学礼，字立亭，乾隆己酉科举人。官秀水县学训导。

秋氏世居绍兴府城西南二十里之覆船山，于曾祖或高祖时期迁居府城东门内老浐桥。

**1875年　1岁**

11月8日（农历十月十一），出生于绍兴府城东门内老浐桥秋宅。

自1—12岁，皆居于此。

11月12日（农历十一月十五），祖母俞氏卒。

是年祖父秋嘉禾 44 岁，父亲秋寿南 25 岁，母亲单氏 30 岁，兄秋誉章 5 岁。

按：秋瑾生年及其出生地最致纷纭。有关生年，有持 1875 年者，有持 1877 年者，有持 1879 年者，尚有持 1873 年者。本文以秋瑾家族后人据家谱所记，主张生于 1875 年者为最确。但主 1875 年之说之最大困难，在于秋瑾自己于"光绪甲辰"手订之《兰谱》，明言是年"年二十八岁"，其母"六十岁"。据此推算，单氏夫人生于 1845 年，是年 60 岁，则该年为 1905 年。既然是年秋瑾"年二十八岁"，则其生于 1877 年甚明。此为否定"1875 年说"之最力证据。然秋瑾异母弟秋宗章《读〈秋瑾烈士就义之经过〉书后》（"中央"时报，1946 年），对此已有明确说明：

"先大姐东渡求学，时在光绪三十年三月，年已三十岁。丽孙君谓二十七岁，略误。惟据家嫂言，先大姊于光绪二十二年四月初五日嫔于湘潭王氏，是年已二十二岁，而执柯者误传为二十岁，后此以讹传讹，迄未更正。"

执柯者为"误传"，或乃有意为之，尚可别论。或许媒人为撮合婚姻，故意把秋瑾的年龄少说两岁，以求生辰八字之相合，也未可知。此种情况为当时所多有，不足为怪。唯秋瑾之年龄在结婚时，既已为执柯者减去两岁，且已为夫家所熟知，则秋瑾本人从此将错就错，不再纠正；而他人则以讹传讹，亦不足为怪。秋瑾生年为 1875 年（光绪元年）之证据尚多，兹不展开。

至秋瑾之出生地，亦歧见迭出。其最流行者，为谓秋瑾"生于闽""出生于福建某地""出生于厦门""出生于福建云霄"等。诸说所凭之依据，在于认为秋瑾祖父、父亲其时在福建各该地为官，"全家随侍"，故秋瑾必生于其地也。

其实，考之秋瑾祖父、父亲的仕历，以上诸说皆误。

秋瑾祖父秋嘉禾于 1865 年乡试中式，其初次出仕，为 1876 年 6 月于台湾鹿港任"北路抚民理番同知"一职。谓此乃其初次出仕，依据一为秋寿南填写于 1873 年之《乡试录》，其上开列秋嘉禾之履历为"同治乙丑补行咸丰辛酉科并壬戌举人，劳绩保举，不论双单月遇缺前先选用同知。"未言其据何职官，说明此时秋嘉禾尚未实授。

二从秋嘉禾得到"劳绩保举"这一情况看。所谓"劳绩保举"乃清代对文官的一种考核奖励制度，并兼及督抚之幕友。乾隆元年十二月，吏部规定："幕宾六年无过者，具督抚考试，分别得以先用及职衔、顶戴。"秋嘉禾尚未实授而得以"劳绩保举"，获得"前先选用"之优先权，理由只有一个，即 1873 年前，秋嘉禾实于某督抚做着幕友，且时间长达五六年以上，并以此勤慎之资历获得保举。

三从其他史实印证。清制，凡有功名者，父、祖死亡，须"守制"三年(三个年头，非实数三十六个月)，在此期间不会被授予任何官职。1874 年，秋嘉禾父亲亦即秋瑾的曾祖秋家丞于邠州知州任上去世。故此，在 1876 年前之两三年内，秋嘉禾应该守制在家，无去外地做官之可能。至于秋瑾父亲秋寿南，其于 1873 年乡试中式，按惯例当于第二年参加会试，未中。按晚清实际情况，亦绝无可能立即授予实官。况祖父去世，其亦须在家与父亲一起守制。

考诸秋瑾父、祖同治末年和光绪初年之经历，皆无福建仕宦之事，而唯绍兴府城是居，然则秋瑾之出生，亦无与福建某地之可能也。故秋瑾唯一确然无疑之出生地，盖在绍兴府城东门内老浒桥秋宅。

尚有其他旁证甚多。如谓秋瑾之口音为"浙音"(秋宗章语)，日本服部繁子回忆在北京与秋瑾相见，也说她是"一口浙江口音"，试问秋瑾若生、长于闽，仅十数岁时回绍兴短暂一住，则其当操"闽音"，何来"浙音"？又辛亥光复后，浙、湘二地颇争秋瑾遗骸之葬地，湘人终谓瑾浙人，遗骸当归浙。若秋瑾生、长于闽，绍兴仅秋瑾之祖籍，则其地位尚不及瑾之夫家湘潭（秋瑾居湘潭八年），何来湘人之让步？复从秋瑾"鉴湖女侠"之自号看，若其生、长于闽，仅十数岁时回绍短暂一住，即赴湘居八年，则其当自号"八闽女侠""鼓浪屿剑客""洞庭侠女"之类，何来鉴湖之刻骨铭心而必因以为号也？凡此种种，皆可助成秋瑾出生于绍兴，自幼及长之大部分时间，皆生活于绍兴之证也。

### 1876年　2岁

秋嘉禾赴台湾鹿港，任北路抚民理番同知。

### 1878年　4岁

4月3日（农历三月初一），妹秋闺理出生。

9月，秋嘉禾调任云霄海防厅同知。

### 1879年　5岁

由母亲口授，四五岁即背诵唐诗。

### 1880年　6岁

秋寿南约于是年赴福建提督孙开华幕为幕友。

### 1882年　8岁

随兄读书家塾，"天资聪颖，过目成诵"。

### 1885年　11岁

读杜甫、陆游诗词，开始学习作诗。

夏，秋寿南于福建提督孙开华幕以劳绩报知县，由孙开华推荐任台北某县知县，至则被人先得，无奈居台。第二年改任台湾布政使邵友濂文案。

### 1886年　12岁

年初，秋嘉禾调任福建南平县知县。

夏秋间，由亲戚护送，与母亲单夫人、兄誉章、妹闺理渡海峡入台，自此居台约三年。

### 1889 年　15 岁

6 月，秋嘉禾复任云霄海防厅同知。

夏，秋寿南以直隶州知州，赴部候选。全家离台，返回大陆，至福建云霄秋嘉禾处暂住，筹措赴京款项。　于船上作《轮船纪事》（二章）。

### 1890 年　16 岁

12 月，秋嘉禾任厦门海防厅同知。全家随秋嘉禾至厦门暂住。秋瑾在厦门第一次读到报纸。

### 1891 年　17 岁

春，随父母及全家从厦门回到绍兴。

秋寿南于夏间赴京引见，分发湖南任用。随即返回绍兴，主持秋誉章婚礼。

年底，兄誉章与张淳芝结婚。

是年始读《史记》《汉书》及高祖秋学礼《补斋文集》，高祖的著作对她影响很深。作《书汉高帝纪后》。

### 1892 年　18 岁

是年春，常与新婚的兄嫂游鉴湖，姑嫂感情甚笃。作《为嫂氏画吾乡九节兰口占》一组八首。

约于夏秋间，随母亲至萧山外家居住数月，向四表兄学习骑马击剑之术。

秋寿南于本年春赴长沙候补，得常德厘金局总办职。秋，回绍兴接秋瑾及全家赴常德。自绍兴赴常德，系走水路，经由上海上溯武汉，过赤壁，入洞庭，西达常德。过赤壁时作《赤壁怀古》。

### 1893 年　19 岁

在常德，家居读书作诗。作《杂兴》（二章）。

年初，因秋寿南调任湘潭厘金局总办，秋瑾与全家迁至湘潭居住。

春，祖父秋嘉禾本拟来湘小住后以道员晋京引见，不意于绍兴和畅堂新居去世，全家返浙奔丧。未几返湘潭，秋寿南于家丁忧守制。

在湘潭，有了更多的交游，大多为同龄女性，常结伴出游。作《踏青纪事》（四章）。

### 1895 年　21 岁

居湘潭。秋寿南颇喜取秋瑾诗作于上司、同僚、友朋中传看，并以彼诗作命秋瑾和作。

是年，秋寿南题李艺渊《慕莱堂集》七古一首，秋瑾亦奉命填词一阕，署名玉贞。

对自己的婚姻感到茫然，作《重阳志感》。

### 1896 年　22 岁

5 月 17 日（农历四月初五），与湘潭富商王家幼子王子芳结婚。媒人或以双方八字不洽，乃称秋瑾是年为 20 岁，少说了两岁。秋瑾自此亦按此计算自己的年龄。

婚后颇形孤独，作《思亲兼柬大兄》（丙申作二章）。

是年秋寿南纳妾孙氏，于次年生一子，是为秋瑾同父弟秋宗章。

### 1897 年　23 岁

6 月 27 日（农历五月廿八），生长子，名王沅德。

作《读书口号》。

又作《喜雨漫赋》。

8 月（农历七月初），妹秋珵出嫁王氏，为作《贺新郎·戏贺佩妹合卺》。

### 1898 年　24 岁

居湘潭。对丈夫王子芳渐生不满。

### 1900 年　26 岁

秋寿南补任桂阳直隶州知州，全家随父亲迁居桂阳州衙署，秋瑾在湘潭王家更形孤独。8 月（农历七月），八国联军入侵北京，慈禧挟光绪逃往西安。秋瑾从父亲来信中得此消息，作《杞人忧》：

幽燕烽火几时收，闻道中洋战未休。

漆室空怀忧国恨，难将巾帼易兜鍪。

### 1901 年　27 岁

8 月，生一女，名灿芝。

11 月 26 日（农历十月十六），秋寿南病逝桂阳直隶州知州任上，享年 51 岁。全家扶柩回湘潭居住。

出资三数千金，与娘家、王家合资创办和济钱庄，主要为解决娘家的生活来源。

### 1902 年　28 岁

初夏，王子芳赴京捐纳，秋瑾与儿子沅德、婆婆一起，随王子芳进京。初至京，居南横街圆通观斜对一小宅。

秋，王子芳送秋瑾婆媳及儿子沅德返回湘潭，随即再次赴京。秋瑾送行，作《送别》。

### 1903 年　29 岁

5 月，和济钱庄倒闭清算，损失至巨，秋家全眷回绍兴，居和畅堂。

7 月，王子芳得官户部主事，回湘接秋瑾和女儿重上京华，过上海，折返绍兴省亲，复至上海北上。

作《重上京华申江题壁》。

至京，初居南横街圆通观斜对一小宅，不久即迁至南半截胡同山会会馆附近一所宅子。

10 月（农历八月），渐与王子芳以家事龃龉，夫妻矛盾公开化。至本月某日离家出走，居于泰顺客栈。经王子芳请托，吴芝瑛邀秋瑾离开客栈，搬到吴家居住。不久，经家中佣妇劝说回家。秋瑾有《季芝姊以诗相慰次韵答之》（二章）。

10 月 5 日（农历八月十五，中秋），作《满江红·小住京华》。

10 月 14 日（农历八月廿五），访北京女学卫生医院廖太夫人不遇，留赠诗一首。

居泰顺客栈和吴家时，又作《秋来》《惆怅词》《初寄》《再寄》等。

### 1904 年　30 岁

正月，与吴芝瑛结为盟姐妹，作《兰谱·同心之言》，开列自己父、祖及家庭成员名单，不涉王子芳。并按结婚以来习惯，填写自己的年龄为"年二十八岁"。

是月改服男装，并拍照留影，作《自题男装小影》。

是月，以吴芝瑛之介，参加"中国妇女启明社"活动，结识京师大学堂日籍教授服部宇之吉的夫人服部繁子。并以服部繁子之介，得识京师大学堂讲师日人铃木信太郎，向之学日语，并作《日本铃木文学士宝刀歌》。

向服部繁子提出欲赴日本留学，几经周折，得服部繁子同意帮助秋瑾留日。

3 月，以日俄战争故，海道梗阻，延误赴东日期，乃南下探母。在上海，作《申江题壁》，经杭州，作《题〈春郊试马图〉》。返上海，值《警钟日报》创刊发行，作《读〈警钟〉感赋》。途中结识琴文伯母。返京后，5 月 23 日作《致琴文伯母信》及诗，首次署名"鉴湖女侠"。

6 月初（农历四月中），友人置酒陶然亭饯别，即席赋《临江仙》一阕。

6 月 28 日（农历五月初九），启程赴日本，经黄海，作《黄海舟中感怀》。至长崎，作《长崎晓发口占》。舟中，作《日人石井君索和，即用其韵》。

7 月 4 日（农历五月廿一）到达东京。

7 月上旬，入中国留学生会馆设立的日语讲习会补习日语。不久，通过服部繁子的介绍，进下田歌子为校长的实践女校师范科学习。

7 月 17 日陈彦安、孙多崛从实践女学校毕业返国，为作《望海潮》词。

8月，组织演说练习会，并在会上发表演说。创办《白话》月刊，作为会刊。秋瑾在该刊发表《演说的好处》（第一期，8月）、《敬告二万万中国女同胞》（第二期，九月）、《敬告我同胞》（上），（第三期，十月）等文章。

9月，赴横滨，访问陈撷芬，与陈重兴共爱会。

有《致陈撷芬信》、《致湖南第一女学堂信》。

与刘道一等秘密加入"三合会"，受封为白纸扇（军师）。

10月，章士钊、万福华在上海英租界刺杀王之春，事败，黄兴等牵连入狱。留日学生谋营救，秋瑾为此中捐款出力最显著之一人。

### 1905年　31岁

4月，返国探母并筹学费。

本月，作《实践女学校师范、工艺速成课略章启事》，在绍兴散发。

在绍兴期间赴东浦访徐锡麟，由徐锡麟介绍加入光复会。

6月，返回日本。作《题〈江山万里图〉应日人之索》。

7—8月，译《看护妇教程》，未完。

8月27日（乙巳七月廿七），由冯自由介绍给黄兴，加入同盟会，被推为同盟会评议员，浙江分会主盟人。

9—10月，作《精卫石》1至3回。

12月，吴樾谋炸出洋五大臣，旋死难。为作《吊吴樾烈士》。

年底，以反对日本政府文部省公布《关于清国人入学之公私立学校之规则》即俗称的《取缔清国留生规则》，倡导全体留学生联合罢课、罢学，被实践女校校长下田歌子开除，旋归国。有《致王时泽信》。

### 1906年　32岁

3月（农历二月）到浔溪，任教浔溪女学。识徐自华姊妹，相与唱和，作《赠浯溪女士徐寄尘，和原韵》《赠女弟子徐小淑和韵》《病起，谢徐寄尘、小淑姊妹》《还春，偕寄尘联句》《叠前韵戏寄尘》《再叠韵赠小淑》《三叠韵赠郑夫人松韵》《有感四叠韵》。

作《精卫石》4 至 5 回。

5 月，赴上海，作《将赴沪别寄尘》《别小淑》等诗。

6 月，在上海，发起为创办《中国女报》募捐活动。

8 月 17 日，将《创办〈中国女报〉意旨及章程》刊于《中华日报》。

9 月（中秋后），在祥庆里蠡城学社试制炸弹，不慎爆炸，伤手，后逸去。有《对酒》诗。

11 月，送徐锡麟赴安庆。作《大雅》诗。

### 1907 年　33 岁

1 月，《中国女报》出版第一期。作《发刊词》《敬告姊妹行》。

2 月 1 日（光绪三十二年十二月廿七），秋瑾母亲卒。作《临江仙》词、《挽母联》。

作《中国女报发刊词》。

自本月起至 5 月，先后有《致陈志群信》计十一件。

2 月，任大通学堂总办，向学生作演讲。

春，赴湖南筹款，视其子女，以为诀别。

3 月 17 日（农历二月初四）与徐自华同游西湖，作《偕寄尘泛舟西湖，复登凤凰山……口占志感》。

3 月，《中国女报》出版第二期。

3 月，赴金华视察会党，识蒋鹿珊，作《偶录旧作数首，即请鹿珊先生词坛指正》以赠。

5 月，在绍兴成立女子体育会及大通体育会，作为训练会党之所。

组织光复军，统一军制。作《普告同胞檄稿》《光复军起义檄稿》。作《秋风曲》。

5月17日，有《致〈神州日报〉编者函》。

6月24日，赴石门，向徐自华筹饷，临行赠以小影并留盘龙玉钏为纪念，作《五月十四日夜别寄尘》。

6月25日，至上海，与陈伯平、马宗汉见面，告以起义日期。

7月10日，报道皖变事件报纸到绍，读之，痛哭失声，作《徐锡麟就义挽词》，寄徐小淑。

7月13日，遣散学生后，坚守校园。午后，清兵包围大通学堂，旋被捕，夜即受审，受刑。

受审后，写"秋风秋雨愁煞人"即为绝笔，夜，复受刑。

7月15日（农历六月初六）凌晨，就义于绍兴古轩亭口。

徐锡麟

# 引 子

　　在 1907 年中国的报刊上，徐锡麟、秋瑾很可能就是出现频率最高的两个名字，也是在奏折和上谕中经常提到的两个名字。以他们二人为主策划实行的皖浙起义，就像一把山火，似乎就要烧到北京皇城根下的龙庭宝座；又像在黎明前最黑暗时分鸱鸮的叫声，宣告着这个腐朽皇朝即将灭亡发出的气息。在 1907 年，这两个名字让多少人恐惧，让多少人激奋，又让多少人哀伤流泪啊！

　　这两个人，他们在青少年时代同饮一个城市的河水，呼吸着同一个城市的空气，但是他们二人从来都不曾相识。也许他们有多少次在小巷里擦肩而过，在大街上并肩而行，可是他们可能从来没有对视过一眼，也从来不知道对方的名字，想象不到对方的存在。这个城市，就是绍兴府城，这个越王勾践在此建都，夏侯淳在此抗清，王思任在此写下了"会稽乃报仇雪耻之乡，非藏垢纳污之地"的名句的城市。

　　直到有一天，他们在绍兴东浦孙家娄徐锡麟的家中见面了。仅此一见，两个人的心灵就碰撞出耀眼的火花，燃起熊熊大火。当然，这并不是那种一见钟情的男女之爱，而是两个人反清的志向、忧国忧民的情愫、报仇雪耻的意志，出乎意料地相同，令人惊讶地一致。这也许应该归因于这个城市延续千年的"十年生聚、十年教训"的越王剑精神，归因于明末清初悲壮激越的抗清义师的传统——一句话，归因于这个城市时隐时显、绵绵不绝的历史文化基因。不然，为什么在他们同时，还会出现陶成章、蔡元培、鲁迅这样的英杰之士呢？

从此之后的两年多时间里，他们二人紧锣密鼓地开始了一系列谋划和部署，要向这个腐败腐朽无能的政权作出致命的一击。他们热烈地幻想着成功的前景，以为建功立业就在刹那之间，有时近乎天真和幼稚；然而他们同时又抱定了必死的信念，真切地明白他们是在走向死亡，走向毁灭。然而他们并不恐惧，并不退缩，反而充满了献身的自豪和喜悦。两个人的心理状态如是之一致，这又是为什么呢？

然而他们毕竟是一男一女两个人，两人的家庭背景、生活道路也不相同。徐锡麟并非秋瑾那样是一个出色的抒情诗人，徐锡麟也并非秋瑾那样，在婚姻上有那么多期待、那么多曲折、那么多痛苦和失望。徐锡麟是以完全不同的方式，通过自己的生活道路，自己的体验和认知，达到了如秋瑾一样的拯救祖国于危亡、解救民族于水火的崇高精神境界，其间的细微曲折，引人入胜。

欲知其详，让我们在了解了秋瑾之后，再来认识徐锡麟。

### 第一章

# 震撼晚清天下的一枪

1907 年，岁在丁未，是年为清光绪三十三年。那年，留学日本的鲁迅已经离开仙台医学专门学校，回到东京，从事译著和文艺。6 月底 7 月初的一天早上，鲁迅和他的诸多留学同学像往常一样，起来后的第一件事就是翻看当天的日文报纸，如《朝日新闻》《读卖新闻》之类。正翻着，无意中一条惊人的消息赫然映入眼帘：

安徽巡抚恩铭被 Jo Shiki Rin 刺杀，刺客就擒。

对清廷抱有强烈不满情绪乃至激烈反清革命思想的东京留学生沸腾了。他们直觉地意识到这必是反清革命的一个标志性事件，不禁兴高采烈地互相告语，又猜测这"Jo Shiki Rin"究竟是谁？汉字是怎样三个字？然而鲁迅他们这批绍兴的留学同学，是早就明白了：这是徐锡麟。他到日本来留学时，是鲁迅与另一同乡把徐锡麟一行十多人从横滨接到东京的。徐锡麟因故留学不成，回国后在安徽做候补道，办着巡警事务，正合于刺杀巡抚的地位。

鲁迅他们的猜测没错，那刺杀安徽巡抚恩铭的"刺客"，确是本书的传主徐锡麟。

1907 年 7 月 6 日（农历五月廿六）上午 10 时许，革命党光复会领导骨干之一徐锡麟，其时公开身份是安徽巡警处会办、陆军学堂监督，在省会安庆巡警学堂毕业典礼上举事，率领两名忠实的追随者，在光天化日之下，大庭广众之中，在包括布政使、按察使、提学使、安庐滁和道在内的安徽各级重量级官员面前，举枪痛击巡抚恩铭这位清廷的疆臣、方面大员，致恩铭身中八枪，不时毙命。嗣后，徐锡麟又率巡警学堂学生攻打军械所，不下，其中一名忠实学生陈伯平战死，另一名学生马宗汉与徐锡麟前后被捕。在随即的审讯中，徐锡麟大义凛然，坦然直陈刺杀恩铭的目的。徐锡

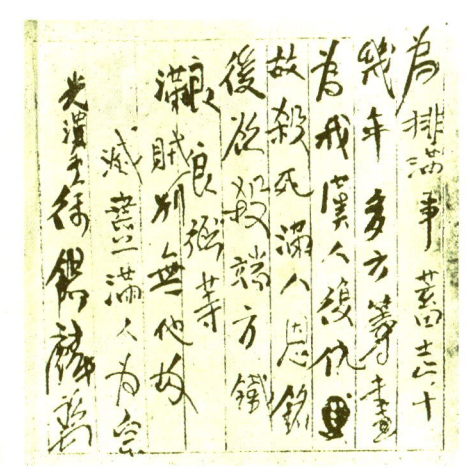

徐锡麟手迹 —— 绝命词

麟之词曰：

　　我本革命党大首领，捐道员到安庆，专为"排满"而来，做官本是假的，使人人可无防备。满人虐我汉族，将近三百年矣，观其表面立宪，不过牢笼天下人心，实主中央集权，可以膨胀专制力量。

　　尔等言巡抚是好官，待我甚厚，但我既以"排满"为宗旨，即不能问其人之好坏。至于抚台厚我，系属个人私恩，我杀抚台，乃是"排满"公理。

　　他见自己的绍兴口音，无法让那些无比惊疑的担任审讯的官员听清楚，于是主动索要纸笔，即站立于案桌之前，悬腕书写下以下数行文字，坦坦荡荡，表明心迹：

　　为"排满"事蓄志十几年多方筹划为我汉人复仇故杀死满人恩铭后欲杀端方、铁良、良弼等"满贼"别无他故，灭尽"满人"为宗光汉子徐锡麟（画押）

徐锡麟的供词犹如恩铭被刺事件后又一颗炸弹，使担任审判的清吏目瞪口呆，电报到达京城，也使清廷惊恐万状，于是急急匆匆下令将徐锡麟处死，并徇恩铭家属所请，竟把徐的心剜出来祭了被刺者。马宗汉亦于农历七月十六被杀于安庆。

徐锡麟刺杀恩铭并被剜心致祭的消息，连同这些供词，迅即如飓风一般刮过大清皇朝的省府州县，刮进朝廷、衙门、市廛和乡里，又刮到了海外。神州大地像发生地震一样剧烈震动起来。死抱住既得利益不放，顽固反对改革的统治集团，从慈禧太后到天朝贵胄、高官权臣，皆胆战心惊，黯然神伤，真所谓"手枪一鸣，声达天下，伪廷震惊，奸魄飞褫"。在朝廷与地方督抚之间，关于处理徐案的往来谕旨和奏折中，表达对此事的心情，用得最多的一个词语就是"殊深骇异"。异，就是非常奇怪，怎么也想不通；骇，就是莫名惊惶，十分恐惧。正像当时报纸描述的：自徐锡麟案出现，而一般之督抚惧；自徐锡麟之供词出现，而一般之满人尤惧。督抚惧，满人惧，而政府乃不得不惧。因此朝廷作出的第一个反应，就是暂停引见。清代惯例，凡受官赴任者，必先至宫中"晋谒"，以示他这个官是皇上亲赐的。徐锡麟赴任安徽之前，不就去"晋谒"过吗？既然如此，就难保不再出现另一个徐锡麟！这种"暂停引见"，在光绪朝只出现过三次，第一次是光绪皇帝刚登基的时候，因为皇上年幼，暂停引见；第二次是庚子之乱，慈禧太后与光绪皇帝都逃到了西安，"两宫"不在宫中，当然无法引见；再一个就是这次了。由此可见徐案对朝廷的打击和震撼。据说，慈禧太后怎么也想不明白，一个刚刚得到朝廷恩泽，被授予四品衔的巡警会办，一个陆军学堂监督，怎么会把竭力提拔了他的封疆大吏，在众目睽睽之下拿枪击死？他对他，对朝廷，到底有什么深仇大恨？难道朝廷在如此艰难复杂的内忧外患中兢兢业业、竭力维持，徐锡麟，还有天下饱读诗书的士子、普沾皇家恩惠的官吏、在我皇土上耕食的百姓，就一点也不愿、一点也不能体察太后的良苦用心么？借用袁世凯的惯用语来说，这国家还"办"不"办"得好了？朝廷"办"不好了，地方糜烂"办"不好了，人心无法收拾，也"办"不好了！想到这里，太后不禁万念俱灰，从此懒于理政，再也不想去管那些烦心的事儿了。

至于徐锡麟供词中指名要杀的几个大员，更是寝食不安，惶惶不可终日。陆军部尚书铁良，他的大名也登上了徐锡麟的榜单，不禁异常恐慌，特别郑重致函民政部，要求巡警厅对他的住所三条胡同加强警戒。至于徐锡麟供词中指名道姓，在击毙恩铭之后第一个要去杀的端方，时为驻扎在南京的两江总督。清代的总督主持一省或数省的军政，两江总督所辖，即为安徽、浙江、江西三省。所以，徐案爆发的地点，即在端方的管辖范围，而徐锡麟誓言切切，公开宣布必欲除掉的第一个目标，就是端方本人。这无疑是置端方于地震的震中、台风的风眼，置他于点燃了引信的炸药包之侧，使端方处于前所未有的危机之中。他一方面是守土有责，务必严防死守，最好掘地三尺，把革命党人一个个都搜捕出来，尽数缉拿归案；一方面又深恐事态扩大，愈加不可收拾。另外，他还尤其担忧在自己周边，冒出另一个张锡麟、李锡麟，从身上轻轻松松地掏出一把匕首、一支洋枪，或者一个小炸药包，把自己结果了。这就让他草木皆兵，疑神疑鬼。平日他从外回到督署，马车到了督署正门，守卒必大声向里通报，端方也必大摇大摆，从大门长驱入内。然而在徐案之后一段时间，马车照例到达大门，守卒照例大声通报，但是并没有见端方从马车下来，从大门进入。原来他已悄悄地乘一顶小轿，从后侧门进署去了。大门口的排场，只是一个烟幕，用来迷惑他假想中的革命党伏击者的。不但如此，他一会儿听说革命党要在两江都督府埋伏炸弹，把都督府轰毁，吓得赶快派出专员，把眷属送回北京老家，免遭不测。一会儿又琢磨徐锡麟是浙江人，是留日的，而自己身边又用了许多浙籍的留日学生，如督练公所三处总办及十八协统领等，都是浙江人。这些人可靠吗？是革命党吗？会当面扔出炸弹吗？心中怀着这样的恐惧，再去跟这些人议事，脸上就难以掩饰惊疑的神色。"午帅"的这种神情，像瘟疫一样传染开去，使得那些与革命党原本毫发无染的浙籍留学生，也一个个害怕起来。害怕什么呢？害怕万一有什么言谈举止引起"午帅"的猜疑，不但是自寻烦恼，而且会引火烧身。于是大家在背后互相约定，尽量少去总督府见端方大人！

当然，百足之虫，死而不僵。偌大一个帝国，从上到下一以贯之完完整整的一个军政系统，面对这样的危机，不会仅仅是心惊和胆寒，它要尽力应对，做出反应。徐案暴发的当天，朝廷即连下谕旨，严令沿江沿海各省的都督、巡抚妥为布置，缉拿"匪党"，严密防范革命党人的活动。当然，也不忘下旨对恩铭表示哀悼，"照总督阵亡例从优议恤"，对保护恩铭而为徐锡麟伤毙的官员"从优议恤"。中枢一令，四方汹汹。端方立即派出兵舰和陆军营队前往安庆，连湖北也派来了炮舰和军队，可谓严阵以待，如临大敌。同时，南京、上海、杭州等城市和各个码头，更是侦缉四出，以日本留学生为重点，大搜疑犯。在两江总督府所在的南京，端方鉴于其城垣广阔、人烟稠密，深虑有革命党混迹民间难以稽查，所以特派巡警总局逐户盘查。凡姓名、职业、籍贯、户数等均详细绘制成册，交与警察掌握。官员秉承指示在烟茶酒馆、大小客栈，密布侦探。路人稍有言语不谨，即有人盘问。有形迹可疑者，即捕往巡警局审理。平民过晚上十二点，在街上夜行者，往往有密探尾随。在这种恐怖的气氛下，各种谣言便不胫而走，市面上一日数惊，人心惶惶。在苏、浙、皖的广大乡村，则是严厉镇压和搜拿"会党"。

应该说，在这两个防范和镇压的方向上，朝廷和他的各级官员一点也不"昏庸"，他们的判断不但符合实际，而且十分准确。当时日本的留学生反清情绪最为激昂，孙中山的同盟会也刚在东京成立不久，不断派遣骨干回国策划暴动和起义。而苏、浙、皖的会党，正是徐锡麟等光复会人联络组织的重点对象。对外应对无方，常常束手无策；对内精明强硬，有时还"招招见血"，好像真的是中国统治者的传统。

受到徐案牵连最厉害的，是徐锡麟举义的安庆和他的家乡绍兴，当时叫绍兴府山阴县。在安庆，徐锡麟刚去不久，还没来得及在社会上活动，影响所及只有小小的官场圈子和巡警学堂的几个学生兵，而这个范围恰是安徽当局不想把事闹大，竭力要息事宁人，免得把众官员莫名其妙地牵涉进去，影响仕途。所以，比起绍兴来，安庆反而要平静许多。绍兴就不同了，那儿的官场跟徐锡麟基本没有关系，也用不着投鼠忌器，知府贵福就正好因题作文，把这个题目做透，一来可以在当地树起威信，二来可向朝廷报功请赏。他一接到省里"密札"，要求他拘拿徐锡麟家属，查抄革命谋逆证据，他就立刻传集会稽、山阴两县县令，亲率防兵，直扑徐家在绍兴城内开设的两家店铺，团团围住，然后突进店内，兜底翻查，把店内所有信件、簿籍、账本等尽数抄走，当将房屋发封，店内伙计带至县监分别收押。此前徐锡麟的父亲已经至县署主动投案，至此由贵福太守亲自秘密提审，审讯情况密不外泄。而徐锡麟的众多兄弟，为逃避株连，已经四散藏匿了。

因为城内大通学堂为徐锡麟等人所创办，又在徐锡麟安庆住处搜出秋瑾的来信，所以搜查徐家店铺以后，防兵又直扑大通学堂，击毙一拒捕学生，伤数人，学堂的负责人秋瑾女士被捕，于第二天凌晨被杀于轩亭口。其实，秋瑾在几天前就得悉了徐锡麟事发的消息，完全有时间从容走避，但她默念徐锡麟赴安庆时临别所言，"当不惜流血，以浇灌革命的花枝"，于是坦然决然，让自己的鲜血同徐锡麟的血流在了一起。"秋案"中的王金发则于事发前逃逸，而王金发的母亲、妻子则为官府所缉拿；连为王金发作媒的西郭门外朱某，亦被"拿案"；绍兴民谣云："不作媒，不做保，一世无烦恼。"朱某大概做梦也没有想到，当年为王金发做媒，至今惹来的竟是如此之烦恼。

徐锡麟在绍兴创办过好几个学堂，又以大通学堂为据点，所以各学堂成了搜捕的重点。徐锡麟创办的热诚小学、孙德卿创办的民兴学堂、王金发创办的嵊县北山学堂自是搜捕之重点，连跟徐锡麟、秋瑾毫无关系的为堕民子弟所设的同仁学堂等，也为官兵所光顾。一时间风声鹤唳，人人自危。热诚小学师生在官兵搜查后，为避免再惹事端，引来更多不测，惊恐中把教科书全部自行焚毁，以至搜查过后许久复不了学。绍兴东乡的思懋学堂，开办时借用了地方的寺庙作为校舍，久为村中的守旧村民所不满，此次搜捕学堂，守旧村民趁机发难，宣称那些办学的"新党"早该捕杀，现在大势已去，寺庙就该还我，于是把学堂捣毁了。女子进学堂，本来就为守旧人士所深恶痛绝，现在"徐案"，特别是"秋案"给他们提供了攻击女学的极好口实，整个社会舆论为之一变，皆以女子读书为大戒。不到半个月，女校的学生皆由父母兄长带回家中，重新裹上小脚。像震旦蚕业女校等，因为女学生都退学了，只得就此关门了结。

徐锡麟枪杀安徽巡抚恩铭的冲击波，还因为社会上各种不同背景的报纸迅即而大量的报道、评论而被成倍地放大、扩散。上海的《申报》自1907年7月11日发表《皖抚恩新帅被刺详志》、7月12日发表《皖抚恩新帅被刺续志》、7月13日发表《皖抚恩新帅被刺三志》，至7月21日，短短11天里，"四志""五志""六志"直至"十一志"，共11个连续报道，详尽报道了"徐案"的起始、缘由、处理的过程，官府的有关通报、文告、指示函电，各方的反应；真是报道得痛快自在，酣畅淋漓，乃使事件的始末曲折，纤毫毕现。与此同时，像《神州日报》《时报》《大公报》《中外日报》《文汇报》《杭州白话报》《新闻报》《民主报》《神州女报》等报纸，也不甘示弱，争先恐后，从各个角度进行报道，还转载外电、外报、外刊发布的消息和评论，同时还发表了大量对事件的评论，或建议，或批评，或谴责，或同情，还有声泪俱下的、幸灾乐祸的，等等。一时间千嘴万舌，人声鼎沸。

对徐锡麟行刑，是先破开胸腹，挖出心肝，然后处死的。这一野蛮行径，受到舆论强烈质疑和谴责。前两年，也就是 1905 年，朝廷刚刚批准了著名法学家、刑部侍郎沈家本改订的《大清现行刑律》，废止了凌迟、枭首、戮尸三种"不仁""不正""不德"的死刑，代之以斩决、绞决、监斩三个律条。有评论质问，为什么新律已经颁布，而处决罪犯还使用这种野蛮手段？这是堂堂正正的政府司法呢，还是绿林山寨的作为？到底是谁的主张，谁批准这样做的？中国的旧刑律，在世界义明各国面前早就饱受批评，甚至有些外国人在中国犯了事，却以中国的法律野蛮而拒绝由中国的司法裁决，借以逃避惩处。现在新律刚出，正是"与民更始"的好时机，正是在世界各国面前展示中国文明形象的好时机，为什么一到"徐案"的处理，就不按照新律执行了呢？由此观之，朝廷的其他新政和立宪承诺，是真的出于诚意呢，还是为了敷衍民意、装潢门面？在报道和评论中，朝廷内部在处置案犯上的不同意见，也给泄漏出来了，有朝臣提出徐锡麟刺杀疆寄重臣，实属罪大恶极，必须处以"灭九族"的最高刑罚，以儆效尤。而肃亲王力排众议，认为"夷灭九族，非文明之法制"，"何若将该逆正法外其亲眷戚属均无连累以示朝廷德泽之厚"。肃亲王的态度赢得了社会舆论对其的赞誉。有一家报纸说，在京"各王公大臣专执武力压制，'排满'风潮中肃亲王尤最持进步之意见"。可惜，肃亲王的意见并没有得到贯彻执行。

为什么会出现徐锡麟刺杀恩铭这样的惊天大案？这是报刊上议论的一个焦点，各种舆论对此作出各种解读。最普遍的意见是，"徐案"的出现，是反抗专制的一个极端事件，是专制逼出来的一次"革命"。主导这一舆论的立宪派说，请看，革命是多么暴烈、多么可怕！然而消除革命，不能"以暴制暴"，而是要以改良来消除革命，而当今改良之急务，就是立宪。立宪不仅可以化解满汉矛盾还可以平息革命风潮、消除革命。1907 年 7 月 17 日的《时报》上甚至还刊出了一篇题为《闲话》的文章，带着威胁的口吻说，"我恐不立宪，则暗杀之风潮方兴未艾，安知他日不以其人之道还诸其人之身耶？"以此恐吓朝廷督促政府迅速立宪。于是，诸如《论消除革命在实行立宪》的时论，《陆钱两使奏请速行立宪以救危局》《林中承奏请宣布实行立宪年限》《两宫谕催考察宪政大臣启程》的报道，遍布各种报章杂志。

然而也有舆论分析，看世界各国的立宪，大都是顺应国民的要求，通过立宪赋予国民应有的权利。现在中国的革命党并没有要求立宪，也没有要求政府赋予他们什么权利。他们只是要推翻政府，赶跑统治者。徐锡麟的供词，不是说得很清楚吗？既然如此，那么叫嚷以立宪弥革命，无异南辕北辙。因为立宪可以消弭革命之患，而不可以消弭种族之见。作者指出，不先消弭种族之见，那么即使立宪，也并不能显示出朝廷的诚意，革命党是不信的，"中立党"也就是立宪派也是不信的。革命党不信犹可，中立党如果也不信，事情就糟了！

百年以后的今天，我们再回头来看，当时提出的"欲弥革命，须先平满汉"，诚有见地。而清廷为满洲贵族狭隘的特权利益所蔽，见不及此，反变本加厉，搞出皇族内阁，致"中立党"也不再对朝廷抱有希望，岂但"革命党"而已！此吾人读史至此，不能不掷卷而叹息者也。

说到"革命党"，徐锡麟刺杀恩铭事件所激起的滔天巨浪，那种对清廷统治者的震撼，那种舆论对徐锡麟的同情，那种民气的苏醒，都极大地鼓舞了革命党人的信心和斗志，让他们看到了前面不远之处成功的曙光。就连立宪派的著名人物汤寿潜也看到了这一点。他后来说："'徐案'发生以后，'海内震惊，诵君之烈，革命之机，乃益亟矣。'"

徐锡麟大义凛然、敢于牺牲的无畏精神和英雄气概，复使革命党人热血沸腾，豪情万丈，人人怀着继承徐锡麟遗志、为徐锡麟复仇的决心，加紧策划，以图一逞。一年零五个月以后的 1908 年 11 月 19 日，熊成基怀着与徐锡麟"生则同复汉家，败则同归于尽"的血愿，以"光复军"总司令的名义，指挥新军一千余人在安庆再次起义，虽则又一次失败，但其规模之大，对清朝统治的冲击之巨，却远远超过徐锡麟。

1911 年 4 月，著名的广州黄花岗起义继起，"是役也，碧血横飞，浩气四塞，草木为之含悲，风云因而变色。全国久蛰之人心，乃大兴奋"（孙中山语）；至 10 月 10 日武昌起义爆发，义旗一举，天下云从，不数月，南北统一，共和告成，延续两千多年的封建专制制度终被推翻。孙中山先生后来评论说，"其时慕义之士，闻风而起，当仁不让，独树一帜以建义者相接踵也。其最著者，如徐锡麟、熊成基、秋瑾是也"。

那么徐锡麟，这位打出"震撼晚清天下的一枪"的人，到底是怎样一个人呢？

### 第二章

# 青少年：
# 压抑与反抗

1873 年 12 月 17 日，也就是"大清"同治十二年十月二十八，徐锡麟出生于绍兴府山阴县东浦镇一个富有的家庭，是家中的长子。

东浦离绍兴城约十五里路，是个颇为古老而美丽的水乡小镇，徐锡麟家的房子即坐落在小镇北端的孙家溇。这是一座坐北朝南、相当气魄的三进屋宇，整座楼房均为砖木结构，以三拼石墙打底，看上去十分结实坚固。走进气宇不凡的乌漆大门，就是第一进，这是一排平房，中间的一间为出入通道，两边各有一间耳房。耳房两边是走廊，它把三进房屋都贯通了起来，通过走廊可以走到三进房屋的任何一进。从第一进往里走，会看到一个相当宽敞的院子，院子的东西两边是石砌的花坛。紧挨东边花坛的那段走廊上建有一个砖砌的石库墙门，门楣上镌着两字曰："梅墅"。过了院子就是第二进，那是三开间的厅堂，有两层楼高，屋脊上筑有二龙抢珠的屋栋和镂空挑角，正面是高大落地的十二扇雕花大门为墙。进入厅堂，抬头看到正中一块匾额，上书"贻经堂"三个大字，匾额之下挂着名人字画，抱柱上挂着一副对联。上联是：天下奇观书卷好，下联是：世间美味菜根香。三开间大厅用六座木制屏风象征性地隔成三间，分别摆放着画桌、八仙桌和椅子。画桌两头放置着古瓷瓶、鸡血石瓶等摆设。厅堂东西两端有小门，从小门出来沿走廊，可以通往第三进。二进和三进之间，又是一个天井，天井北端就是第三进。那是五开间的二层楼房，西边两间，楼上用来藏书，楼下是徐锡麟祖父的书房，后来，这儿成为家塾，徐锡麟和他大弟弟徐伟，就在这儿由他们的父亲亲自课读，完成了启蒙教育。正中楼上一间，即为徐锡麟所住，他结婚以后，也是住的这一间。

徐家在乡下拥有一百余亩上好的水田，在绍兴城内，则还拥有两家店号，就是天生绸庄和泰生油烛栈两店，由此可见徐家当时的富有殷实。置有这样一份家业，是徐锡麟的祖父、父亲两代人克勤克俭、辛苦努力的结果。

同治十二年十月二十八，也就是公历 1873 年 12 月 17 日，徐锡麟出

徐锡麟故乡绍兴县东浦镇

生于这样一个富裕的，远超于一般小康家庭的时候，真可以说命运对徐锡麟不薄。从出生之日开始，他就过着衣食无忧的生活，享受着父、祖两代辛勤努力的成果，他没有冻饿之虞，也见不着穷孩子家庭里，常见的父母为生计发愁苦恼的脸色。从蹒跚学步，到学会走路、奔跑，他的天地，就是又安全、又宽阔、又舒适的，他可以沿着宽敞曲折的走廊跑遍整个三进的屋子，穿行于个个房间。可以在花坛边捉虫子，可以在院子里晒太阳，然而他又不用担心日晒雨淋，风雷的突袭，这所大房子里太安全了，而且江南的水乡，也没有什么狂风暴雷的极端天气。徐锡麟出生之时，祖父母都健在，父母正当青壮年，对适时来到家中的这个长子，他们欣喜有加，十分宠爱，在他身上寄予着传宗接代、光宗耀祖、继承发扬家业等美好的期待。比如，后来在徐锡麟结婚十年之后还没有孩子，祖母竟然拿出二百银圆的私房钱，要给徐锡麟纳妾，就可以见出那些宠爱和期待的程度。再看看徐锡麟的名字。"锡"，古汉语里是"赐"的意思，"麟"是麒麟，中国古代传说中象征幸福美好的神兽。徐锡麟是谁？是上天赐给这个家庭的可爱的神兽，给这个家庭带来的是幸福和美好。给徐锡麟取的这个名字，不是就可以让我们窥见这一切了吗？

不光富有，徐家还是一个富有文化气息的家庭。这个家庭有自己的藏书，有书房。藏书中不乏名家的书画碑帖，书房则由徐锡麟的祖父命名为"桐映书屋"。在厅堂里悬挂的对联，是"天下奇观书卷好，世间美味菜根香"，是典型的明清士大夫式的高雅。在门洞上镌的匾额，是"梅墅"二字。梅和桐，都是中国传统文化中高洁雅致的意象。这些，可都是一般土财主的豪宅里所难见到的风致。

徐锡麟6岁那年，父亲徐凤鸣，后代都尊称他"梅生公"，就把家里的"桐映书屋"书房辟为"梅生书屋"作为私塾，自作塾师，亲自课读，为徐锡麟启蒙了。这个年龄，也是一般读书人家让孩子正式上学读书的年龄，后来建立了"光复会"反清革命组织并发展徐锡麟加入的蔡元培，也是6岁启的蒙，只不过蔡元培的爹，并没有亲自给儿子课读。其实在那个时代，父亲亲自教儿子读书启蒙是不多见的。梅生公要自己给儿子徐锡麟做塾师，给我们最初的感觉是，这户人家太会省钱了，尽管他们相当殷实。晚清的时候，江南一带的"束脩"也就是上私塾的学费，未做诗文前是每年6至8元，已经做诗文的，是每年8至12元，因为已做诗文，说明所教内容已较高深，所以束脩也要相应提高。这笔学费，对徐家来说是不算什么的。不算什么，能省之处也要省，从这里可以看出徐家治家的方略和徐锡麟祖父、父亲性格上的诸多特点。除省钱之外，梅生公相当自信，他觉得他最能保证徐锡麟读好书，为在今后科举中步步高升打下基础。没有这一自信，再省钱他也不会省这个钱。徐家父亲亲自为长子课读，其中透露出许多信息，反映了这个家庭的父、祖两代对这个名叫徐锡麟的男孩的重视和期待。

那么，怎么又说什么"压抑与反抗"，何来"压抑"，何谓"反抗"呢？

徐锡麟的祖父名国禧，字桐轩，家人都尊称他"桐轩公"。徐家这座体面气派的宅子即为桐轩公所建，后来父亲梅生公也有所增修。其实桐轩公出身寒微，早年家中也很清贫，夜里读书点灯，都舍不得像一般点灯惯常的那样用两根灯草，而只点用一根，因为嫌两根太费油了。他的节俭、他的清贫由此可见一斑。祖父虽然是个读书人，在那个崇尚"学而优则仕"的年代，他肯定也去应过试，但并没有取得什么功名。像大多数绍兴的读书人一样，科举这条路走不通，这位祖父就"以幕为业"做了师爷，先后在湖州、处州就幕。所谓"就幕"，在这里可以做一点解释。明清之际，科举以八股取士，以《四书》《五经》为考试的主要内容，以"代圣人立言"即模仿圣人的口气写文章，为考试的主要方式。所以读书人中了举、做了官，除了熟读牢记了"子曰诗云"一类远离现实的东西，会做"有朋自远方来不亦乐乎论"的文章之外，对于现实政治体制的运作、财政税务的管理、案件的审理、法律的适用等政府实际工作，可说是一无所知，这样师爷就应运而生。那些没有考上的做不成官的读书人，就去学习这方面的知识，所谓"读书不成转而读律"，在了解掌握了钱粮、刑名这些有关政府治理的实际法律和行政知识之后，他们转而受那些中了举、做了官的读书人之聘，这叫做"入幕"或"就幕"，到官府里面为中举做官的县令、知府，乃至督抚做事帮忙，在幕后出谋划策，处理公务，由此从县令、知府，乃至督抚个人那里得到一份聘金养家糊口，这就是"以幕为业"。徐锡麟祖父桐轩公作为"以幕为业"的绍兴师爷，用现在的话来说，他也就是一位受聘为长官服务、替长官办事，通晓刑名、钱粮、书启等知识技能的专业人士。这些专业人士在官府里面，因为是受长官老爷私人聘请，并非朝廷的命官或衙门的属吏，与长官老爷的关系在"亦师亦友"之间，受到长官的尊重，所以官府里面上上下下就叫他们"师爷"，长官老爷本人则称他们为"先生"或"夫子"。"师爷"以出自绍兴为多，也以绍兴的师爷做得最好，做出了名气、做出了品牌，"绍兴师爷"之名因而风靡全国，连不是绍兴的师爷，也常常有意无意地自称或者默认自己是"绍兴师爷"，就像现在的伪劣产品经常要去假冒名牌一样。这样，就隐隐然形成了一个称为"绍兴师爷"的职业群体。

作为一个职业群体，自有这个职业群体共同的职业特长、道德规范和相通的性格特点。

做师爷的职业收入，说低也不低，比一般的农民自然要高许多，有的还甚至超过经商。但"就幕"这个职业，说稳定又极不稳定，师爷是长官客客气气请去的，但一言不合，也可以随时客客气气地送走。"就幕"的时候就要为"失幕"的时候打算，积蓄待业之时一家的生活费用，是他们共同的心理。所以师爷一般都很节俭，不会轻易花钱。比如乾隆时期一位著名的师爷叫汪辉祖的，他就曾经说过，他一生"幕脩"所入，从来就不敢乱花一分钱。他还写道，做师爷的人，起码的体面服装不能不备，随从不能不雇一个，加上庆吊往还，亲朋假乞，都是必须的开支。那么一年收入一百银两，最后到家里也不过六七十两了。一个八口之家，这点钱也仅够生活，万一"失幕"，就要靠借贷度日。所以师爷除了自己厉行节俭，而且还要时时教育家人，使之明白节俭的道理，一个人别父母、离妻子，长年在外面工作挣这点钱，容易吗？像徐锡麟的祖父，通过一生"就幕"的收入，家里盖起了大房子，那真是俭之又俭了！

师爷不是朝廷的命官或衙门的属吏，他受长官私人之聘，为长官办事，办错事他不会受法律的追究，一切都是长官负责。但没有法律责任不等于没有道德的约束和心理的压力，有时候对道德的敬畏比对法律的惧怕还要更有约束力。所以师爷做事都非常谨慎，决不肯也不敢越雷池之一步。比如做"钱谷师爷"，汪辉祖就告诫说，官府中银钱出入，师爷只是替长官管好账，出多少入多少，心里有数，力求平衡，但万万不可去亲自过手真金白银，以免嫌疑。又比如做"刑名师爷"，一笔下去，事关官司当事人的生死，虽然办错了案，责任由长官担着，但冥冥之中的善恶判断，比阳间还要分明，可不慎乎？据说一位姓叶的刑名师爷接到一桩案子，是一位读书人状告有一恶少调戏他的夫人。旁人这时唆使叶师爷说："惹人调戏，这位夫人肯定年轻漂亮，何不传唤到庭，欣赏一下？"叶师爷一时不慎，照着办了。不料这位夫人以被迫到衙门抛头露面为奇耻大辱，愤而自杀。不但如此，这位夫人还到冥府控告，说叶师爷名为判案，实在是意存轻薄，致逼死人命，故务必抵罪。冥府认为所控有理，就把这位叶师爷的命给索走了。

处理税收财务、审理原被两告的司法事务的时候，自然务必小心谨慎，即使是跟长官日常的相处，又何尝不该如此？办公事须谨慎，日常举措也须谨慎，坚守自己的本分。长官聘请师爷，以师友之礼相待，那是人家的礼数、人家的讲究，你师爷自己却必须心中有数，你只是长官的雇员而已，万不能给你面子，你就蹬着鼻子上脸，自居为师友，天长日久，就轻慢起来。该请示、该汇报、该请安、该磕头的时候，就要请示汇报，磕头请安。这样，雇主和雇员的关系才能持久，才能确保这份"幕脩"的长期稳定，也就是确保了一家老少长期的过得去的生活。再说了，师爷交友也应该十分谨慎，绝不要呼朋引类，出入府门。就规规矩矩在府中的别院待着，有事没事不要轻易出去，谨防所交非类，引起事端，给长官带来麻烦。

1907年徐锡麟在安徽的省会安庆弄出惊天大案，消息传到绍兴，徐家惊恐万状，首先想到的就是如何免受牵连，于是把徐锡麟的往来信件、文章底稿，甚至在私塾用过的书本、八股文的习作等都销毁殆尽。所以，除了后来亲友的一些片断回忆外，有关徐锡麟早年生活的材料所见不多。尽管如此，从现存不多的材料里，还是能看到他早年生活的主要轮廓、家庭的氛围；能看到徐锡麟祖父桐轩公"师爷"的浓浓影子，闻到徐父梅生公恪守乃父之教，身上散发出来的浓浓的"师爷味"。梅生公早年也曾读书应试，但未中得秀才，只在山阴县衙里做过一段时间的县吏，便转而用他父亲桐轩公的"幕脩"为资本，做起了生意，幸而成功，把家业又大大向前推进了一步。家人回忆他"为人谨慎俭朴"，虽然没有做过师爷，但当地人却称他为"梅生师爷"。这样说来，他身上的师爷味，当地人在当时，就已经闻到了。

徐锡麟的父、祖两代，为锡麟这位家中的长子长孙规定谋划了怎样的人生目标，他们要他走怎样的道路，通过什么方式，达到和实现这些人生目标？

一言以蔽之曰：读书做官，走几百年来所有读书人走过的路。

徐家后人回忆说梅生公对自己这个长子锡麟管教甚严。早年的资料没有见着，但一直到徐锡麟已经去了安庆，这时他已经三十多岁，不但中了乡试副榜，已是"半个举人"，而且已经进入官场，当上了陆军小学堂的会办，徐父还去信唠唠叨叨、喋喋不休地告诉徐锡麟，应该雇佣几个仆人，仆人的差事怎么安排，等等。信中说：

> 用家人二名，一司门上接帖，一司服役。至于亲兵一层，在轿前护卫以备不测。然汝并不独揽大权，于人无所德怨，可省则省，万一风气不靖、不能不用，汝在外相时而行，不必拘定我言也。厨子可兼茶房，每日火食若干，定一适中之则，饬其包办。按月给付以归简便。

请看，不但仆役的安排，连一日三顿饭怎么吃也管到了，厨子的工钱怎么付也管到了。

他还反对徐锡麟结交朋友，担心儿子交非其类，受到误导，影响仕途。尤其反对跟留学生交往，跟竺绍康、吕公望一批革命党人交往。在另一封信中他说：

> 学界魔鬼曾否断缘清楚？大通学堂闻已费绌停办，而竺酌仙（竺少康）、吕凤樵（吕公望）一流人物，形同流氓，无处栖身。倘若流至安徽，切切勿可收留，因彼等一身以外，素无长物，兼且出言不检，不顾身家。此外如留学生之踵门叩谒者，终以不与交往为妙，缘若辈均不知敬君尊孔故也。倘以我言为然，着即遵谕实行，则汝之前途正未可限。

可见梅生公对徐锡麟的交友所持的态度，他把儿子的这些朋友呼作"学界魔鬼"，说他们"形同流氓"，光身一人，家无余财，而且说话不知忌讳，谁知道这些人会惹出什么祸来？言下之意，我们徐家是有身家、有根基、有规矩的体面人家，跟这些人瞎混，能有什么好处？这时，他还不知道徐锡麟跟这些革命党人的真实关系呢，若是知道了，他会暴跳如雷到什么程度？

徐父仅存的这些信，是在"徐案"发生以后，官兵在徐锡麟安庆住所搜得，作为罪证幸而保存下来的，从中可以看到徐父梅生公"敬君尊孔"的政治态度，小心谨慎明哲保身的处世方式，对徐锡麟严格细密的管教。这种管教来自他的自信和经验，他不是在自己父亲的严格管教下，按照父亲的人生模式，取得成功了吗？那你徐锡麟有什么理由不继续按照这个模式去取得更大的成功呢？他对徐锡麟说："祖宗省食俭用，立此基业，为子孙者理宜肯堂肯构，以承先志，一旦化为乌有，何以见祖宗于地下。"这是对徐锡麟的寄语，是要求和期待，也是他的夫子自道。不要用所谓的新知识来反驳我，不要以为我不出门就没有了对外面世界的发言权；徐锡麟的父亲梅生公说："我虽不出远门，但寰宇之遥道理都是一样的，事相隔而理相同，我没必要非得风尘仆仆在路上奔走，始可增长识见，我的道理是上代传下来的，什么时候都管用，听我的不会错。"梅生公就有这样的自信。

假如徐锡麟是个资质平平的孩子，一个唯唯诺诺听话的孩子；又假如他出生于太平盛世，无内忧外患，无风潮激荡，那么，徐锡麟就极有可能按照他的父、祖希冀规定的道路，规规矩矩，老老实实，矻矻孜孜，在"读书 —— 应试 —— 落第，再读书 —— 再应试 —— 再落第，还读书 —— 还应试 —— 中啦"这样的人生道路上平平安安度过一生，然后寿终正寝。他不会到杭州去开书店，不会赴日本碰到陶成章，不会在上海结识蔡元培，也不会跟秋瑾相识，当然，更不会有安庆那震惊晚清天下的一枪。然而一切都不是"假如"。

徐锡麟天生是个聪明颖悟的孩子，兴趣广泛，而且精力充沛、敏捷好动。他6岁那年正式"进学"，传统的教育内容根本无法满足他的好奇心和求知欲，呆板机械的教育方式，也与他思维活跃、喜欢思考的天性格格不入。旧时私塾里一般是这么教孩子的。刚进学，最初读的是《百家姓》《千字文》《神童诗》一类"小书"，教读的方法是塾师坐在书桌后面，学生站在他旁边，塾师念一句，比如"天子重英豪"，学生也跟着念"天子重英豪"，塾师却不做任何解释；跟着念了一段以后，学生就回到自己座位上，高声朗读。比徐锡麟小十岁的同乡，后来二人在日本相遇的鲁迅，就在自己的散文名篇《从百草园到三味书屋》一文中，描写过学童高声朗读、人声鼎沸的情景。不过徐锡麟高声朗读的时候，却形不成"人声鼎沸"那种氛围，因为那时徐父梅生公所教的，仅有徐锡麟和徐锡麟的大弟徐伟两个学生。学生在座位上熟读至于能背了，就再上到塾师的桌边，背给老师听。

如果几次以后还不能顺利背出，塾师就要打他的手心。

读书之外还有对句。就是塾师说出一个字，要求学生针对这个字说出另一个字。老师说的那个字是动词，学生也要说出动词，说名词，学生也要说出名词。比如老师说"山"，学生就要说"海"，假如说了"爬"，那就是"不对"，即使说了"鸟"，也还是"不对"，因为"山"是关于自然的名词，而"鸟"是关于动物的名词。可见不但词性要"对"，而且同类词中比如名词中的动、植、矿和器物，形容词中的颜色、形状、性质等，字的平仄声调，也要"针锋相对"。比如"白马"对"青牛"，"三山"对"五岳"等。做这种对句的练习，是为写诗作准备的。从对一个字、两个字到五个字都已经过关，就可以做五言诗了。

学习对句作诗之外，还要学写"八股文"。八股文是明清时代科举考试制度规定的文体，对形式有非常严格的要求。所谓"八股"，就是文章结构要求由八个部分组成，分别是破题、承题、起讲、入手、起股、中股、后股、束股八个部分，每一部分的句数、句型都有严格的限定。"破题"规定两句，说破题目意义；"承题"三句或四句，承接"破题"加以说明；"起讲"概括全文，是议论的开始；"入手"引入文章主体；从"起股"到"束股"是八股文的主要部分，尤以"中股"为重心。在正式议论的这四部分中，每段都有两股相互排比对偶的文字，共为八股。八股文的题目，必须是出自《四书》《五经》的句子，比如《我不识能至否乎》，这个题目就出自《孟子·公孙丑上》中的句子，而写的时候要模拟圣贤的语气，传达圣贤的思想，不得自由发挥。不但语气思想，就是用词，也不能超出《四书》《五经》的范围，如果在考试的时候用了"白发渔樵"这样的词，考官一眼就看出这是《三国演义》一类说部的语言，那么这份试卷很有可能被摒弃不录。所以，为要保险起见，这类杂书也是严禁去读的，免得潜移默化，在考试时不知不觉就写了出来。

为什么要规定得这么烦琐，这么细？鲁迅说："那是因为考官的脑袋都是阴沉木做的，那都是不开窍的；只有定得这么细，他们才会判定文章的好坏。拿到考生一篇文章在手，只要一股股往上一套，就可以决定其优劣，何其简单。"这调侃有一定的道理，但其实是科举制度下，"朝为田舍郎，暮登天子堂"，那利实在是太大了，竞争实在是太激烈了，所以必须死死规定，才可以在铁的标准面前做到最大的公平，也才可以尽可能地避免作弊。这可以说是为了公平而牺牲效率。牺牲了什么效率呢？牺牲了给考生以最大的发挥空间，从而把最优人才选拔出来的那种效率。

到了开始做八股文这个阶段，学习的内容也加深了，已经读了《四书》，接着还要读易、书、诗、礼、春秋"五经"，而且还是要背。这时候学生已经十二三岁了，但仍是打手心。蔡元培有一次背《易经》，屡次出现错误，错一次打一次，结果累计挨打二三百下。徐锡麟挨没挨过打？像蔡元培这样性格平顺温和、认认真真读书的人尚且挨打，徐锡麟还能逃得过吗？

自然，对于徐锡麟，学塾里那些"小书"他只要愿意，自然是过目成诵，即是《四书》《春秋左氏传》一类经史书籍，对他也不算难事，然而终究不能满足他的好奇心和求知欲。至于八股文，那种烦琐和机械，让他头疼不已。他聪颖的天性、活泼的想象力和猴子一般爱动的旺盛精力，跟这种机械和烦琐天生就是敌对的。不过，他很快找到了一个新的世界，那就是他祖父的藏书间。他发现，那里有一些跟《四书》《五经》完全不同的书籍，那是讲述数学、地理、天文一类知识的翻译的西书。原来，1867年李鸿章在上海设立江南制造局，附设翻译馆，翻译、印行西方的数理化工、天文地理等书籍，祖父桐轩公在外"就幕"多年，难免买一些西书带回家里。想不到被徐锡麟翻拣出来，偷偷地读了起来。而且一读就入了迷，反而把父亲兼塾师布置的课程给忘了。到了少年这个阶段，徐锡麟未有师授，令人惊讶的是他无师自通，能够自己琢磨着演算勾股、三角一类的数学题。

更为出奇的是,他还常常于夜晚晴空,按照书本所说,仰头观察天空的星象,又按书上的天文图自己制作了浑天仪。为了制作这一类仪器,他常常翻箱倒柜,把家里一些铁器铜器之类的家当拆得个七零八落,损毁无数。至于八股文,天资聪颖而想象丰富的徐锡麟可受不了这种折磨,写出来的文章往往不中程式,让徐父梅生公看了不禁深深皱起眉头。这哪像个正经读书人的样子呢?这么聪明一个孩子,继承家业振兴家族的希望就在他身上了,而他却去读那些与功名无关的杂书,去折腾那些无用的事情。他要想尽办法,把徐锡麟这匹野马驹子套上龙头,拉回到正道上来。

但是徐父梅生公在绍兴城里有生意,城里天生绸庄和泰生油烛栈两家店铺,进货出货,账目往来都需要照看。他往来于绍兴城中和东浦家里,不可能天天盯着徐锡麟,这就给了野马驹子撒野的机会。12岁的时候,他跟自己家的佃户和长工的孩子玩上了。那时候徐家雇的长工里有一个姓平,叫长有,他有个弟弟叫长生,跟徐锡麟一般大。有一天,徐锡麟跟着长生,两个孩子一起跑到隔壁小村子长生家里,玩这玩那,还跑到水田里玩泥巴,玩插秧,玩得乐不思蜀,把回家的时辰全忘了。直到天黑了下来,小锡麟才猛然想起,糟了!父亲这时肯定已从城里回来,见不到人,他要发怒。

徐锡麟急中生智,央求长生的哥哥长有,撑一只小船把他送回家来。原来绍兴水乡,水路纵横密布,村村相通,船只是最方便的交通工具,徐锡麟家宅子的后门,就紧挨着一条小河,乘船进出,比陆路还方便。东家的孩子有要求,长有自然不敢怠慢,急急把徐锡麟送来了。船到徐家后门,徐锡麟让长有在船上稍等一会儿,自己跑到前门后门摸了一下,果然,前后门都已经紧紧关闭,怎么办?长有说:"我去敲门,让东家来开门。"徐锡麟说:"不必了,你把船篙竖起来靠上去,靠到我家后墙上,看够不够得着二楼后面的走廊。"长有把船篙竖起来,还正好够着。只见徐锡麟身手敏捷,"哧溜"几下,就顺着杆子爬到二楼,翻身进了二楼走廊,探出头来轻声叫道，我没事了，你回去吧！长有看着这一幕，惊讶不已，心想，这小孩长大了还了得！徐锡麟则用这个办法，躲过了父亲的一场责骂。从此以后，他每每用这个方法神不知鬼不觉地进出家中，一直到他成年以后搞革命活动，还常常从后墙的走廊，爬上爬下。

12岁那年，徐锡麟更闹出一件谁都意料不到的事来，让梅生公头疼不已。一天，徐锡麟又跑到长生村里，跟长生一块儿玩起来。忽然，他俩看到一个和尚进了村子，芒鞋藜杖，在村路上化缘。两人跟在和尚身后，边走边悄悄地议论。一个说："你看和尚的脑袋，光光的，满是疙瘩，铜头铁额就是这个样子！"一个说："你看他那串大念珠，他捻着珠子念起咒语来，能呼风唤雨呢！"长生说："还能飞檐走壁呢！"一听"飞檐走壁"四个字，徐锡麟不禁想起自己顺着船篙爬进自家二楼走廊的事来，他想，要是自己也有飞檐走壁的本事，那就不用船篙，也能上二楼，在外面玩得再晚，也能一个人悄悄进楼上房间睡觉，父亲再也管不着自己了，那有多好！想到这儿，小锡麟不禁心驰神往，跟长生说："我们跟他去学飞檐走壁的本事吧！"长生说："怎么学呢？"徐锡麟说："我们就跟着他！"两个孩子果然就在后面远远地跟着和尚，不知不觉走出村口。一出村口，长生就不由得迟疑起来，说："他要去哪儿啊？我要回家！"徐锡麟惊讶地看着长生说："回家？你不想学了？"长生吞吞吐吐地说："我，我不想学了，我要回家了。"徐锡麟见状坚决地说："那你回家，我一定要跟他去学，我自己跟他去！"这徐锡麟，居然丢下小伙伴，头也不回跟着和尚出了村口，上了大路，远远而去。

到了晚上，徐家找徐锡麟吃饭没有找着，找徐锡麟睡觉没有找着，人到哪儿去了呢？一家人担心起来，纷纷猜测。徐锡麟的奶奶想起来了，说这孩子不是老爱跟长有他家的长生在一起吗，去问问长生他知道不知道。梅生公觉得说得有理，赶快派长有回家去问。没半个时辰，长有回来报告说："徐锡麟跟着一个和尚走了！"一听这话，徐家人上上下下像炸翻了蜂窝般乱作一团，不得了了，这孩子难道要出家当和尚了！还是徐父梅生公沉着一点，向长有问明了和尚的去向，原来是往杭州去了，于是带着三四个人打起火把灯笼，急急忙忙向杭州方向追赶而去。追啊追啊，追了三十几里路，一直到了萧山的地界，终于看到徐锡麟还是不远不近地跟着那和尚。几个人好说歹说，软拉硬扯把徐锡麟弄了回来。

这件事情闹出的动静是如此之大，以至于后来章太炎、陶成章为徐锡麟作传，都特意郑重地写下一笔："年十二，挺走钱塘为沙门，家人踪迹得之以归。"这包括标点符号在内21个字的史实，应该说基本上是对的，只是"为沙门"三字容易引起误解，以为徐锡麟小小年龄就想当和尚，并由此出发去研究徐锡麟想当和尚的原因。有人据此推测这是徐锡麟对封建教育、封建家长的反抗。"反抗"的意味是有的，但这反抗是徐锡麟式的，是一个精力过剩、想象力丰富的少年为拓展自己的活动空间所上演的儿童闹剧；而不是夙有慧根，要晨钟暮鼓去诵经学佛，更不是小小年纪就消极厌世，遁入空门。

少年徐锡麟聪明颖悟，精力旺盛，身手敏捷，让徐父梅生公又喜又愁。怎么样才能让这儿子把心收起来，一心扑在读圣贤书做学问上，在科举之路上步步博取功名，光宗耀祖壮大徐家的门楣？这成了梅生公的一块心病。

一次梅生公给徐锡麟课读完《论语》之后，问道："什么叫做大人？"

徐锡麟答道："大人，应当是为大家做事的人。"

这位平时不爱多说话的儿子，一旦说出一句话，往往显出他独特的思路，让人诧异。徐父的本意只是要引导徐锡麟回答，大人就是成年人，跟孩子不同。

但梅生公不露声色，继续问道："孔夫子是你所说的大人吗？"

徐锡麟答道："孔夫子生于春秋之季，风尘仆仆，周游列国，为救天下苍生而挽狂澜于既倒，当然是大人。"

徐父说："但是孔夫子尝为委吏、尝为乘田，恃禄养以赡身家。孔夫子如生于今世，也会专心科举，博得出身以光宗耀祖。"

儿子说："孔夫子之为大人，是因为他救天下苍生之心，并非他博取禄养以赡身家。"

徐父说："尧舜孔孟之道，孝悌而已。当今孝悌之大，就是荣登科第，增光祖宗之门户。这才是实的，空谈救天下苍生，那都是虚的。"

见徐锡麟不说话，徐父继续教导："做人要实，玩虚的终究没有出息。你说花那么多功夫去弄那些勾股三角、地球、有什么意思呢？"

徐锡麟感到压抑。他想反驳，可是忍住了。因为他也确实不知道，这些勾股三角、星球地球有什么用。他突然觉得异常的烦躁。

徐父梅生公见徐锡麟这样，知道他并不服气，但自己也说服不了他。慢慢来。他要另想办法，把儿子的心收起来，让他早早成为懂事明理，能继承家业光大家族的大人，也即成年人。

时光如流，转眼十年过去了，徐锡麟完成启蒙教育，已经16岁了。对儿子已经无计可施的徐父梅生公，这时想到了要给徐锡麟娶亲。他不是精力过剩吗，不是收不拢心吗，给他娶个亲，让儿媳妇来管住他，效果或许会好一些吧！而且早生儿子早享福，16岁娶亲虽是早了点，但也比比皆是，那个时候只要是日子过得去，小康以上的人家，都是这么做的。于是梅生公四处张罗，最后物色了比徐锡麟年长一岁的柯桥王培卿的长女王淑德，小名贞姑，给徐锡麟做妻子。幸好，徐锡麟见17岁的王淑德温柔贤惠，也并没有反对，于是这对十六七岁的少男少女就这样成了亲。

"早婚早育""早生儿子早享福"这些观念，在中国传统社会中可谓根深蒂固。产生这些观念的根本原因，可能是农业社会人耕牛犁，人是最重要的生产力，只要人丁兴旺，就表明这户人家可以多种地，多打粮，有发展经济、壮大实力的可能性。但是，这要有一个前提，就是要有足够的土地可以耕种。清朝一代，据人口史学家研究，在乾隆后期，人口就达到了四亿多，能开垦的土地都已经开垦，人口对于土地来说已经饱和了。到了晚清，人口对于资源来说已经成了负担，人多反而成了致贫致弱的因素。加上西方马尔萨斯人口理论的传入，"早婚早育""早生儿子早享福"这些观念开始在中国受到挑战和攻击。鼓吹变法的梁启超在戊戌时期发表过一篇名为《幼学通议》的文章，批评早婚的弊端。1902 年 12 月，他又在《新民丛报》上发表了《禁早婚议》，提出"中国婚姻之俗，宜改良者不一端，而最重要者厥为早婚。"文章从早婚"害于养生""害于传种""害于养蒙""害于修学""害于国计"五个方面，对早婚的危害痛下针砭。他认为，少年男女身体未成熟即发生性行为，会斫伤元气，而且因为少年缺乏自制力，常常溺于一时的肉欲之乐，造成终生痼疾之苦，等于自戕。推个人至于民族，会使民族衰败，国家积弱。他说，"夫我中国民族，无活泼之气象，无勇敢之精神，无沉雄强毅之魄力，其原因虽非一端，而早婚亦尸其咎矣！一人如是，则为废人，积人成国，则为废国，中国之弱于天下，皆此之由。"早婚的祸害是不是真有这么大，梁启超的论调是有点极端。但是早婚早育，其弊端当然是显而易见的。对低龄做父母的青年来说，过早婚育自然妨碍了他们自己身心的发展，也容易多生多育，使整个社会的人口负担十分沉重。

　　然而在 19 世纪末的中国，尽管有梁启超这样立论宏大、词锋犀利、口吻严厉的文章，但是影响所及，还是非常有限的，不要说在广大的农村，就是在城市，早婚现象还是比比皆是。要改革一种风俗，谈何容易！至于在绍兴这样空气沉闷、思想停滞的小城市，反对早婚这样的呼声，更不会有什么丝毫的反响。所以 16 岁的徐锡麟与 17 岁的新娘结婚，不但家族长辈，四邻八舍，就是徐锡麟自己也觉得最正常不过了。

16 岁的徐锡麟结婚以后，徐父梅生公暗自高兴，因为他看到徐锡麟有了显而易见的变化。首先，是小两口关系不错，徐锡麟并没有像想象中那样顽劣地排斥他这个 17 岁的小妻子，相反，他倒是很接纳，这就使梅生公心里一块石头总算落了地。其次，徐锡麟那两只手不是再那么猴子似的闲不住，把家里的物件动辄拆毁的事再也没有发生过了。最令人欣喜的是，徐锡麟开始钻研起八股文来，自己躲在房间里悄悄写作，只有在他下楼吃饭时，嘴唇上沾的黑墨，表示着他咬着笔管苦苦构思的情景。梅生公不胜侥幸地想，还好还好，以前的种种乖戾、种种的奇思怪想、种种的不靠谱，只不过一个野了些的孩子的折腾，现在终于成年，终于懂事了。天佑徐家，赐给徐家的，应该真是一个麒麟！给他结婚这着棋，走对了！

1893 年 5 月，也就是光绪十九年，岁在癸巳，21 岁的徐锡麟参加了是年山阴县童子试，终于遂了他父亲的心愿，考上了秀才，成为山阴县学附生，爬上了向上的第一个阶梯。上了这个阶梯，他就有了乡试的资格，去省里参加考试，博取举人的头衔。

徐锡麟终于在 21 岁那年成了绍兴府山阴县一名新进的秀才，这让徐父梅生公大大地松了一口气，徐家的大儿子、家庭的希望，终于走上了正道，前途无可限量。于是，他开始让徐锡麟参与家庭的管理，多给他历练的机会。毕竟，经书八股之外，也还得知道银钱出入人际往来的世故。比如，他让徐锡麟去乡下收租，因为徐家田地很多，都是租给当地佃农耕种的。然而，正是这样，让徐锡麟更深地了解了农民的贫苦生活，看到了中国社会的困顿和衰败，由此激发了他对穷苦农民的同情心，激起了他的士大夫解民于倒悬的责任感。

有一次，恰逢他祖母生日，徐父梅生公叫他到乡下去收租。他二话不说，带着人撑一条空船去了。一直到傍晚，家人却见他还是摇着一条空船回来了，怎么回事，半路遭抢了吗？一问缘由，他根本就没有把租谷收来。

原来，他到了这户佃农家里，一眼望过去，家徒四壁，贫苦之状是显而易见的。租谷一斗一斗地量起来，装进麻袋，扛到船上，屋里所剩就无几了。徐锡麟回头一看，见这佃农一家夫妇两个衣衫破旧，木然地站在剩下的谷堆旁边看着徐锡麟，几个孩子更是衣不遮体，围在大人身边又木然地看着他们的父母。徐锡麟大为不忍，想做一点什么事。他想起以前有一次路过当铺门口，遇到一个农民哆哆嗦嗦出来，大冬天穿一身单薄的衣服，原来是为给孩子治病买药，把自己一身棉衣当了。徐锡麟问明情由，就把自己身上的钱掏出来给了他，叫他不要当棉衣了。家人知道这件事情后，吃素念佛又最疼爱徐锡麟的祖母大为夸奖，说大孙子为徐家做了善事积了德。见祖母这么说，徐父梅生公也不好说什么了。还有好几次，徐锡麟碰到衣不蔽体的乞丐，毫不犹豫脱下自己的衣服施舍给他们，都因为祖母的支持，转而也为梅生公认可。想到这里，徐锡麟有了办法。他让跟来的长工把已经装船的租谷统统又扛回到佃户家里，对着惊疑不已的佃户一家说："今朝是我老祖母生日，你们也已经送了寿礼。照道理你们有了礼，就该请你们吃寿面。我们家人多，也不请你们去了，这些租谷不用交了，就当给你们买寿面吃！"

佃户听说，恨不得跪下叩头，嘴上还说着："这怎么行！这怎么行！"

徐锡麟说："怎么不行，你们在菩萨面前多给我祖母叩几个头，祈祷菩萨保佑她老人家长生不老就行了！"

转身对跟来的长工说："没你们的事，回去跟梅生师爷说，是大少爷定的。"然后带着他们，摇着空船回来了。一家人正忙着准备给祖母拜寿吃寿面，梅生公听了长工的回复，把一肚子哭笑不得藏了起来，连连说，只要大人高兴就好，高兴就好！

### 第三章

# 反清大志，
# 铁血革命

那些年，就算从徐锡麟结婚的 1888 年前后算起，中国这个风雨飘摇的老大帝国发生了多少事！1884 年年中，中法马尾海战爆发，法舰轰毁马尾造船厂，次年，战争以签订中法《越南条款》为结束；1887 年下半年，《中葡北京条约》签订，清朝政府承认葡萄牙永驻并管理澳门；1890 年初，中英签订《藏印条约》；1891 年上半年，芜湖教案、武穴教案和宜昌教案相继爆发，等等。每一次对外交涉，总是以中国的权利受损为结束。越来越多的敏感的知识分子坐不住了，早在 1883 年，远在香港的王韬刊印《弢园文录外编》，鼓吹变法自强，主张"取士之法宜变，学校之虚文宜变"；1888 年 9 月，康有为首次上万言书，请求变法；1894 年 6 月，孙中山先生上书李鸿章，系统阐述其治国大计，提出"人能尽其才，地能尽其利，物能尽其用，货能畅其流"四大纲目，见李鸿章没有搭理自己，孙中山径直在上海的《万国公报》上公开发表了这篇文章。

然而，尽管外面的世界已经风起潮涌，但是在绍兴一隅，平静的鉴湖水还是一如旧日，士子们的主要精力，还是放在背诵《四书》《五经》和揣摩八股文章上面。假如没有甲午战争中国的惨败，机智敏捷、精力充沛的徐锡麟在刚刚中了秀才之后，是不是会从此殚精竭虑，在科举的道路上跋涉一辈子？难道秀才之后的进一步成功，贤淑妻子的温柔怀抱，父亲梅生公刚柔兼济的约束诱导，对徐锡麟就没有一点儿吸引力和作用力吗？然而，甲午战争在徐锡麟成为县学附生一年后就爆发了。甲午惨败对中国读书人的刺激是如此之深，以至于彻底击碎了他们仅有的一点儿天朝上国的自尊和自傲，击碎了华夷之辨下的中国文化的优越感和自豪感。在此之前，天朝不是没有与"洋夷"发生过战争，已有鸦片战争、英法联军、中法战争，可说是烽火连天，硝烟弥漫。而中日甲午战争，比以前的历次战争规模更大，损失更重，结果更惨。刚刚崛起的日本，以其暴发户式的贪婪和决绝，侵略中国更加凶狠，割地赔款，毫不留情，可说是心黑手辣，给中国在物质上、精神上的伤害史无前例。更有甚者，蕞尔小国的日本，在历史上一直受中国文化的影响，号称同文同种，它的近代化也刚刚起步不久。败在"东夷"日本手里，其深创巨痛，岂可以用语言能够表达！

甲午战败对全民族造成重大的冲击，首先使得无数中国的知识分子从沉沉大梦中觉醒，放下古老的经书，重新观察周围的世界，重新评估自己的地位和能力，重新选择应该走的道路。所以，甲午战争失败以后，全国震动，一片沸腾，抒发愤懑，纵横国事，呈现出前所未有的民族觉醒，前所未有的议论、争执、探寻、追求。所有这一切，通过一种叫做"报纸"的崭新的传播工具，从创办报纸最多因而成为当时新闻中心的上海，像海潮一样涌向全国各地，涌向离上海不远的绍兴，涌向徐锡麟的书房。

1893年中秀才，入了县学，已经从顽捷猴精的童稚时代脱落出来，逐渐变得精明干练的徐锡麟增加了跟父亲讨价还价的资本，给了他更多地摆脱父亲梅生公的约束的自由。进学不久，徐锡麟就跟父亲提出，要把家中的"贻经堂"辟为自己的"书塾"，邀请周边的同学好友来书塾里一起讨论学问，商榷文章。徐父梅生公犹豫了一下答应了。考中秀才以后，徐锡麟在家里的发言权明显增强了，况且，独学无友，孤陋而寡闻，这是圣人的明训，有什么理由拒绝已经进了学的长子要与朋友切磋学问的要求呢？

于是在绍兴东浦这个叫做孙家溇的小地方人们经常见到一些读书人出入徐家的大宅子，有走路来的，更多还是摇着小船，从徐家后门的小河上了台阶直接进去了。时间长了，人们逐渐知道了他们的名字，来得最多的，是曹钦熙、陈子英、陈燮枢、沈钧业、王世裕几个人，他们都是山阴县里品行端良，家境体面，正在考学或像徐锡麟一样已经进了学的年轻人，与他们一起讲学论文，徐父梅生公一百个乐意和放心。

然而事情的发展并不总会让梅生公乐意和放心的，梅生公有所不知的是，这些年轻人在徐锡麟书塾里谈论交流得最多的，并非高头讲章和八股作法，而是《时务报》《中外日报》上的消息和议论，而话题经常是"时局""积弊""外侮""救国之道"等，他们谈着谈着，谈到甲午惨败、康梁变法的流产，甚至谈到了满汉的分域，到了慷慨激昂之处，不禁声泪俱下，相对而泣。

一天，又是这几个年轻的秀才和正在准备县试的读书人在徐锡麟书塾聚会的日子，与徐锡麟同年考中山阴县秀才的陈燮枢和陈子英来得最早，他们与徐锡麟同为东浦镇的人，陈燮枢住镇上青龙村鞋拔溇，陈子英住庙桥下陈家溇。所谓"溇"，就是小河的意思。几个村连成一片，家家户户几乎都有小河相通，所以陈燮枢和陈子英一划乌篷船，就早早来到同一个镇里孙家溇的徐家。稍后，在党山富户许氏家中做塾师的曹钦煦也自己划着乌篷船来了。最后到的是王世裕，他家住绍兴城里，划乌篷船到东浦，大概要花一小时。

几个人当中，曹钦煦，字澧泉，在众人中年龄最大，比徐锡麟要年长十一二岁，徐锡麟对他最尊重，称他"澧泉兄"。陈子英名璿字子英，最年少，比徐锡麟小了十二岁，大家都直呼他"子英"。就是这几个人，年龄最大和最小的要差二十多岁，但却志同道合，情如兄弟，议论起学问、志向、对时局的看法来，无拘无束，无长无幼，似乎毫无年龄上的隔阂。

大家坐定以后，徐锡麟首先打开话题，只是一向说话不多的他并不滔滔不绝地自己开讲，而是面向曹钦煦问道："澧泉兄，这段时间钻研什么呢，所得如何？"

曹钦煦微微笑道："这段时间我在琢磨论的做法，小有心得。"

大家听说，都面向曹钦煦看着他，愿闻其详。

曹钦煦娓娓说道："我最近琢磨文章的做法，比如要写一篇论说，可以有三种写法。第一种写法叫做'明义祛惑'，这是史家论赞的正宗，典型的例子就是孟子论百里奚；第二种写法叫'援古讽今'，这是文章家的特长，比如魏晋时代的文人嵇康非汤武、薄周孔，他并不是真要否定汤武的勋绩，周公孔子的礼制，而是要揭穿时人尊汤武周孔的虚伪；第三种是'标新立异'，既不是按照史实作出正确的评论，也不是另有寄托，而是悟出新意，耸动考官的耳目，引起读者的兴趣，就像苏子瞻诋毁荀子的那篇文章。"

曹钦煦此处说的孟子论百里奚，是《孟子》中的记载。孟子的学生万章问孟子：听说春秋时代的贤臣百里奚，他是把自己卖给秦国一家富户为奴，换得五张羊皮，以此去贿赂秦穆公，得到晋身之阶，成为秦国的宰相，帮助秦穆公成就了霸业。是不是这样？自卖为奴，是君子的一个污点。孟子对此从"智"与"不智"两个方面反复推论，认为百里奚这样有智慧的，深知出处大节重要性的圣贤决不会那么做。说他自卖为奴，靠行贿取得高位，这是对百里奚的故意毁谤，这样的谣传不足采信。"乡党自好者不为，而谓贤者为之乎？"孟子反问道。这是从维护"圣贤出处大节"着眼，为圣贤正名，立论正大。所以曹钦煦认为这是"史家论赞的正宗"。

嵇康的"非汤武、薄周孔"，出自他的嬉笑怒骂皆成文章的著名作品《与山巨源绝交书》。嵇康和山巨源都是"竹林七贤"中的人物，二人本是志同道合的朋友。他们早期都不愿与篡夺曹魏天下的司马昭合作，后来山巨源投靠了司马昭，得到提拔，又推荐嵇康来担任自己原来的官职。嵇康对此大为反感，就给山巨源写了这封信，跟他绝交。在信中，嵇康申述自己不能做官的理由，有"七不堪""二甚不可"之说。其中一个"不可"就是自己"非汤武而薄周孔"，没法在尊崇汤武周孔，倡导名教的司马昭朝廷做官。其实嵇康并非真的反对汤武周孔，只是反对司马昭倡导名教的虚伪，不屑于同流合污。因此，曹钦煦总结嵇康文章的这种写法，是"援古讽今"。

关于苏子瞻即苏轼的事，出于苏轼的笔记《东坡志林》。在笔记里苏轼耻笑荀子"青出于蓝而胜于蓝，冰生于水而寒于水"的论点，是"无异梦中语"，因为"青即蓝也，冰即水也"：青和蓝两种颜料，冰和水两种物事，其实是同一种东西，没有什么递进的关系，没有什么一个胜于另一个的关系。曹钦熙认为，苏轼这种反驳其实没什么道理，只不过是故意求新求异，做翻案文章。荀子不是什么圣人，反驳他一下也无伤大雅，反而可以增加文章的波澜，引起考官阅卷的兴趣，所以苏轼的写法，也能自成一路文章，叫做"标新立异"。

大家都读过曹钦熙说的那些篇章，知道那些内容，但是这么概括，从中总结出立论的方法，却是闻所未闻，觉得十分新鲜。尤其是陈燮枢，也曾下功夫揣摩过论说的做法，但见不及此，听了曹钦熙的一番话，不禁拍手叫好道："见得深，见得透，不愧为高见！"

20岁不到的陈子英也写得一手好文章，他在1912年民国刚建立的时候创办了《越铎日报》，还请鲁迅先生作过发刊词，当然这是后话。但此时他的兴奋点显然不在文章，只听他嘟嘟哝哝，不满地说："时局都这样了，我们还在这里研究文章做法……"，不说下去了。

曹钦熙的兴头被浇了冷水，转过脸去看徐锡麟，徐锡麟却微笑不语，转过去看王世裕。

王世裕字子余，大家都叫他"子余兄"，是后来中华人民共和国首任总理周恩来的姑父。这时王世裕说："澧泉兄对文章的见地所见极是，给我们启发极大，然而现在国家的大局到了这般田地，凡热血之人，不能不首先注意于此。话又说回来，文章我们也要研究，我们要写好文章，就像康梁那样，把国家现在的危机告诉大家，唤起国民麻木的心灵，大家起来救中国！"

说到这里，王世裕转脸向徐锡麟，征询地说："伯荪兄，你说呢？"

徐锡麟接口道："子余兄说得是！文章我们要讲求，不讲求文章，不应试，我阿爹那儿就通不过，"说到这里，徐锡麟似乎想到了他用"讨论学问，商榷文章"的理由，得到梅生公同意在家里聚集同志的事，不禁微微一笑，接着说，"更何况还可以用文章传播新知，宣传我们的救国大计。"

陈燮枢赶紧接口说："对啊，讲求文章，读书做学问有什么错？我就挺佩服我们山阴县的马孝先，今年才十五六岁吧，就能通背《史记》了，我们都晓得，山阴会稽两县，能通背的就两个人，听说蔡元培先生就很赏识他。"

听到说起蔡元培，徐锡麟站起身，从桌上拿起一篇文章，正是他新近抄录的蔡元培《越中先贤祠春秋祭文》，对大家说："说起蔡先生他是壬辰科进士，授翰林院庶吉士，我们绍兴府的名人，凡本府八县的读书人，没有不倾羡他的。不过，"徐锡麟停顿了一下继续说，"我所敬慕蔡先生的，首先倒不是他高登朝榜，而是他把久已不彰的我们绍兴先贤特有的志节表而出之，令人敬佩。"

众人似有不解，等着他说下去。

徐锡麟扬了扬手中的稿纸，对大家说："就像这篇《越中先贤祠春秋祭文》，我来给大家诵读一遍吧！"

几个人在一起揣摩文章，欣赏佳作，大家听着一个人的诵读，也是常有的事。这时徐锡麟说着，就用绍兴话抑扬顿挫地朗诵了起来：

"岩岩栋山，荡荡庆湖。……经纶云雷，实维大禹。……后王尝胆，任侠竞趋。气节慷慨，是焉权舆。胜朝致命，遂多伟儒。儒林大师，余姚肇祖。千祀不祧，授经图谱。……先贤作传，典录成书。设祀于社，古谊粲如。……"

大家静静地坐着听徐锡麟朗诵，都没有插话。其实大家都知道，越中先贤祠设于北京的山邑会馆之内，在京做官经商的绍兴人每年春秋设祭，蔡元培这篇祭文就是为此而作，早就有人传回绍兴，在读书人中流传，大家也都读过了。不过，在徐家书塾里聚在一起，听徐锡麟声调抑扬的诵读，还是感觉到一种扣人心弦的异样的意气。

良久，曹钦煦感慨地说："我们绍兴确实是历史悠远、英贤代出之地，从大禹治水，葬于会稽，越王勾践卧薪尝胆，气节慷慨，生聚教训二十年，一直到余姚大儒黄宗羲，人称南雷先生：史不绝书，史不绝书啊！"

陈子英这时冲口而出："南雷先生的书我读过，想当年他起兵抗清，义不仕虏朝……"

曹钦煦打断他说："你不要乱说！梅生公在家吗？"

徐锡麟无声地笑了，说："没事儿，家父不在，在城里打点生意呢！"

王世裕则颇感兴趣地问徐锡麟，他叫着徐锡麟的字说："伯荪兄，你说的绍兴先贤的志节是什么呢？"

徐锡麟沉思着，慢慢地说："这就是蔡先生祭文中所说的'古义粲如'，这个'古义'就是我说的志节，从古到今，粲如星光。志节有两大端，一是天下为公，一是血性任侠。以血性任侠之节，行天下为公之志，两者相承相济，缺一不可。仅有血性任侠而无为天下之心，则极易流为贪狠的游侠一类；怀天下为公之志而倘无血性任侠以行之，当今之世，亦难以实现。我最近写了两篇文章，合而观之，就说的这个意思。"

说着，拿起桌上两篇自己新近写的文章，一篇是《读汉书游侠传书后》，另一篇是《越王勾践论》，递给大家。各人把头凑到一起，快快地浏览了一遍。大家归座，曹钦煦问道：

"为何必须用血性任侠之节，来施行天下为公之志？"

陈子英急急地说道："那还不清楚吗？现今朝廷阘茸，麻木不仁，百姓暗弱，知识未开，没有任侠雷厉风行的手段，哪里唤得醒朝野的昏睡？"

王世裕道："那我们这段时间一直在商议的，办学堂，办报纸，开通民智，传播新知识，像伯荪兄精通的数学、地理，还要不要做了？"

他的意思是，办学堂办报纸，是文化上的事情，似乎用不到"血性任侠"。

徐锡麟明白王世裕的疑问，直接地说："当然要做。血性任侠是一种精神，认准了目标就水牛耕田一样，埋头向前，刻苦硬干，办报办学也得要这种气节，这种不屈不挠的精神。"

大家一齐点头称是。

像这样的聚会谈论，那些年在这些年轻的读书人之间隔一段时间就会来一次。他们谈科举之误人，谈西学东渐，推崇徐锡麟在数学、天文、地理方面的知识和造诣。有一次，徐锡麟居然根据学到的知识和观察到的星象，做了一个十分精致的大大的浑天仪，放在书塾里，大家围这个大家伙，又惊讶又好奇又兴奋，在当时的绍兴府，还没有谁见过这么新奇的器械。然而他们谈得最多的，还是"富国强兵，师夷之长技以制夷""物竞天择、适者生存""变法自强""广设学堂开启民智"等话题；他们甚至还悄悄地互相传看《扬州十日记》《嘉定屠城记》，对满族统治者屠戮压制汉人的史实，充满了愤恨。这些话题和观点，在徐锡麟那个时期写的文章，如《卫文公通商惠工论》《中国改设学堂教育人才宜以何学为宗旨策》《问罗马为意大利所踞教皇权势已去而中国教祸反剧其故何在》等文章中都有反映。他写道："中国自甲午以后，台湾一割，而德占胶州，俄居旅大，英租威海，法居广湾，……中国之土地日少一日，知十年后成为若何世界者，生可痛哭流涕而长叹息者也！"在另一篇史论中，他沉痛地说："怆怀时局，痛念民生，当今鸿嗷遍地，糊口多艰，而民则贫甚；海疆有事，防御无人，而国则弱甚。"他疾呼："生中国之地，为中国之人，理当为中国除害！"在另一些文章中，他又提出如何通商惠工，如何振兴商务，如"设公司以昭商信""广种植以培商本""减厘捐以开商路""轻掉息以护商局"；又提出理财的原则是要"生之者众，食之者寡，为之者疾，用之者舒"，等等。这些文章，大多都是徐锡麟成为县学附生以后，在县学里的练笔之作，并非公开发表，但仍可以见出他强烈的爱国救国之心，以及面对中国

徐锡麟手制之天球仪

"两千年未有之变局"所产生的愤懑和焦虑，探索出路的急切，以及由此带来的主张的驳杂。

在晚清数十年中，由于世变之亟，各种应对危局和救亡图存的思潮、运动纷至沓来，择其要者而言，有洋务运动、变法运动与革命运动三大主流。这三大主流的兴起，皆有其独特的思想背景，从时间顺序来说，则洋务思想发生最早，继之以变法思想，再继之以革命思想。但从晚清的实际情况来说，三种思想虽有前后的差异，但在新旧交替之时，新思想常发生于旧思想未尽褪色之前，新旧思想互相叠加，一起在社会上流行。如在咸、同之际，自强运动正蓬勃兴隆，然变法思想已育其胎；又当光绪季世、甲午之后，变法思想经三十年之激荡，已成风潮，卒有戊戌变法之一幕，但正当此时，"反满"革命思想与行动亦已见端倪。其间相互错综的复杂关系，学者已多论及。徐锡麟和他的同志朋友，并非具有系统理论的思想家和理论家，他们只是出于对朝廷丧权辱国的愤懑，对强国保种的热忱，在绍兴一隅，如饥似渴地吸收各种新知，尽其所能地搜集各种报刊拿来阅读，对于各种主张，只要是有关于强国、御患、救亡、启智的，他们都一律兼收并蓄，一样热烈地讨论信奉。所以，他们的观念，从严格的思想史意义上来划分，有些属于洋务思想，有些属于变法思想，有些又有"反满"革命的色彩，杂糅在一起。可他们不管这一些，他们要的只是能够帮助他们行动的信念和办法。身处这样一个剧烈变动的时代，徐锡麟他们已经不是人们习惯认为的"两耳不闻窗外事，一心只读圣贤书"的乡村秀才了，而是正在出落成为与时代大潮共脉动，跃跃欲试地想要冲到国家政治舞台前台的爱国青年。

绍兴给了徐锡麟机会。他要办学堂，他就首先被请去作教师去了。多半的原因，也是因为徐锡麟在府道测试的文章中显露的强烈的爱国心和出人一头的见识，得到府中头面人物的赏识，1901年10月，绍兴府学堂总理何寿章，聘请29岁的徐锡麟到该校担任经学兼算学教习。

说起绍兴府学堂，它可是大名鼎鼎，是绍兴第一所近代化的学校，开风气于绍兴乃至浙江近代教育之先声。早在1897年，也就是光绪二十三年，绍兴府的维新人士、山阴富绅徐树兰捐银一千两作为倡导，另外又筹得四千银两，仿照盛宣怀所创办的天津中西学堂的规制，创办了"绍郡中西学堂"，并通过浙江巡抚奏明朝廷正式备案。所谓"中西"，就是按照朝廷的旨意将书院改为学堂，"中西兼习"的意思。所以它设置的课程，为国文、外国文、算学三科，修业期限为五年。国文、外国文、算学，现在说起来轻轻松松，然而在《四书》《五经》为唯一教材的时代，这是多大的新鲜事儿，多大的改革！

1898年冬，戊戌变法失败以后，京城的翰林院编修蔡元培痛感于清廷政治改良之无望，毅然弃官回到故乡绍兴，接替原任何浪仙，应聘出任绍郡中西学堂总理，即是校长。虽然没有直接参与戊戌变法，但蔡元培对于变法的种种主张，特别是改革教育的主张，原就十分赞同。执掌学堂以后这位年轻的翰林公立即采取了一系列的新措施：一是在原设英、法两外语

1901 年冬徐锡麟（第二排左起第五人）与绍兴府学堂师生合影

外，增设日语课程，聘请日本人担任教师，这在当时是少有的；二是购置仪器，增设物理、化学、测绘、体操等课程；三是创办图书室，名曰"养新书藏"，开放阅读禁区，原学堂当局禁止学生读课外书刊如康有为《强学报》，严复、夏曾佑《国闻报》，梁启超、汪康年《时务报》，郑观应《盛世危言》，康有为《大同书》等，全部向学生开放。"绍郡中西学堂"，也随之改名为"绍兴府学堂"。蔡元培的这些措施，虽然广受学生和进步教师的欢迎，也激起了不少旧派人士的反对，尤其是引起了守旧的校董的干涉。蔡元培抗争无力，只得愤而辞职，学校也因此停办了一年。这也是当时整个中国新旧斗争的一个缩影。

及至 1901 年夏秋，学堂复办，重新招收学生，新任总理何寿章就来聘请徐锡麟担任经学兼算学教习了。由此也可见徐锡麟数学的才能和水平，已经在绍兴府出了名。那怎么又是"经学兼算学"呢？

须知绍兴府学堂重新开张之际，正是被八国联军赶出颐和园逃到西安的慈禧太后，痛定思痛，拾起已被撕破的康梁的改革图纸，拼凑起来，下诏实行"新政"的那个时候，史称的"辛丑新政"。在当时所下的兴学诏明文规定，各级学校，"其教法当以四书五经、纲常大义为主，以历史之鉴、涉中外政治艺学为辅。"既然明文规定经学为主，艺学为辅，所以在名义上，就必须是经学兼算学，光是算学，那是不行的。

然而尽管如此，徐锡麟所重视的给学生教的，还是算学。

据后来徐锡麟的学生回忆，徐锡麟在教学中，反复强调学习算学的重要性，要求学生重视算学、钻研算学。他认为，中国贫弱遭受列强欺凌，重要的原因是"中国之科学不足恃"。要改变国家"民贫国弱"的局面，必须在科学上赶上洋人，而算学是科学的基础。徐锡麟对待教学十分认真，经常自己一个人在那里推演勾股和三角，为教学做好充分准备，他还自编算学教本，将学生胡豫、沈光烈演算的代数题，编成《元代合参》一书，亲自作序。在序中他赞扬作者"沟古今，涵中外"，指出当时在学术上"或轩中以轻西，或扬西以抑中"的观点都是错误的，强调"中算"和"西算"必须结合，并互相参证，才能真正达到"浑化"，也就是综合中西的境界。这是不是他从算学的内在逻辑出发，对"中学为主，西学为用"的观点一种批判？在这篇序中他开宗明义地说："六州一地也，万亿恒行一天也。无彼无此、无内无外、无上无下、无廉无隅、无整无斜、无横无竖。孰为东西，以人臆之为东西；孰为南北，以人臆之为南北。"天地万物是统一的，思想学术、科学技术，无所谓中西。中西之分，是人"臆之"的结果。为什么明摆着自然之理、万物之理、天地之理不去理会，非得要随心所欲地"臆说"？可见不是别有用心，就是愚不可及。正确的办法，是要"沟万物而通之"。我们看到，徐锡麟这时的思想是相当成熟了。他的课深入浅出，逻辑性强，非常受学生的欢迎，社会舆论的反映也普遍良好。不两年，也就是 1903 年的 2 月，徐锡麟升任绍兴府学堂的副监督，也就是副校长。

由此看来，徐锡麟沿着这条路走下去，很可能成为一个教育家，一个有相当造诣的数学家，比如陈建功，他是在徐锡麟离开绍兴府学堂以后进入这个学校读书的，对徐锡麟的学问和爱国的热肠十分敬慕，后来成为国际著名的数学家。然而，以徐锡麟的思想抱负，精力充沛、敢作敢为、勇于任事的性格，崇尚血性任侠、追求实干的志趣，特别是处于那样一个时代，他都不可能成为一个埋首书斋，在来往于教室和书房之间的小路上走完人生的人物。

一天，徐锡麟把他的学生沈钧业叫到他的办公室，请他在桌子对面坐下，关切地问："近来功课怎么样，我讲的算学还好懂吗？"

沈钧业，字复生，本县张墅大溇人，16 岁即考上秀才，是乡人眼中的神童，但他却对科举不感兴趣，为慕新知，进入绍兴府学堂求学，投在徐锡麟门下学习算学。徐锡麟比他年长 10 岁左右，对他十分喜爱，觉得人才难得，尤其着意引导。

沈钧业十分高兴而敬佩地说："先生的课好懂极了，这段时间同学们对算学简直着迷了。"

徐锡麟听了微微一笑，随即又沉思道："可惜，现在能入学的人太少了，你看我们学堂，才几十个人呢！"

沈钧业从来没有想过这个问题，不禁脱口说道："人少不怕，以后慢慢就多了。"

徐锡麟说："我们读书是为了什么？是为了救国。现在国家内忧外患，国将不国，形势可等不得我们慢慢来啊！我们要踏踏实实干，还要快快做，办更多的学堂，让更多的人明白所以救国的道理。"

沈钧业听了这番话，心里更增添了对这位老师的敬佩，他郑重地对徐锡麟说："先生所说极有道理，我总是听先生的，先生让我做什么我就做什么。"

沈钧业果然说到做到，从此以后就成了徐锡麟得力的助手，后来跟从徐锡麟加入了光复会，在徐锡麟和陶成章等人创办的大通学堂中担任教师，担负起训练革命干部的重任。又与徐锡麟一起到日本，入早稻田大学修业政治经济。徐锡麟在安庆起事，官方在徐的寓所搜出沈钧业给徐锡麟的多封信件，其中"多有谋皖之语"，沈钧业由此成了朝廷通缉的要犯。

在绍兴府学堂期间，徐锡麟一面着意培养和物色人才，一面积极在社会上活动，特别是在办学和抵制天主教会侵占庙产两件事上，显出他不但勇于任事、敢作敢为，而且机警干练、富于谋略的特点。

当时，徐锡麟办学面临两个最大的困难，一是校舍，一是经费，归结起来还是无财力。他当时还没有富商的赞助，父亲梅生公的钱，也是无论如何拿不出来的。他们想到了借用寺庙房屋做校舍的办法，先是借到了绍兴城内和畅堂旁边的大能仁寺，办了一所名为"越郡公学"的学校，不久就因为经费无着，不得已停办了。徐锡麟又琢磨自己老家东浦镇西周溇村有一个道教的"斗坛"，房屋不少，还拥有百余亩田地，觉得这个地方不错，用来办学正好。但是房屋田地都是斗坛教徒们的公业，由斗坛司事掌管着，他能答应吗？

徐锡麟找来镇上的朋友陈燮枢、陈子英等人，如此这般地计议了一通。

然后徐锡麟来到斗坛，试探地跟斗坛司事提出借用一半房屋办学校的事。不出所料，斗坛司事果然一口回绝，还把话说得很难听。

徐锡麟不急不恼，离开斗坛，径直坐了乌篷船来到绍兴城里，拜见知府熊起蟠。

徐锡麟此时是绍兴府学堂副监督，也算是绍兴"文教界"的知名人物，知府自是客气地出来相见。徐锡麟恭敬恳切地对知府说，现在朝廷有旨办学，多办一所学校，就是多一份政绩，也是为地方多做一项公益，必得老百姓颂扬。现本镇东浦有一座斗坛，许多房屋空着。若得知府一纸文书，命我去租借他一半房屋办一所小学堂，任劳在我，受益在百姓和知府，不是很好吗？知府一听很高兴，觉得此事不难，于理亦当，当即就给徐锡麟一份文书，盖上知府的大印。

徐锡麟怀揣文书，悄悄回到东浦，随即通知陈燮枢、陈子英等人依计而行。

二陈早已召集了几个人在一起，只等徐锡麟一发话，立即直奔斗坛而来，进门就把里面的泥塑神像一通乱砸，砸完了还不走，大大咧咧地待在那儿。斗坛司事一看急了，也召集了一伙道徒，把陈燮枢等人扭赴绍兴府控告他们亵渎神灵。

徐锡麟随后赶到，跟知府一通私语，说的是斗坛司事见到文书，不但不借房子，反而破口大骂知府昏官，还把文书撕了，又扭打功名在身的秀

热诚学校大门

才，羞辱斯文。知府闻言，又见到撕碎的文书，被司事扭送的秀才，不禁发怒道，这岂但是不把本官放在眼里，简直是违抗朝廷办学的圣旨，必须严惩！当即命人把斗坛司事拿下，把陈燮枢等人放了，发出告示：把斗坛房屋田产没收，发给徐锡麟办学。

学校就这么办起来了。徐锡麟把学校命名为"热诚小学堂"，亲自在校门口撰写了一副对联："有热心人可与共学，具诚意者得入斯堂。"又请好友曹钦煦担任监督（校长），陈子英来做教员。学堂设置有体操、军训、国文、算术、天文和修身等课程，徐锡麟兼任体操教员，他们都是不拿薪金的义务教师，徐锡麟还拿出自己的积蓄二百银圆，作为学生的奖学金。因他担任着城里府学堂的副监督，从此奔走于城乡之间，忙得不亦乐乎。事后，他们感觉到这么对付斗坛司事，未免过分，乃托人在知府处代为说情，把司事悄悄给放了。而热诚小学堂因为有田产的支撑，一直办了下去，培养出了许多人才，其中就有后来鲁迅十分推重的许钦文这样的作家。在徐锡麟加入光复会以后，热诚小学堂还成为光复会同志秘密聚会的地方，秋瑾、陶成章、王金发等人都经常在那里出入。

如果说，从徐锡麟创办热诚学堂，可以看到他富于谋略、讲究手段的一面，那么在抵制天主教会侵占庙产这件事上，更多地显出他勇于任事、敢作敢为的一面。

绍兴府天主教的传入，是从明万历十四年（1586年）意大利耶稣会会士罗明坚（Michel Rugieri，1543—1607）、麦安东（Antoine d'Almeyda，1556—1591）来到绍兴传教开始的，然而那个时候全府只有一个人受洗。清顺治、康熙年间，一方面由于当时清政府恪守闭关政策，传教士"所欲难遂"，一方面罗马教廷干涉中国祭祖、敬天、祀孔等传统礼仪，致生争端，天主教士入境遭拒，传教活动中止。康熙朝后期，法国籍神甫龚当信（Cyrile Con—stantin，1670—1732）在绍兴购房设立教堂，传教近六年。但此后又逐渐销声匿迹。同治三年（1864年），法籍教士刘安多在绍兴城内八字桥购地及房屋若干间，于同治十年建"若瑟堂"，并负责绍兴教会工作，常驻绍兴。此后，天主教逐渐由府城扩展至各县，在绍兴府的属县诸暨、新昌、嵊县、上虞的城乡也建起了教堂，吸收教徒，声势日盛，而绍兴城内还没有较大的教堂。光绪二十九年（1902年）前后，也就是徐锡麟在绍兴府学堂任教的时候，宁波的法国神父曾数次来绍，催促绍兴的天主教会建筑教堂，由此而引起了一场轩然大波。

天主教等西方宗教，它的教义和仪规本就与中国的传统伦理道德有所冲突，而当时一些神父、牧师和本土的教徒自以为上帝的子民，势焰逼人，猖狂异常，在修建教堂、增设教产中，经常与中国的百姓发生冲突。而晚清政府惧洋如虎，在教案冲突中往往迫于外人的压力，尽力庇护，对本国的百姓，则一如传统的做法，能压则压，能欺则欺，视若敝屣。再加上甲午战争以后，西方各国列强对中国虎视眈眈，大有瓜分豆剖之势：所有这些，都激起了中国人的极大愤慨，抗争洋教的情绪日益强烈。

话说绍兴的天主教会要修筑教堂，但神父四处寻找大房子无着，竟然觊觎起了大善寺。该寺在绍兴城内大街最热闹之中心，创建于梁天监二年（公元503年），有塔曰大善塔，殿宇宏宽，在绍兴人心中有着重要的地位。天主教会看中了这个大善寺，想把它改建为天主教堂，竟使出了一个歪招。他们用利诱的办法沟通当地的无赖高柏林出面，胁迫大善寺住持把寺院以五百银圆卖给了天主教会，并与住持签下了契约。绍城士民人等闻讯大为愤怒，但其时教会势盛，官府又庇护教会，均敢怒而不敢言。

这时候徐锡麟登场了。其时徐锡麟与王世裕等朋友筹资，在绍兴城内仓桥开设了名为"特别书局"的书店，销售传统的蒙学课本读物，暗地里还出售《支那通史》《地球韵言》《扬州十日记》《嘉定屠城记》等违禁书刊，平时就住在书店里。

那些天，徐锡麟患上了疟疾，绍兴俗称"冷热病"。这天早上，王世裕到书店探病看徐锡麟来了，他坐在徐锡麟床边，问候已毕，就把外间天主教会谋取大善寺房产的事报告给了徐锡麟。徐锡麟越听越生气，问道："有人出来抵制吗？"

王世裕一脸失落地回答："还没有。"

徐锡麟掀开被子，从床上一跃而起，嚷道："难道绍兴没有人了吗？"

说着就往外走，被王世裕一把拉住，大声说："你在生病！"

徐锡麟挣扎一下胳膊，说："区区小疾，不值一提！"

王世裕说："那你要去哪里？"

徐锡麟闻言站了下来，略一思索，对王世裕说："我们要站出来，把全绍兴士农工商都发动起来，绝不能眼睁睁看着绍兴先人传下来的古物被洋人霸占了。"

王世裕点头称是，两人略一商议，就都赶出门去。

于是，人们看到徐锡麟和他的朋友王世裕、陈子英、陈燮枢、曹钦煦，还有沈钧业等绍兴府学堂的学生，从天府城内大江桥到清道桥的各家商铺和住家进进出出，动员商家和市民起来抵制天主教会，请大家某月某日到大善寺大殿开会，商议抵制的办法。

这一天到了，徐锡麟在书店里躺着，先派沈钧业到大善寺去看一下。书店所在的仓桥离大善寺本就不远，沈钧业很快就回来了，惊喜地报告说，已经到了两三百人了！

时已初夏，被疟疾折磨得却是索索发冷的徐锡麟一听，顿时精神百倍，他裹上一件棉衣，带着数人直奔大善寺，登上大殿的讲台。

众人见徐锡麟登上讲台，一下子安静了下来，但那些还不认识徐锡麟的，看到这个人初夏天气还裹着一件棉衣，不禁交头接耳，讪笑起来。

徐锡麟大声说："各位乡贤不要笑！我徐锡麟今天发着'冷热病'，

但我身冷心不冷，要跟大家说一说教堂祸害我国家的道理！"

还在笑的人一听这就是府学堂的徐副监督，发着冷热病还来到这里，都不笑了。

徐锡麟沉痛地说："各位乡贤！大家睁开眼睛看看今天的国家，台湾已割，德占胶州，俄居旅大，英租威海，法踞广湾，中国真要被洋人瓜分完了！洋人瓜分中国，用的是什么借口？一半以上都是以'通商护教'为名。教案日多一日，我们的土地日少一日，照此下去，请问十年以后还有我们国人的立锥之地吗？"

众人沉默不语，愤懑的情绪笼罩全场。

徐锡麟愤怒起来，慷慨激昂："现在洋教眼看着欺侮到我们绍兴人头上来了！天主教堂勾结无耻顽徒，胁迫本寺住持，就要霸占这座寺院了。这是我们绍兴人祖祖辈辈在这里烧香祈福的地方，如果被教堂占了，试问我们还有什么脸见祖宗于地下？"

众人沸腾起来，你一言我一语，纷纷表达愤慨的心情。有一个人高声喊道："徐副监督，你说我们该怎么办？"

徐锡麟早就跟人商量好了，闻言不慌不忙，有理有据地说起来："该怎么办？我们不承认教堂与住持签的契约，那是不合法的！一则大善寺是我们绍兴人一千五百年以来，世世代代用香火钱、用善款修起来的，他住持没有资格去签这个约；二则住持也是被迫的，他也是受了骗，上了当，我们有人证；第三，契约上只有山阴县的印章，没有绍兴府的大印，大善寺事关绍兴府八县，他小小山阴县有什么资格盖章？有此三条，教堂的契约就是不合法的，理应废除！"

说到这里，徐锡麟一把脱下棉袄，往旁边一摔，从王世裕手中接过一张起草好的公禀，举过头顶挥着，高声喊道："各位乡贤，各位叔伯兄弟！洋人欺侮到我们头上，再也不能萎靡退缩了！凡有血性的，都到这份公禀上签名画押，我们向知府请愿，宣布卖寺的契约无效！"

人群骚动起来，纷纷往前挤，很快公禀下面就签下了几十家商铺、上百个人的名字。徐锡麟扬言，绍兴知府如果断不了这个案，就要到省里去告，省里断不了，就要把公禀呈到朝廷。绍兴知府接到公禀，怕事情闹大，朝廷怪罪，赶紧出面协调，好歹让教堂放弃了契约，另外找了一处地方建造了事。

上述二事过去以后，徐锡麟的朋友、学生在欢欣鼓舞之余，对徐锡麟更加钦佩了，然而又多多少少感到一些奇怪。自从徐锡麟当上绍兴府学堂副监督以后，他的社会地位高了，成了本府知名的士绅，连知府对他也礼遇有加。他在经济上也完全摆脱了对大家庭的依赖，父亲梅生公已经完全无力控制他了。他获得了自由。要办事情，也比以前容易多了，在社会上的影响力开始出现。但是朋友们发现，随着境遇的这些优化，徐锡麟没像通常想的那样雍容满足，气定神闲，或者说，说起话来、办起事来，要处处留意顾及自己体面的身份和地位。恰恰相反，徐锡麟反而比以前，行事更为勇决乃至峻急，精悍之中透出更多的强悍和断然。比如跟斗坛司事斗法，跟天主教会的欺诈叫板，他是那么义无反顾，不惜使出任何手段，在他身上已经几乎看不到一点点应有的书生的文弱和府学堂教习的温文尔雅。徐锡麟的朋友、学生们想到这儿，忍不住以惊讶的眼光重新打量起徐锡麟来，心里不禁问道：这是为什么，为什么会出现这么突然的变化？

这一年是 1903 年，岁在癸卯，也即光绪二十九年，徐锡麟 30 周岁。徐锡麟为什么完全从书生和士绅的风格味道当中出脱出来，成为一个精悍、干练、勇决，有办法有手段的能人和干才？徐锡麟的朋友和学生们所知道的是，这年初夏，徐锡麟第一次出国远行，到日本去观光旅游了一趟；他们所不知的是，徐锡麟在日本的所见、所闻、所交往，对他产生了强烈的冲击，在他心里掀起了滔天巨浪，使他的内心更为焦虑，也使他心中的想法更为决绝。

这一年的3月1日至7月31日，日本举办了"第五回国内劝业博览会"，地点在大阪天王寺。在此之前，日本效法欧美先进国家，在国内迭次举办博览会，以展示国力，推毂工商实业，邀请欧美诸国和周边邻国参展，取得极大成功。大阪的这次博览会，日人更为重视，会前他们在中国报纸上广刊广告，并通过各种渠道广发请帖，邀请中国各界人士前往参观。比如日本驻杭州领事即向浙江洋务总局发出《为明年大阪拟开劝业博览会现呈章程请择土产工艺之尤品赴会事》照会，称中国"浙省土产富饶，工艺精巧"，特请"采择其优"，参加此届博览会。在绍兴，日本杭州领事发出的请帖，通过绍兴府学堂的日人教习平贺深造送到了徐锡麟手里。平贺深造是徐锡麟胜任府学堂副监督后，改革学堂教学，为了新增的体操课而新近聘请来的体操教习，与徐锡麟的关系自然很密切。拿到请帖，他首先想到了徐锡麟，并且极力怂恿徐锡麟赴日参观。

"监督大人，您应趁此机会出国，开阔眼界，拓展新知，对您将来的前程大有好处。"平贺深造热情而恭敬地说。

徐锡麟低头看着手中的请帖，想了一会儿说："多谢您的好意，我回去想一想。"

徐锡麟是非常想去日本的，开阔眼界，拓展新知，当然是他的想法之一，但他的想法里面更主要的是，当时的日本是中国留学生最多的地方，风闻那儿的革命气氛十分热烈，他从秘密流传进来的报刊当中略知一二，但究竟如何，必得亲眼一见才是；留学生中应是人才集中的地方，他要去那儿会一会天下的豪杰之士。

此意已决，但一笔颇大的旅费怎么办？去找父亲梅生公要，希望不大。徐锡麟找到曹钦煦，两人一同来找曹钦煦的受业门生，山阴党山的许仲卿。许仲卿家是山阴巨富，祖上当年在上海做地产生意，聚资巨万。听了徐锡麟和曹钦熙的想法，他跃跃欲试，慷然同意与徐锡麟等人一同赴日本参观博览会，来回资费由他负责。

计议已定，徐锡麟、许仲卿，还有府学堂的教习张月楼一行人由平贺深造陪同，离绍赴日。他们先坐乌篷船夜行一晚，到钱塘江南岸的西兴，换乘大船渡江，到达杭州；再从杭州乘坐一种叫"无锡快"的汽船到上海，然后在上海登上日本的邮轮到达大阪。

本次大阪博览会，由于日方的大力宣传，也由于中国风气渐开，慢慢懂得了博览会对于促进工商业，对于科技文化交流的作用，中国公、私两方面去参与参观的非常之多，据会后统计，中韩到访者达六千人之多。清廷除了派出以贝子载振、侍郎那桐为首的官方代表团外，江苏、湖南、湖北、四川、山东和福建六省都以本地物产送展，如湖广总督端方派遣道员刘世珩解送展品赴日展览。在野的名士如南通张謇等人，也以私人名义前来观摩。博览会上，中国的参展物品"差强人意，无甚精彩"，"其最精巧者，为银器，象牙器。最艳绮者，为绸缎、锦罗。"虽然中国古老传统的产品如丝绸、瓷器、茶叶等国粹仍然赢得了荣耀，但在声光电化大行其道的科技时代，和电冰箱等先进科技产品相对照，中国的传统产品未免显出它的落后程度，这大大刺激了中土的有识之士。七年后，经实业家张謇擘画，南洋劝业博览会在南京成功举办，直接借鉴了日本方面的经验，受到中外关注。

然而对于徐锡麟这样政治思想更为激进，亡国危机感更为强烈，对甲午惨败怀抱强烈复仇心的民族主义热血青年来说，大阪博览会对他们的刺激，则是另一种情形。徐锡麟他们到了大阪，他们看到、听到的是，日本人于"人类馆"内设置一两个中国人，表演中国人缠小脚、抽大烟的旧俗陋习；又竟将福建省的物产工艺附设于台湾馆。甲午的惨败，朝廷与日本签订了丧权辱国的《马关条约》，台湾岛被日本人侵占。今不设福建馆，而将福建物产工艺放入台湾馆，这是何居心和用意？难道侵占了台湾还不够，还要将福建也纳入囊中吗？唯独展示三寸金莲、鸦片烟具等陋俗，这也是对中国的蓄意侮辱！徐锡麟他们听到，幸有中国留学生秦毓鎏等人奔走呼号、严正抗议，中国驻日的官吏也出面交涉，终于把台湾馆的福建省物品工艺移至湖北馆，三寸金莲、鸦片烟具也从展馆上撤掉了。所有这些，让徐锡麟感到，还是要以强硬的斗争手段来维护国家的权益和尊严。

参观完大阪博览会，徐锡麟一行来到东京。当时以东京为中心，中国留学生在日本已有七八千人，留学生中的革命思潮风起云涌，愈演愈烈。就是在东京，徐锡麟遇到了同乡陶成章。

当时，从国内传到东京的一个消息正激怒着留学生们，大名鼎鼎的"有学问的革命家"、著名的《驳康有为论革命书》的作者章太炎，因在自己主编的《苏报》上宣传介绍邹容《革命军》一书，被清廷勾结上海英租界当局被捕入狱，《苏报》亦同时被查封。作为章太炎的同乡，浙江籍留学生闻此尤其怒不可遏，浙江留日同乡会立即大张旗鼓，在东京牛入区赤城元町清风亭集会抗议朝廷和租界当局，声援章太炎。徐锡麟和许仲卿数人适逢其会，他们从来没有经历过如此群情激愤、痛快淋漓指斥清廷的场面，尤其是徐锡麟，不禁热血沸腾，恨不得脱下衣服捐了出去营救章太炎。许仲卿在旁也激愤不已，当即从身上掏出一大笔钱交给徐锡麟，让他交出去。

留学生穷的居多，捐出这么一大笔钱来的人是谁？徐锡麟引起了大家的注意，特别是在场的陶成章，他马上听出了徐锡麟浓重的绍兴口音，知道这是一位绍兴同乡。他走过去，邀请徐锡麟在会后到自己的住处详谈。

正是这一次见面，给徐锡麟的人生豁地划出一道明朗的轨迹，他不再困惑郁闷，对于爱国救国，他知道要干什么了，这就是要用铁血革命的手段，推翻清朝统治。晚清历史上悲壮、酷烈的一页，开始书写。

当晚，二人在陶成章的住处坐定，在座的还有陶成章志同道合的密友，留日学生龚宝铨，三人各自介绍了自己，寒暄毕，话题渐次展开。

陶成章生于1878年，比徐锡麟足足小了5岁，所以他对徐锡麟以"兄"相称，他问道："伯荪兄，此次来日本，观感如何？"

徐锡麟没有立即回答，而是从口袋里掏出一页纸，展开递过去。陶成章接过一看，上面是一首无题诗：

> 瞥眼顿心惊，分明故物存。
>
> 摩挲应有泪，寂寞竟无声。
>
> 在昔醒尘梦，如今听品评。
>
> 偶然一扪拭，隐作不平鸣。

看完，陶成章抬起头来问道："何事令兄作此大不平之鸣？"

徐锡麟凝重地说："昨在东京博物馆见到两座古钟，一是吾浙宁波府天后宫所铸一为广州某寺所出，皆赫然陈列于馆内。国家长此以往，文明故物将尽为他人所有！"

这首诗，他的回答，加上白天看到的徐锡麟在会上的举动，陶成章对徐锡麟油然有了一种知己之感，他进一步试探地问道："国事如此，我们该怎么办呢？"

徐锡麟叹息一声，叫着陶成章的字"焕卿"，说："焕卿仁弟，刚才你说你幼喜读史，于明末亡国之恨，鞑虏仇汉之酷，萦绕于心，常思复仇，小兄我又何尝不是如此？只是不知从何下手，苦思不得。此次来日本，就是想交结天下志士，寻求答案。"

听了这番表白，陶成章觉得徐锡麟是完全可以信赖的，就把自己长期酝酿的"中央革命"的主张，几年来一出东北，三上北京，图谋刺杀慈禧太后不成，来日本谋进军校又不成的过程，原原本本，向徐锡麟叙说了一遍。最后强调说："尽管目前还没有成功，但是中央革命、谋取军权、伺机暗杀，路子肯定是对的。本朝王气已尽了，再不动手，更待何时！"

徐锡麟还从来没有听到过如此简洁明快的论断，还从来没有听到过如此卓绝艰苦的实行，不禁大为佩服。

陶成章转向龚宝铨，说："味荪（龚宝铨字味荪），我说得太多了，该你啦！你把我们军国民教育会的事跟伯荪兄说说吧。"

于是，不满 20 岁的龚味荪把这段时间来留日学生的拒俄运动、拒俄义勇队、军国民教育会的事，约略地向徐锡麟叙述了一遍。

原来，1900 年八国联军入侵北京，沙俄除了派兵加入以外，还出兵十万强占中国东北。后迫于中外压力，于 1902 年 4 月 8 日与清政府签订《中俄收交东三省条约》，承诺在八个月内将俄军分三批撤出东北。然而到 1903 年 4 月 18 日，沙俄不但没有按期撤出第二批驻兵，反而增兵丹东，再占营口。沙俄此举激起全中国人民强烈愤怒，上海各界在张园召开了声势浩大的拒俄大会。

消息传到东京，东京的中国留学生迅即声援上海，并于中国留学生会馆召开全体留学生大会。会上根据钮永建的倡议，成立了拒俄义勇队，操练军事，随时准备回国与沙俄作战。因日本政府的干涉，拒俄义勇队遂改名为军国民教育会，一面推选钮永建等人回国声援拒俄运动，一面秘密商议组织暗杀团，回国从事暗杀，武装起义。陶成章和龚宝铨，就都是其中的积极分子。

徐锡麟听了大为振奋，一反从来沉稳的性格，霍地站起来拉着陶、龚二人的手，热切地说："我们一起干，我马上回国去干！"

陶、龚二人也非常高兴，陶成章对徐锡麟说："要做这样的大事，非得召集同志，训练干部，联络会党，一步步艰苦踏实去做。"

徐锡麟说："所言极是！我回绍兴去办一个学校，这几件事就都有着落了！"

陶成章点头称是。三个人越谈越热烈，越谈越兴奋，越谈越相契，他们相约：分头活动，加强联络，铁血革命，实现反清复仇的大志！

徐锡麟回国了。他的气质已经变化完成。他坚信，宗旨已定，今后就是用更坚毅更勇决更巧妙的手段去实行的问题。这已经在他回国后创办热诚小学和保护大善寺的斗争中显现出来，但是他在绍兴的朋友学生现在还不知道他在日本东京的详细经过，他们对徐锡麟的变化感到突然和奇怪。也许，就是徐锡麟自己也没有明确意识到。

### 第四章

# 走向安庆，
# 走向壮烈

徐锡麟从日本大阪博览会回到绍兴，就像上文说的做出了两件震动绍兴城乡的事情。从与斗坛司事斗法办起热诚学堂，和抵制天主教堂欺占大善寺这两件事上，无论是徐锡麟的朋友学生，还是徐锡麟的父亲梅生公，都看到了徐锡麟身上明显的变化。只不过与他的朋友学生惊讶和钦佩的反应不同，梅生公更多的是忧虑和不满。抵制天主教堂的侵占，这种事不是不对，但不要我们徐家去出头。我们徐家祖祖辈辈是规规矩矩的读书人，是生意人，那种咋咋呼呼、"得罪人头"的事情，为什么要我们徐家去出头？有什么好处？再说，进了县学已经十年，他还准备参加乡试吗？更让梅生公担心的是他竟玩起枪来了！以前，徐锡麟也练拳站桩，伸胳膊踢腿，那是强壮身体，用时髦话说是体育，这在梅生公还能默许和容忍，然而现在玩起枪来了。他最近观察到徐锡麟备一把短统，在自己房间画一个外国人的人头贴在墙上当靶子，天天用短统瞄着靶子练枪法，有时甚至装上火药铁砂真的开火！梅生公悄悄地问过徐锡麟的媳妇王淑德，这是要做什么？据她说，徐锡麟练枪法是要跟俄国人去拼命，俄国军队占了中国的辽东，那靶子上的人头，就是俄国人的脑袋！梅生公有一种强烈的不安的预感，他觉得要跟徐锡麟好好谈一谈。

一天，梅生公把徐锡麟叫到自己房间，跟他闲聊了几句府学堂的事，然后问徐锡麟："你对自己今后有什么打算？学堂副监督是想长做下去吗？"

徐锡麟按照自己的思路答道："为儿的并不想长做下去。"

日本回来以后，徐锡麟满脑子想的是"铁血革命"，他对纯粹的办学已经没有多少兴趣了。

梅生公说："是啊，想长做也未必做得下去，这事儿是校董督办说了算，蔡元培名望比你大得多，不也才做了一年多嘛！以我之见，你还是要早做打算才是。"

徐锡麟有点儿惊讶地望着父亲，立刻觉察到父亲说的不是一回事儿。

梅生公继续说："你进县学已经十年了，这些年你历练不少，学问大进，也该想想去赴乡试了。你是家中长子，你底下还有六个弟弟，其余几个还小不用说他们，我也自有安排。你大弟进县学也好几年了，你得为他们做出样子来啊。"

徐锡麟这才想起大弟徐伟己亥年考上县学，至今四五年了。他对父亲说："那让大弟先去考吧！"

梅生公说："你是大哥，他看着你呢。再说，他的学识也没你高。"

梅生公说着拿出厚厚一本册子递给徐锡麟说："你看看，这是你以前用的功，白白扔了，岂不可惜！"

徐锡麟接过一看，原来是好几年前自己手抄的《明文偶钞》，其中选录了五十九篇明人的科场范文，其中好些都是言辞激昂、文笔犀利的政论文，如李清《救民于水火之中》、吴启贞《民之所好好之》、曹勋《国人皆曰贤》、萧良有《智譬则巧也》、冯梦祯《我亦欲正人心》等，当时徐锡麟都悉心揣摩过，至今记忆犹新。看着这整齐的行楷细书，想到当时抄录时磕冰磨墨、手指俱僵的情景，他不禁有几分感慨，又想到父亲那么多年还细心保存着他的这些东西，不禁感动地看了父亲一眼。

梅生公见徐锡麟默默着，就继续说道："你爷爷过去多年了，我也快老了，今后的路要靠你们自己走。但是我总是想让你有个体面的功名，我到地下跟你爷爷也好有个交代。"

就是在对父亲的一瞥之中，他看到父亲花白的头发和脸上的密密的皱纹，听着历来强势的父亲说出这么一番话，他内心深处的某个地方柔软了，他情不自禁地答应他父亲：下半年就去参加乡试！

这年下半年，徐锡麟真的去参加乡试了。乡榜揭晓，结果是徐锡麟中了一个副贡，也就是俗称的"半个举人"。原因是第二场考试，在对"时务策"有关洋枪洋炮的策问时，徐锡麟兴致勃勃，用几何图形详细画出枪炮的构造，这就不合试题的要求了。试题是问如何以洋枪洋炮"以夷制夷"，强国保种，不是问你枪炮的结构，而且试卷上也不得画图。又在另一场考试中，一时按捺不住，于卷中写下了这样的文句："石受铁激而生火，水受月激而生潮，汤放桀，武王伐纣，亦何尝不受激而使然！"这不是明明白白借汤武之名宣传革命的正当性、合法性吗？这就使考官无论如何不敢给徐锡麟上"正榜"了。然而，也正是这个"副贡"，属于"五贡"之一，使得徐锡麟有资格纳捐为道员，从而打入安徽官场，做出惊天动地的大事！

　　参加完乡试，不管结果如何，徐锡麟还是感到一种轻松，多多少少也是对父亲的一个交代。对于科举功名，徐锡麟早就视之如敝屣，而且他的反清大志已然确立，哪有反着朝廷还去向朝廷讨要功名的呢？然而父亲老了，他一辈子孜孜以求的，不就这点东西吗？自己已过而立之年，已经立志献身于一个生死未卜的事业，不好说以后还能如何报答他的教养之恩，就满足他一下吧。考完以后，徐锡麟就是怀着这样的轻松心情，与几位"同科考友"一道买舟北上，游历了镇江等地。在京口，徐锡麟登上了著名的"京口三山"之一的北固山，此山山势陡峭，石壁嵯峨，面临大江，气势非凡，向有"天下第一江山"之称。徐锡麟站立之处，相传乃东吴孙权所筑的城郭，叫"铁瓮城"，眼下云树苍苍，宛若潮涌。在山顶眺望金、焦二山，金山绮丽，焦山雄秀，古塔矗立，古寺于苍翠掩映之中若隐若现；而向北而望去，奔腾的万里长江到此变得宽阔无比，江面波光粼粼，江帆点点。面对滔滔长江，徐锡麟触景生情，心驰神往于此地古往今来的多少兴亡史迹、英杰人豪，不禁感慨系之。辛弃疾"佛狸祠下，一片神鸦社鼓"的悲怆、陈亮"正好长驱，不须反顾，寻取中流誓"的豪迈、王安石"春风又绿江南岸，明月何时照我还"的深情，还有苏东坡"人有悲欢离合，月有阴晴圆缺，此事古难全"的无限惆怅，都一齐涌上徐锡麟的胸间，他情不自禁地作词一首：

### 浪淘沙·京口

铁瓮云树凉，

山水苍茫。

金焦如黛碧天长。

呜咽大江流不住，

淘尽兴亡。

割据成空场，

驻马坡荒。

我来凭吊几神伤。

好句东坡何处是？

芳草斜阳。

徐锡麟不喜填词吟诗，所作也非常少。但这首词意境苍茫阔大，脉络蜿蜒，情景交融，水平不低。他的朋友、学生都说他敏捷颖悟，多才多艺，这首词也许可为一证吧？

回到绍兴家中，已经快要过年了。过完年，徐锡麟接到陶成章的一封信，要他即去上海找蔡元培。

徐锡麟立即预感到：肯定有重要的事！他马上出发，在上海爱国女校找到蔡元培，陶成章也早已在那儿等他了。三人闭门而谈，徐锡麟与蔡元培也算是绍兴府学堂前后的同事，早就相识；与陶成章，也因为东京的一夕畅谈二人早成莫逆。所以就不必寒暄，蔡元培直截了当地向徐锡麟谈起了刚刚成立的反清秘密组织"光复会"。蔡元培介绍道，举行武装起义，实行暗杀，筹划"排满"革命，必须把分散的同志结合到一起，有计划、有组织地干，所以结成团体非常重要。"光复"之名，是根据章太炎为邹容《革命军》所撰序文："改制同族，谓之革命；驱逐异族，谓之光复。"他后来还有解释：革命、光复，从俗言之，则曰革命；从吾辈之主观言之，则曰光复。所以就把我们的团体定名为"光复会"，其入会誓词是"光复汉族，还我山河，以身许国，功成身退"十六个字。已与狱中的章太炎联络，他深表赞同。

徐锡麟一听，近视眼镜后面的目光闪闪发亮，神情兴奋，跃跃欲试。

陶成章接着向徐锡麟分析说，目前浙江的革命势力，皆各自秘密进行，互不统属。如竺绍康、王金发等在绍兴、嵊县一带活动，张恭等人在金、处、严一带活动，敖嘉熊在嘉兴一带活动，他自己和龚宝铨在日本东京一带活动，形成一个群龙无首的局面，力量涣散，既无严密的组织，又缺乏行动纲领。他说，自他自己和龚宝铨作为军国民教育会暗杀团团员到达上海以后，已经多次与蔡先生洽商成立光复会事宜，推蔡先生为会长。陶成章强调说，蔡先生名望大，有号召力，有蔡先生做会长，一定能广揽天下有志之士，共同奋斗，早日达成光复会的目标和理想。

蔡元培接着邀请徐锡麟加入光复会。徐锡麟毫不犹豫，郑重地点头。

蔡元培和陶成章二人欣喜地对视了一眼。

陶成章接着向徐锡麟交代了光复会各个同志的代号和通信暗语，比如"销路畅"代表进展顺利；"生意不好"代表"情势不利"；在个人名字上加"家"字，意指该人是光复会会员，自己人。陶成章自己在会中的代号是"陶起"，等等，徐锡麟一一默记在心，当即为自己起了个代号叫"光汉子"，蔡元培和陶成章都点头称好。

将要告别的时候，陶成章特意跟徐锡麟说："目前光复会要着重联络会党，组织革命武装力量，为起义做好准备。"他简要谈了自己几个月来

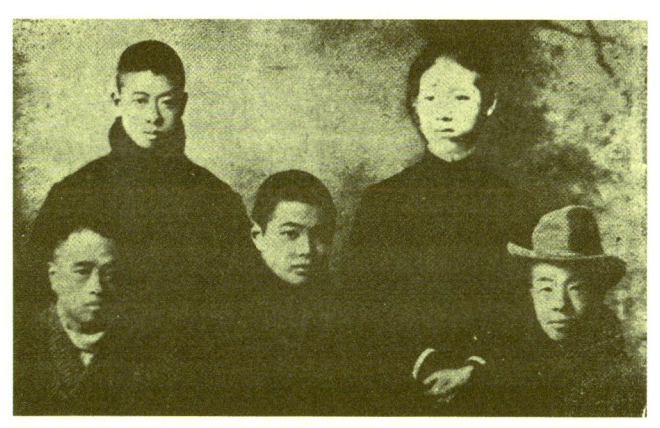

光复会五人照。上排：龚宝铨（左）、陈子英（右）；下排：陶
成章（左）、陈魏（中）、徐锡麟（右）。

在温处台、严诸州郡联络会党的经过和方法。徐锡麟听了很受启发，表示回绍后要立即行动。

徐锡麟是个敢作敢为、重于实行的人，回到绍兴，他马上计划花两个月左右的时间，遍历诸暨、嵊县、义乌、东阳等地，联络和交接其地的奇才力士。计划已定，他带上绍兴府学堂平时赏识和信得过的学生童济时、卢临先等，一路出发。当时乡下交通不便，行路全凭步行。徐锡麟他们常常日行一二百里，艰苦备尝，无处住宿，就在寺庙里过夜，与和尚、道士为伴。奔走数月，路上遇到过强盗抢劫，有时和衣而睡，甚至连鞋袜也不脱。一次洗脚时，他发现鞋袜脱不下来，原来脚已溃烂，脓血已紧粘鞋子了。可见徐锡麟那种坚韧不拔的精神和巨大的忍耐力。

这次游历对于徐锡麟收获巨大。仅在嵊县，他就结识了竺绍康、王金发、裘文高等十数人。徐锡麟回来后高兴地说："游历数县，得俊民数十，知中国可为也。"但是，在与这些"奇才力士"交流中，徐锡麟也发现，这些各地会党的头目，大多身怀武艺，性情豪爽，有强烈的反抗精神，然而于革命宗旨所见不深，而且散漫难约束，于正规的军事知识无所了解。

这样的人，领头闹事尤可，要组织真正的武装起义，距离就太大了。为此，他跟陶成章、龚宝铨商量，要设立一所军事学校，来训练、培养这些人。毕竟，徐锡麟已有了几年的办学和教学的经验。当然，这必须以公开的合法身份作掩护，名义上是办一所以"兵式体操"为特色的师范学堂。

三个人说干就干，紧锣密鼓地筹备起来。首先是经费问题，钱从哪里来？办这么个规模的学校，钱可不是个小数目。从上海回来的蔡元培的堂弟蔡元康向徐锡麟献策道，可以用抢劫钱庄的办法来筹钱，绍兴城内不是有几个很大的钱庄吗？徐锡麟听后一拍腿："行！说干就干。"他先向从日本回来的许仲卿那儿借了五千元，派人到上海购买了枪支弹药，还向知府请求说，这是给学校练体操用的，居然得到知府同意，从知府手中赚得一纸文书，把五十支枪、两万发子弹，明目张胆从上海运到绍兴，雇了挑夫，大摇大摆进了绍兴城，寄放在府学堂。又派竺绍康，从嵊县招集身强力壮的年轻会党二十余人，由徐锡麟亲自督率，在东湖日日公开操练。

正在此时，事为陶成章所断然制止。陶说，这样做，无异自杀，钱庄被抢，必在社会上引起巨大反响，这事是瞒不住的。一旦暴露，光复会将成从众矢之的，前功尽弃。此事万万干不得！徐锡麟闻言方猛然醒悟，取消了这个计划。最后，还是由许仲卿先出资把学校办起来，以后的维持费用由众位骨干分摊。

解决经费的同时，开始找寻办学的地址。开始的时候，徐锡麟等人选了东浦镇北头的普济寺，寺中的房子是现成的，寺东南临水面宽阔的下横江，可练水兵；西面是乱坟杂地，可辟为练兵场。没想到，想得好好的事，被梅生公知道了。普济寺的主持方丈当然不会同意把寺改为学校，他极力撺掇梅生公出来阻止。

徐锡麟只好另行设法。正在踌躇中，想不到豫仓董事、候补知县徐贻孙自己找上门来了，他听说徐锡麟要办一所有特色的学校，主动提出把豫仓的空房子借出来。徐锡麟大喜过望，校址问题也解决了。

然后陶成章专程赴杭州，向浙江学务处递交了"奉旨办学"的申请。呈文曰：

> 东西洋各国，尽征民兵，号曰国民军。然皆系中学校及高等小学校卒业者，兵式体操习之有素，故一行号召，即能成军。照我国目前情形，不能不行征兵之制。然市民村农，妄识步伐，据生等意，谓欲行征兵，须先创办团练，以为基础。今特设立大通师范学校，内设体操专修科，凡有志者均可入学。6月毕业，即行各归本乡，倡办乡团，以为征兵预备。

呈文写得有根有据，入情入理，要为政府训练民兵，作为维持地方治安的乡团的预备，岂非忠心可嘉？没有任何周折，呈文得到批准，并上报三司，在朝廷备了案。

1905年9月23日，大通师范学堂正式开学，徐锡麟的好朋友曹钦煦

徐锡麟亲自创办
的绍兴大通学堂

任总理。学生来自两个方面,主要是从金华、处州、绍兴三府招来的会党骨干,也有向社会公开招收的年满18周岁的青壮年。教师大多为光复会骨干,如沈钧业、竺绍康、王金发、姚勇忱等。值得特别一提的是,新近从福建归乡的陈伯平也来入学,在后来的安庆之役中,他扮演了一个重要的角色。总之,学堂的开学,成了光复会力量的一次大检阅。徐锡麟因为任体操课教员,毅然把府学堂副监督和教习给辞了,以便专门从事训练会党的工作。

革命时代是不容人喘息的时代。徐锡麟等人创办成功大通学堂,学堂的工作刚刚开展,他们就马不停蹄,急急地策划起下一个活动来。早在这年的春天,徐锡麟就与陶成章、龚宝铨谈过一个想法,他觉得办学校培养人才,这是长期的、慢慢见效的事情;要实行武装起义,即刻造成声势,最快捷的途径莫过打入官场或军队,掌握军权,然后像炸弹一样从里面炸出来,其威力将无可比拟。到大通学堂开学,训练工作渐渐走上轨道,徐锡麟、陶成章、龚宝铨这几个光复会的领导人就要把这个想法付诸实施了。对于徐锡麟来说,这就像冥冥之中有一个召唤,有一种吸引,通过一个个的偶然,一个个复杂微妙的周折,让他走向安庆,走向震撼历史的壮烈。

打入官场或进入军队,有两条路可走,就是捐纳和进军校。而这两条路其实只是一条,就如陶成章所说的,花钱捐纳买得官衔,取得官费留学生资格,赴日学习军事,回国后设法进入新军任职,掌握军队,那时进行武装起义就容易多了。因为这时清廷采纳湖广总督张之洞的建议,自费生不得学陆军,只有官费生才可以。大家对陶成章的意见十分赞同。

当时花钱买一个官衔要多少钱?徐锡麟他们首先要去摸一下行情。

清朝的捐纳制度是为了解决政府财政危机和补充科举吸纳士大夫入仕之不足的一种公开的卖官鬻爵的制度,始于顺治年间,至宣统朝而废止。在这种制度下,各种官阶都是明码标价的,出多少钱,买得多大的官。在乾隆中期，道员四品银 16400 两，知府四品银 13300 两，同知五品银 6820 两，知县七品银 4620 两。到光绪二十六年，官越捐越多，价钱也越来越低。道员仅 4723 两，知府 3830 两，同知 1474 两，知县 999 两，县丞只要 210 两。当然，有了名衔，不一定有这个位置，要想得到"实缺"，也就是真正得到一个职位，还得经过许多周折，无数的腐败也由此产生。

徐锡麟、陶成章等人商定，捐官赴日学习军事，先定五人，以年龄排定所捐官衔的大小。这样，徐锡麟年最长，而且当时新的规定，捐道台以上须"五贡"出身，所以他捐道台，准备入步兵科；陶成章第二，捐知府，也预备入步兵科；陈志军捐知府，预备入炮兵科；陈魏捐同知，入骑兵科；龚宝铨年最少，也捐同知，则预备入工兵科。捐纳所需的款项，还是由徐锡麟出面，与好朋友曹钦熙一起，去动员曹的受业弟子，家资百万而又热心赞助革命的许仲卿拿出来。多少钱呢？根据上文所列价目，算上各种打点的费用，概达五万元之巨，其数在当时也是巨款。上次徐锡麟去日本，就是许仲卿出的钱，办大通学堂，也是他出的钱，这一次，他还是没有含糊，慷慨解囊，把钱拿出来了。其热心赞助革命，犹如此也！

这时候，一个人物进入徐锡麟他们绞尽脑汁设定的计划之中，没有他，徐锡麟走不到安庆。他就是徐锡麟的表伯，徐父梅生公的中表兄弟俞廉三。

俞廉三是一位能吏，他是通过做"师爷"，以知县出道，凭着能力和政绩，一步步升迁，官至湖南巡抚、调山西巡抚。光绪二十九年，他生病辞官，回绍兴老家。船过武汉，适张之洞为湖广总督，坚请俞廉三留在武汉。正在这时他被徐锡麟想到了，觉得可以利用他的人脉疏通官场的关系，达到自己的目的。而这位亲情和乡情都颇浓的巡抚大人可不知道他的表侄徐锡麟隐蔽的内心，他热心给徐锡麟介绍关系，把徐锡麟推荐给浙江巡抚，推荐给原来的部属、安徽巡抚恩铭，也就因此送了恩铭的命。1912 年，俞廉三病逝于天津，遗体运回绍兴安葬，徐锡麟的父亲梅生公出现在执绋送

1906年（丙午）秋摄于日本早稻田。徐锡麟（二排右三）、陈伯平（左三）、马宗汉（右一）。

葬的队伍中，那高个而驼背的苍老的身影，似乎是代替徐锡麟向这位表伯伯表达某种歉意。

徐锡麟亲赴武汉拜见俞廉三，得到他给浙江将军寿山的亲笔信，又赶回杭州，递上信和贿银三千元，换来寿山批准徐锡麟等五人以公费生入日本陆军学校的禀文。

1906年1月，徐锡麟、陶成章、龚宝铨、陈志军、陈魏，加上陈伯平、马宗汉、王金发、沈钧业、范爱农，还有徐锡麟的夫人王淑德（此时改名为王振汉），二弟徐伟、侄子徐学舜，一行十三人浩浩荡荡来到日本，由鲁迅、秋瑾他们迎接着在东京住下。此时的秋瑾，已在上年秋冬间到东浦热诚学堂访问了徐锡麟，由徐介绍加入了光复会，原本性格开朗的秋瑾姑娘于是对他们也就格外热情。

然而出师并不顺利。已经升任驻日公使的原中国留学生监督汪大燮太了解陶成章了，这是个彻头彻尾的革命党，一个祸害，绝不能让他们进军校！他找出种种借口，委婉而断然地拒绝了俞廉三、寿山的推荐和请托，包括指使陆军预备学校"振武学校"以身体条件不合格为由，拒绝徐锡麟等五人入学。

设想完美的计划化为泡影，徐锡麟等人只好重新制订计划。

按照他们的新计划，赴日的人分为三拨：一拨是徐锡麟，带着陈伯平、马宗汉，还有妻子王振汉回国运动官场，因为徐锡麟已经有路子可以尝试。一拨是陶成章负责在日本主持一切，能入其他学校的都去学习，如陈志军改学政治，沈钧业改学经济，陈魏改学警政，等等。还有一拨，去办好大通学堂，由徐锡麟指定合适的人选负责。稍后，徐锡麟就请秋瑾主持大通的事务。

徐锡麟的路子还是俞廉三。回国以后，他把妻子王振汉送回家中安顿，又处理了大通学堂的一些事务，一边与日本方面时时保持着联系，一边再赴武汉，通过俞廉三求得张之洞给袁世凯的介绍信，又在杭州得到将军寿山给岳父的介绍信，徐锡麟是想通过袁世凯和寿山的岳父，进入中央练兵处，实现他掌握军权，发动"中央革命"的计划。这是上策。中策是通过俞廉三的推荐，进入安徽官场，以求一逞。因为安徽巡抚恩铭，是俞廉三任山西巡抚时的部下，与俞有师生之谊，任用徐锡麟的可能性很大。至于下策，徐锡麟可不愿想它。

徐锡麟带着大人物的介绍信满心希望地来到北京，然而事情并不如意，他只是敷衍地见了一下徐锡麟，什么也没说；至于袁世凯，干脆就拒绝接见。那么，只有看中策了，为了求得分发任用，徐锡麟耐着性子在北京等待。在北京等待的时间里，他仔细观察了北京的政治情形，又像陶成章那样，北出山海关，至新民、营口、彰武一带考察山川形势，结识了一位叫"冯麟阁"的马贼。9月份，徐锡麟终于等来了"分发安徽任用"的消息。

风尘仆仆的徐锡麟让陪同赴京的好友曹钦煦先从天津坐火车南下，自己则穿过直隶，下河南、河北，到达湖北，沿途考察山川扼塞，风土人情，有时披星戴月，有时忍饥挨饿，但是徐锡麟并不在乎。他又一次来到武汉表伯伯俞廉三处，向他报告了北京和关外的情况，以及自己各种各样的打算。比如他想在北京办报，传播新知，又想筹集三十万乃至上百万的资金，创办垦务公司，开垦东北的荒地。当然，俞廉三只是当作闲谈来听，但对这位表侄也挺有好感，因为他毕竟是有志于事业。这一次，他又给了徐锡麟一封推荐信，是写给安徽巡抚恩铭的。

徐锡麟接下去要做赴安徽的准备了。此去是凶是吉？是一举成功，还是一败涂地？外人看来，他是做官去了，然而徐锡麟自己清楚，他的同志朋友清楚，他们费尽心机，绞尽脑汁，殚精竭虑，机关算尽，他们并非是求一个什么富贵荣华，甚至都不是求一个安稳的日子。这种小日子，只要他们能够闭上眼睛做一个顺民，他们原本就是躺在这样的日子上。他们宁愿选择了这种凶险万端、前景未卜、后果难料的日子，他们为的是什么？徐锡麟苦心孤诣，求得分发安徽任用，他其实是去虎口拔牙。流血牺牲，随时都在前面等着他，而他别无选择。国家的屈辱，政治的腐败，民族的大义，驱使着他一往无前。

1906年10月2日，也即光绪三十二年农历八月十五，时当中秋，徐锡麟回到绍兴府山阴县东浦孙家溇家中，跟家人团聚，也是跟家人告别。夜阑更静，徐锡麟跟妻子说，我到安徽以后，看情形如何，还好的话就会尽早把你接过去。又说，你嫁过来十七八年了，没有让你安生过，今后恐怕会更难，我感觉很对不住你。妻子说，你对我恩重如山，你不必说对不住的话。那一年，你奶奶见我老不生育，给你两百块私房钱让你娶妾，你把钱给了要上吊的穷人还债。要说对不住，是我对不住你，至今没给你生一男半女。徐锡麟说，那有什么，我几个弟弟都已经有了孩子，还不一样嘛。妻子拿出一件新做的洋官纱衫说，我帮你贴身穿上吧。夫妻二人平平淡淡，但是骨子里却是亲情浓得化不开。

　　天刚蒙蒙亮，徐锡麟来到父亲的房间，见父亲正在熟睡，他也没有叫醒他，只是双腿跪了下来，默默地跪着。不知过了多长时间，梅生公忽然醒了，见晨曦中徐锡麟跪着，初有些惊讶，但很快平静了，说："你起来吧。"徐锡麟说："儿子一早要走了，给老父尽尽孝。"梅生公说："我多少年琢磨你，想把老一辈传下来的道理传给你，但你就是不听，你有你自己的道理。这次分发安徽任用是好事，万事你自己留意，不要给祖宗丢脸。"徐锡麟说："儿子记下了，今后老父亲自己多保重。"话音里带着一丝呜咽。

　　徐锡麟带着陈伯平、马宗汉来到杭州。他约了已从日本回国的秋瑾在光复会的秘密据点白云庵见面。徐锡麟要去安徽以后，他特别操心今后大通学堂谁来主持，左思右想觉得秋瑾最合适，就特地派王金发赴上海征询秋瑾的意见，秋瑾没有二话就答应了，这让徐锡麟十分欣慰。没有多久，秋瑾由吕占鳌陪着过来了。吕占鳌，永康人，也是光复会员，廪贡生。徐锡麟和秋瑾就大通学堂的几个事务交谈了一番以后，几个人又围绕"中央革命"讨论起来。

　　"中央革命"是陶成章几年前三上北京，一出东北，经过对清朝统治形势的周密考察后提出的革命策略，在东京初次见面时，陶成章就对徐锡麟言之甚详，徐锡麟对此深表赞同。但是目前，京津地区清政府的统治力量强大，革命准备不足，应该转而将注意力集中在以江苏、浙江、安徽、江西、福建五省为中心的长江中下游地区，寻找机会发动起义。徐锡麟、秋瑾等人认为，安徽恰好就是长江中下游的中心省份之一，地理位置十分重要，如果在安徽起事，可以北指京津，东出上海、南京，南应湖北、江西。如果皖浙同时起义，必能引起连锁反应，革命成功的希望甚大。他们越谈越兴奋，约定加紧制订具体的计划。

　　计议已毕，几个人步出庵来，四周转转。见东边的雷峰塔隐然矗立，面前的西湖波光粼粼，远望南屏诸峰，苍翠欲滴。身处此景，徐锡麟忽然想起章太炎先生的一段文章，不禁思如潮涌，不能自已，忍不住对数人说："章太炎先生说过，今日出涌金门外，望南屏诸山，东北是岳鄂王之墓，于肃愍之墓，居中是张苍水之墓，三峰鼎立，皆是攘夷匡夏之人。对此湖山，若无故国之感，是必全无心肝者矣！今日我们这里极目所见，跟太炎先生所述一模一样。"

秋瑾沉默良久，念道："光复汉族，还我山河，以身许国，功成身退。"

大家都知道她朗诵的是光复会的誓词，一时凝重肃穆。

徐锡麟慷慨道："革命若要成功，必有人为之流血。我这次去安徽，就是预备流血的。有一天我牺牲了，同志诸君切不可因此悲悲切切，产生退缩的心思。"

在场的人都有一种义无反顾的激奋，吕占鳌从这天起改掉了自己的名字，叫"吕公望"，意指绝不辜负徐公之期望。他后来千方百计打入新军，在浙江光复中发挥了重大作用。

告别战友，徐锡麟来到安庆，见了安徽巡抚恩铭，递上表伯父俞廉三的介绍信。恩铭虽说与俞廉三有师生之谊，对徐锡麟也有好感，但毕竟不了解徐锡麟，他需要考察一段时间。不过很快，才两个月，就委派徐锡麟出任安徽陆军小学堂会办。徐锡麟很快获得"徐小道"之称，在安徽官场站稳了脚跟。徐锡麟为掌握实权，再次向俞廉三求助。俞廉三又给恩铭写信，请恩铭加以重用。在俞廉三的大力推荐下，更因为徐锡麟办事干练，很快取得恩铭的信任，出任安徽巡警学堂会办兼巡警处会办，掌握了安徽省巡警和治安大权。

时间飞快地过去，浙、皖两地，徐锡麟和秋瑾加紧策划联络，一个浙皖起义的方案已在紧锣密鼓的形成中。按照二人商定，起义由浙江方面首先发动，先由金华方面打响，吸引杭州清军往南救火；待杭州空虚，绍兴

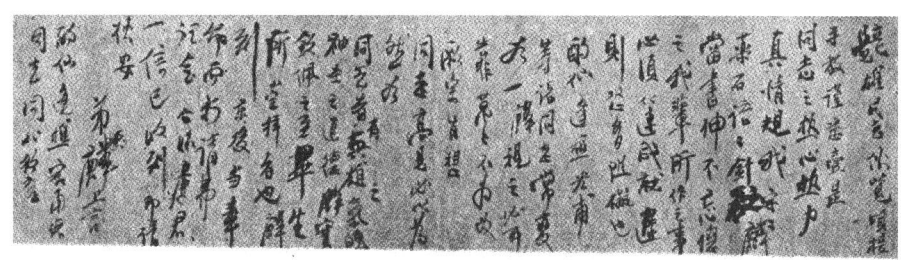

徐锡麟致秋瑾函

即出一劲旅直扑杭城，再由城内之光复会员相应，里应外合，一举拿下省垣。在此同时，安徽亦突举义旗，拿下省城安庆。然后浙皖两处合为一军，向南京进发。如此则天下必然望风而降，清廷必然瞬间崩溃。

然而意外一个接一个出现。首先是浙江方面因为走漏风声，起义时间被迫提前，定于1907年7月6日，也即农历五月廿六。徐锡麟所不知的是，因为会党的草率行动，秋瑾又把日期推迟到7月19日。仓促之下，为配合浙江方面，徐锡麟定于7月8日举事，即使准备还完全没有做好。因为7月8日刚好是安徽巡警学堂举行毕业典礼的日子，惯例自巡抚下至三司及各州府道皆当出席，徐锡麟欲趁此机会把全省要官一网打尽，然后指挥巡警学堂学生夺取枪械所的枪支弹药，迅速武装起一支队伍。

不料又一个意外出现。当徐锡麟按7月8日的日期布置就绪后，巡抚恩铭却要求把巡警学堂的毕业典礼提前两天即7月6日举行，理由是8号那天恩铭已经答应去参加一个重要幕友母亲的八十大寿。

还有一个意外。两江总督端方捕获了革命党人杨作霖和会党人物叶仰高，叶仰高招供有个名叫"光汉子"的会员已打入安庆官场。两江总督端方即将革命党人的代号电告恩铭，嘱其严加查处。恩铭即将电文出示给负责安徽全省警察工作的徐锡麟，嘱其严查。徐锡麟暗暗吃惊，虽然，当时搪塞过去，但自己的真实身份随时都有暴露的危险，迫使他不得不提前发动。

就在这样一个接一个意外发生，根本来不及补救的情况下，徐锡麟没有退缩，更没有逃走，而是带着他仅有的两名学生陈伯平和马宗汉，走向了壮烈。

7月6日上午8时，安徽的藩、臬、学三司，府、道、州各官员陆续来到，接着巡抚恩铭坐着八抬大轿也到了。9时，典礼正式开始，巡警会办徐锡麟引导巡抚等一干大员进入礼堂，坐上主席台。恩铭居中，三司及府道州各官员分立两旁，文武巡捕立于恩铭身后。众教习立于台下，毕业学生分官、兵两队在礼堂中远离主席台而站立。陈伯平和马宗汉则分立主席台两侧。徐锡麟按名册点名毕，双手捧着名册放于巡抚桌前，突然大声说："今天有革命党人起事！"这是给陈伯平、马宗汉的掷弹暗号。

恩铭吓得跳了起来，惊惶地问："徐会办消息从何而来？"话未完，陈伯平的炸弹扔了过来，可惜没有爆炸。

安庆市人民路徐锡麟塑像（安徽巡抚衙旧址门前）

徐锡麟说："大帅勿怕，我定为大帅捉得革命党！"边说边弯腰去靴筒内拔枪，说时迟那时快，直起腰双手开弓，一手一支枪，向恩铭射去。

此时陈伯平、马宗汉也都拔出枪来，向两边三司、府道州各官乱射。

台上顿时乱作一团，文武巡捕拼死护住恩铭，背着他往外跑。徐锡麟因为近视，看不清到底打中恩铭几枪，打死没有，只得从后面追上去，在恩铭后背补了一枪。据后来查验，这一枪才是真正致死的一枪。

恩铭临死之前，尚惊疑地连声说道："徐会办击我！徐会办击我！"

各官有的打死，有的打伤，跑的跑走，而毕业生却立在那儿，一动不动，因为他们也吓傻了，根本不知道是怎么回事。徐锡麟于是按预先计划，上去指挥他们："立正，向左转，开步走！"与陈伯平、马宗汉一起把这支队伍带去攻打枪械所。然而这已经是强弩之末，官军迅速组织反攻，毕业生队伍很快溃散，陈伯平战死，徐锡麟、马宗汉被捕，然后是慷慨的就义。

这一幕，像石雕一样刻在了晚清历史的苍穹上；

这一枪，在百年以后还能听见它遥遥的回响。

# 徐锡麟年谱简编

**1873 年　1 岁**

12 月 17 日（农历十月廿八），出生于绍兴府山阴县东浦镇孙家娄徐氏祖宅。名锡麟，字伯荪，一字伯圣，别号光汉子。为家中长子。

祖父国禧，字桐轩，以幕为业。祖母易氏。

父凤鸣，字梅生，秀才。母严氏，庶母顾氏。

徐氏祖宅为锡麟祖父所建。宅以三拼石墙打底，砖木结构，坐北朝南，三进屋宇。正门为两扇乌漆大门，气宇不凡；后门临河，进出十分方便。

家有田地百亩，在绍兴城内设有天生绸庄、泰生油烛栈两店。

**1876 年　4 岁**

农历六月十九，二弟徐伟，字仲荪，1876—1943。

**1878 年　6 岁**

始由徐父在家辟"梅生书屋"为塾，亲自课读，自本年起，至 16 岁，长达十年。

锡麟自幼敏捷好动，性精悍，家中器物过手辄损毁。进学后，尤爱好数学、天文，未有师授，即能推演勾股、三角；又常于夜晚晴空，按天文图观察列宿，自制浑天仪。凡此种种，均与传统读书人迥异，颇为徐父所忧。

11 月 23 日（农历十月廿九），三弟锡祺，字叔荪。

**1881 年　9 岁**

8 月（农历七月十九），妹全姑生。

**1883 年　11 岁**

11 月 12 日（农历十月十三），四弟锡骥，1883—1953。

**1884 年　12 岁**

欲跟少林寺僧习武，跟踪其至杭州，被家人找到带回家里。

**1887 年　15 岁**

结束课读生活。

**1888 年　16 岁**

5 月（农历四月十六），与柯桥王培卿长女王淑德（贞姑，1872—1926）结婚，淑德与徐锡麟赴日本时从徐姓，改名振汉。

1 月（农历十一月廿九），二妹福姑出生。

**1890 年　18 岁**

2 月 4 日（农历正月十五），三妹顺姑出生。

**1891 年　19 岁**

5 月 8 日（农历四月初一），五弟锡骗出生。

**1892 年　20 岁**

6 月（农历五月廿三）六弟锡骏出生。

**1893 年　21 岁**

5 月（农历四月）考取山阴县学附生。

8 月 13 日（农历七月初二），四妹芹姑出生。

**1894 年　22 岁**

至是年编选并抄录完成《明文偶钞》。

**1898 年　26 岁**

作《中国改设学堂教育人才宜以何学为宗旨策》《问罗马为意大利所踞教皇权势已去而中国教祸反剧其故何在》。

在绍兴龙山遇贫妇自缢，予以解救，并赠银二百两。

**1899 年　27 岁**

作《韩信登台之对诸葛亮草庐之谈王朴平边之策论》。

二弟徐伟考取山阴县学生员。

**1900 年　28 岁**

夏，义和团起于北方，在绍兴东浦谋办团练，为人所阻，未成。

**1901 年　29 岁**

6 月（农历五月初五）七弟锡端出生。

10 月（农历九月），绍兴府学堂开学，应府学堂总办何寿章聘订为经学兼算学教习。

11 月（农历九月），与王贻就商何寿章，抵制车家浦设置铁坝事宜。

11 月（农历十月），与何寿章商议筹办东浦蒙学堂。请山阴县发给执照。

农历十一月，为胡豫、沈光烈编定《元代合参》，并撰序。

**1902 年　30 岁**

农历正月，绍兴府学堂迁至龙山书院开学，仍任教习。

10 月（农历九月），与何寿章游东浦、王成寺等处。回城同勘能仁寺，拟作越郡公学学舍。

11 月（农历十月），与何寿章等往杭州，单独自杭州赴上海赶印书籍。

**1903 年　31 岁**

在绍兴开设特别书局，并校订《严侯官文集》出版。

就任绍兴府学堂副监督。

春，与宗能述、王子余（世裕）、寿孝天（辅清）、杜亚泉、杜山佳、杜海生（子懋）等创办越郡公学，设于绍兴和畅堂附近大能仁寺。（农历三月）与绍兴府学堂东文教习、日人平贺深造、张之梁等，离绍兴到达日本，参观大阪博览会，游历东京。在东京博物馆见到我国两座古钟赫然陈列

（一为宁波天后宫所铸—为道光十三年广州某寺所铸）感而作《瞥眼顿心惊》诗。

5月（农历四月）钮永建等留日学生组成拒俄义勇队改称军国民教育会。

6月（农历五月），在留日学生声援章炳麟《苏报》案集会上，出资赞助，并结交陶成章、龚宝铨。会后即访陶成章，同访钮永建。购置图书刀剑回国。

在绍兴大善寺演说，抵制天主教会侵占寺宇的阴谋。

创办东浦热诚小学堂，以曹钦熙为总理。

10月（农历八月），至杭州应乡试。乡试时间为每年八月初八至八月十六，按此时间在青云街开设临时书店供考生购书。

应试后与诸宗元等同游镇江，作《浪淘沙·京口》词。

农历九月，在徐维则宅集议越郡公学事项，不久公学停办。

10月，愤俄军进驻辽东，备一短统，以所画俄人像为的，日日击之，短统弹丸反弹中肩，不止也。以故射技日精，弹不虚发，为日后刺杀恩铭之条件。始慕勾践、项梁之所为。

11月（农历九月），乡榜揭晓，中副贡。

## 1904年　32岁

主使堵福冼具禀指责绍兴知府熊起蟠岁试发榜之误，致熊起蟠以渎职调离。

## 1905年　33岁

农历甲辰十二月到达上海，往爱国女学堂见蔡元培，晤陶成章，邀入光复会。自此，自号"光复子"。回到绍兴，对学生进行军事训练。

辞去绍兴府学堂副监督职务。

2月（农历正月），与学生游历诸暨、嵊县、义乌、东阳、缙云等地，交结会党。

4月（农历三月），赴上海购置枪弹，又往嵊县晤竺绍康。欲借用东浦大通寺屋宇办学（实为安置从嵊县招来之会党），事为锡麟父所阻。

7月（农历六月），秋瑾经陶成章介绍来东浦热诚小学堂，即介绍秋瑾入光复会。

9月（农历八月），与陶成章、龚宝铨创办绍兴大通学堂，不久改名绍兴大通师范学堂，设体育专修科。陈伯平前来入学。

赴汉口访俞廉三，谋捐道员。因俞介绍至杭州见浙抚寿山。拟与陶成章等五人赴日本学习陆军，因贿赂寿山三千金，获得批准。

## 1906年　34岁

1月（农历乙巳十二月），为赴日作准备，委托曹钦熙主持大通校务。

同月，率陈伯平、马宗汉等到达东京，受到秋瑾热情接待。

因陆军留学生监督王克敏怀疑五人身份，其进振武学校之申请遂以体检不合格为由遭拒绝。

回上海，往狱中见章炳麟，未及言而为狱卒诃出。

从上海至汉口访俞廉三，廉三为其言于张之洞，张为之介绍袁世凯。复至杭州访寿山，寿山为之介绍庆亲王奕劻。

返回东京，与陶成章等谋入陆军经理学校，又不成。

嘱其友学造纸币，准备起事后发行军用票。

率陈伯平、马宗汉、徐振汉等三人离开日本，经上海回绍兴。

6月（农历闰四月），率陈伯平、曹钦熙等，经上海达汉口，欲往北京谋举大事。以黄河水冲坏铁路而延期，至7月（农历六月初十）到京，寓南半截胡同山会邑馆。

在北京积极活动，得改省分发安徽引见。经秋瑾介绍往访廉泉夫妇。往保定谋杀铁良，未成。往天津谋见袁世凯，被拒。

8月（农历七月），与曹钦熙同往山海关、营口、彰武等处游历考察，由新民返回北京。于奉天见大盗冯麟阁，与语甚悦。计划于农历九月赴安徽。

8月，离北京，往河南游历考察，于农历八月至汉口，访俞廉三，谋于北京开设报馆，于奉天设垦务公司。返回绍兴。

11月（农历十月），至杭州欲见巡抚张曾敭，被拒。

12月（农历十月），与秋瑾在浙江武备学堂、杭州弁目学堂等处发展光复会成员。

12月，赴安徽，在杭州白云庵与秋瑾、吕公望话别，明确表示，此次去安徽是"预备流血的"。

12月（农历十一月），至安庆，任陆军小学堂会办。

### 1907年　35岁

春，浙人之官于安徽者创立浙江旅皖公学，被推为校长。

农历二月，调巡警会办，加陆军学堂监督。将妻子送回绍兴。

农历四月廿九，函招马宗汉抵皖，寓锡麟公馆。

6月（农历四月），子学文生。7月（农历五月），送妻子及子学文至上海。

农历五月十二，遣陈伯平赴上海，后二日马宗汉亦往。二人于廿二日在上海搭美顺上水商轮回安庆，廿五日早抵埠。（见马宗汉亲供）

7月6日（农历五月廿六），在巡警学堂毕业典礼上举事，枪杀恩铭并率巡警学堂学生攻打军械所，不下，陈伯平死之。遂被捕，审讯不屈，为恩铭家属所请剜心处死。（章太炎《徐锡麟传》：五月廿七，虏杀山阴徐锡麟于安庆市。）

马宗汉同日被捕，农历七月十六被杀于安庆。